수필집

방송통신고등학교 학생과 졸업생에게 사랑을 보내며

― 방송통신고등학교 개교 초기부터
교육활동과 격려활동 회고 ―

허만길

방송통신고등학교 학생과 졸업생에게 사랑을 보내며
방송통신고등학교 개교 초기부터 교육활동과 격려활동 회고

초판 1쇄 발행 2021년 11월 18일

지은이 허만길
펴낸이 장길수
펴낸곳 지식과감성#
출판등록 제2012-000081호

교정 정은지
디자인 김한솔, 이은지
편집 이건영
검수 양수진, 이현
마케팅 고은빛, 정연우

주소 서울시 금천구 벚꽃로298 대륭포스트타워6차 1212호
전화 070-4651-3730~4
팩스 070-4325-7006
이메일 ksbookup@naver.com
홈페이지 www.knsbookup.com

ISBN 979-11-392-0225-0(03810)
값 16,000원

- 이 책의 판권은 지은이에게 있습니다.
- 이 책 내용의 전부 또는 일부를 재사용하려면 반드시 지은이의 서면 동의를 받아야 합니다.
- 잘못된 책은 구입하신 곳에서 바꾸어 드립니다.

지식과감성#
홈페이지 바로가기

수필집

방송통신고등학교 학생과 졸업생에게 사랑을 보내며

– 방송통신고등학교 개교 초기부터 교육활동과 격려활동 회고 –

허만길

자랑스러운 방송통신고등학교 졸업생
– 힘들게 배움을 찾고 뜻깊게 살아온 삶 –

**길병수 오종민 이기정 이득우 강희석
김상훈 윤완상 김 순(수니킴) 안예진**

그림 박지전(1965년)

지식과감성#

방송통신고등학교 교가

허만길 작사
화성태 작곡

방송통신고등학교 교가

허만길

용기 있게 나섰다, 이 몸을 잠재우랴.
새벽에도 한밤에도 눈뜨는 지성
일터에서 흘린 땀 배움으로 살찌운다.
기어이 뜻 이루리, 보람차게 이루리.
달님도 알아주네, 태양도 힘을 주네.
떨치자, 그 이름 방송통신고교생

갸륵하게 나섰다, 이 맘을 잠재우랴.
일요일도 공휴일도 닦아 가는 인격
어려움 속 다진 정열 배움으로 불태운다.
기어이 뜻 이루리, 슬기롭게 이루리.
별님도 알아주네, 태양도 힘을 주네.
떨치자, 그 이름 방송통신고교생

방송통신고등학교 서울지구동문회 연혁

1977. 8. 15.	방송통신고등학교 서울지구 각 학교 졸업생 대표자 회의 방송통신고등학교 서울지구동문회 창립 준비위원회 구성 (준비위원장: 이영헌)
1978. 4. 5.	방송통신고등학교 서울지구동문회 창립총회 초대회장 양경석 선출
1978. 6. 25.	방송통신고등학교 서울지구동문회 주최 제1회 (서울지역) 방송통신고등학교 웅변대회 허만길 작사 '방송통신고교생' 노래를 '방송통신고등학교 교가'(작사 허만길. 작곡 화성태)로 채택 선포(곳: 여성회관)
1978. 11. 3.~11. 5.	장학기금 마련을 위한 제1회 동문작품전(곳: 유네스코회관. 명동)
1978. 12. 31.	정기총회. 제2대 회장 장석건 선출
1979. 6. 3.	임시총회. 제3대 회장 이명규 선출
1979. 6. 24.	제2회 (서울지역)방송통신고등학교 웅변대회
1979. 12. 8.~10.	제2회 동문작품전
1980. 2. 24.	정기총회. 제4대 회장 김구해 선출
1980. 6. 22.	제3회 (서울지역)방송통신고등학교 웅변대회
1980.	제5대 회장 양경석 선출
1980. 9. 14.	방송통신고등학교 서울지구동문회 사무실 개관 및 현판식 (곳: 용산구 한강로1가)
1980. 10.	MBC(문화방송) '노래의 메아리' 공개 방송 참여 방송통신고등학교 홍보
1980. 12. 4.	'방통인의 날' 행사 및 '방통인의 날'(매년 12월 둘째 일요일) 제정 선포
1980. 12. 4.	정기총회. 제6대 회장 황명기 선출
1981. 4. 5.	방송통신고등학교 서울지구동문회 창립 3주년 특별기념행사 (곳: 경동고등학교)

1981. 6. 28.	방송통신고등학교 서울지구동문회 주최 제4회 전국 방송통신고등학교 웅변대회(참가 범위를 서울지역 방송통신고등학교에서 전국 방송통신고등학교로 확대)
1981. 6. 28.	방송통신고등학교 서울지구동문회 '동문회보' 창간(편집부장 김덕중. 비정기적 간행)
1981. 11. 7.	동문회 사무실 전화 가설
1981. 12. 13.	정기총회. 제7대 회장 김금영 선출
1981. 12. 13.	제2회 '방통인의 날' 행사
1982. 6. 27.	제5회 전국 방송통신고등학교 웅변대회
1982. 12. 12.	정기총회. 제8대 회장 김상훈 선출
	제3회 '방통인의 날' 행사
1983. 3. 27.	동문회 사무실 이전(곳: 을지로6가 금융빌딩 507호)
1983. 6. 26.	제6회 전국 방송통신고등학교 웅변대회
1983. 12.	정기총회. 제9대 회장 권태일 선출
1984. 6. 24.	제7회 전국 방송통신고등학교 웅변대회
1984. 12. 9.	정기총회. 제10대 회장 권태일 선출
1985. 6. 30.	제8회 전국 방송통신고등학교 웅변대회
1985. 12. 8.	정기총회. 제11대 회장 황명기 선출
1985. 12.	동문회 사무실 이전(신림2동 406-6 평정학원 안)
1986. 6. 29.	제9회 전국 방송통신고등학교 웅변대회
1986. 12. 14.	정기총회. 제12대 회장 김상훈 선출
1987. 5. 24.	동문회 사무실 이전(종암동 3번지 1342호 청한상가 2층)
1987. 6. 28.	제10회 전국 방송통신고등학교 웅변대회 (곳: 수도여자고등학교 강당)

전국 방송통신고등학교 총동문회 역대 회장

1대(1999. 9. 4.~2000. 7.)　　　　회장 박원재(대구고 부설 방송통신고 졸업)
2~5대(2000. 7. 22.~2006. 10.)　　회장 한상관(청주고 부설 방송통신고 졸업)
6대(2006. 10. 11.~2007. 11.)　　　회장 이원주(대구고 부설 방송통신고 졸업)
7대(2007. 11. 20.~2008)　　　　　회장 한만수(진주고 부설 방송통신고 졸업)
8대(2008)　　　　　　　　　　　　회장 이재필(구미고 부설 방송통신고 졸업)
9대(2009)　　　　　　　　　　　　회장 함동용(영등포고 부설 방송통신고 졸업)
10대(2010)　　　　　　　　　　　 회장 박진수(홍성고 부설 방송통신고 졸업)
11대(2012. 2. 4.~2013. 1.)　　　　회장 이태훈(경복고 부설 방송통신고 졸업)
12·13대(2013. 1. 19.~2014)　　　 회장 한창섭(천안중앙고 부설 방송통신고 졸업)
14·15대(2015~2016)　　　　　　　회장 유원종(천안중앙고 부설 방송통신고 졸업)
16대(2017. 3.~2017. 12.)　　　　　회장 황규철(홍성고 부설 방송통신고 졸업)
17대(2018. 1.~2019. 12.)　　　　　회장 조창수(경동고 부설 방송통신고 졸업)
18대(2020. 1.~2021. 12.)　　　　　회장 김영제(영등포고 부설 방송통신고 졸업)

전국 방송통신고등학교 설치 고등학교
(2021년 현재 42개교)

- 한국교육개발원 디지털교육연구센터 홈페이지 참고 -

■ 서울
경동고등학교: 서울특별시 성북구 보문로 29길 49
경복고등학교: 서울특별시 종로구 자하문로 28가길 9
영등포고등학교: 서울특별시 동작구 등용로 8길 5
경기여자고등학교: 서울특별시 강남구 삼성로 29
수도여자고등학교: 서울특별시 동작구 여의대방로 10길 73

■ 부산
동래고등학교: 부산광역시 동래구 충렬대로 285번길 22
경남여자고등학교: 부산광역시 동구 수정중로 29

■ 대구
대구고등학교: 대구광역시 남구 중앙대로 171

■ 인천
제물포고등학교: 인천광역시 중구 자유공원로 58-9
인천여자고등학교: 인천광역시 연수구 비류대로 506번길 14

■ 광주
광주고등학교: 광주광역시 동구 중앙로 302
전남여자고등학교: 광주광역시 동구 제봉로 158번길 8

- **대전**

대전고등학교: 대전광역시 중구 대흥로 110
대전여자고등학교: 대전광역시 동구 용운로 1번길 28-37

- **울산**

학성고등학교: 울산광역시 남구 문수로 436

- **경기**

수성고등학교: 경기도 수원시 장안구 장안로 90번길 39
수원여자고등학교: 경기 수원시 팔달구 고등로 59번길 72
호원고등학교: 경기도 의정부시 망월로 56
상동고등학교: 경기도 부천시 원미구 상이로 22
서현고등학교: 경기도 성남시 분당구 분당로 87

- **강원**

춘천고등학교: 강원도 춘천시 중앙로 68번길 37
원주고등학교: 강원도 원주시 치악로 1765
강릉제일고등학교: 강원도 강릉시 화부산로 8번길 37
황지고등학교: 강원도 태백시 번영로 179번지
묵호고등학교: 강원도 동해시 승지로 37
설악고등학교: 강원도 속초시 조양동 청대로 219
춘천여자고등학교: 강원도 춘천시 동면 만천양지길 95

- **충북**

청주고등학교: 충북 청주시 홍덕구 사직대로 79
충주고등학교: 충북 충주시 예성로 37

- **충남**

홍성고등학교: 충남 홍성군 홍북읍 홍학로 49
천안중앙고등학교: 충남 천안시 동남구 충절로 91번지

- **전북**

전주고등학교: 전북 전주시 완산구 권삼득로 2번지
전주여자고등학교: 전북 전주시 덕진구 모래내 6길 14번지

- **전남**

목포고등학교: 전남 목포시 산정로 224번길 11
순천고등학교: 전남 순천시 우석로 191

- **경북**

포항고등학교: 경북 포항시 북구 아호로 50
안동고등학교: 경북 안동시 강남로 550
김천중앙고등학교: 경북 김천시 남김천대로 3363
구미고등학교: 경북 구미시 문장로 42번지

- **경남**

마산고등학교: 경남 창원시 마산합포구 심온길 33번지
진주고등학교: 경남 진주시 의곡길 29번지

- **제주**

제주제일고등학교: 제주도 제주시 진군길 22

전국 방송통신고등학교 개교·폐교 현황
(2016년 현재)

- 한국교육개발원 '방송통신고등학교 40년사' 232쪽 참고 -

■ 서울
경동고등학교 부설 방송통신고등학교(1974~)
경복고등학교 부설 방송통신고등학교(1974~)
수도여자고등학교 부설 방송통신고등학교(1974~)
경기여자고등학교 부설 방송통신고등학교(1974~)
영등포고등학교 부설 방송통신고등학교(1979~)
용산고등학교 부설 방송통신고등학교(1974~2002)
경기고등학교 부설 방송통신고등학교(1974~1981)
서울고등학교 부설 방송통신고등학교(1974~1981)
창덕여자고등학교 부설 방송통신고등학교(1974~1997)

■ 부산
경남여자고등학교 부설 방송통신고등학교(1974~)
동래고등학교 부설 방송통신고등학교(1982~)
경남고등학교 부설 방송통신고등학교(1974~1996)
부산고등학교 부설 방송통신고등학교(1974~1996)
부산여자고등학교 부설 방송통신고등학교(1980~1994)

■ 대구
대구고등학교 부설 방송통신고등학교(1975~)
경북고등학교 부설 방송통신고등학교(1975~1995)
경북여자고등학교 부설 방송통신고등학교(1975~1996)

■ 인천

제물포고등학교 부설 방송통신고등학교(1975~)
인천여자고등학교 부설 방송통신고등학교(1976~)

■ 광주

광주고등학교 부설 방송통신고등학교(1975~)
전남여자고등학교 부설 방송통신고등학교(1975~)
광주일고등학교 부설 방송통신고등학교(1975~1994)
광주여자고등학교 부설 방송통신고등학교(1980~1994)

■ 대전

대전고등학교 부설 방송통신고등학교(1975~)
대전여자고등학교 부설 방송통신고등학교(1975~)
충남고등학교 부설 방송통신고등학교(1975~1978)

■ 울산

학성고등학교 부설 방송통신고등학교(1984~)

■ 경기

수성고등학교 부설 방송통신고등학교(1975~)
수원여자고등학교 부설 방송통신고등학교(1975~)
호원고등학교 부설 방송통신고등학교(2008~)
상동고등학교 부설 방송통신고등학교(2014~)
서현고등학교 부설 방송통신고등학교(2014~)

■ 강원

춘천고등학교 부설 방송통신고등학교(1975~)
강릉제일고등학교 부설 방송통신고등학교(1975~)
춘천여자고등학교 부설 방송통신고등학교(1975~)

원주고등학교 부설 방송통신고등학교(1976~)
황지고등학교 부설 방송통신고등학교(1976~)
묵호고등학교 부설 방송통신고등학교(1982~)
설악고등학교 부설 방송통신고등학교(1987~)

- **충북**

청주고등학교 부설 방송통신고등학교(1975~)
충주고등학교 부설 방송통신고등학교(1976~)
청주여자고등학교 부설 방송통신고등학교(1975~1999)

- **충남**

홍성고등학교 부설 방송통신고등학교(1982~)
천안중앙고등학교 부설 방송통신고등학교(1991~)

- **전북**

전주고등학교 부설 방송통신고등학교(1975~)
전주여자고등학교 부설 방송통신고등학교(1975~)

- **전남**

목포고등학교 부설 방송통신고등학교(1979~)
순천고등학교 부설 방송통신고등학교(1979~)

- **경북**

포항고등학교 부설 방송통신고등학교(1976~)
안동고등학교 부설 방송통신고등학교(1982~)
김천중앙고등학교 부설 방송통신고등학교(1982~)
구미고등학교 부설 방송통신고등학교(1984~)

■ 경남

마산고등학교 부설 방송통신고등학교(1975~)
진주고등학교 부설 방송통신고등학교(1975~)
마산여자고등학교 부설 방송통신고등학교(1975~1992)

■ 제주

제주제일고등학교 부설 방송통신고등학교(1975~)
제일여자상업고등학교 부설 방송통신고등학교(1975~1975)

머리말

　1970년대 초반만 하더라도 고등학교 교육을 받지 못한 국민의 수가 매우 많았다. 그래서 국가에서는 청소년이든 성인이든 직장이나 가사를 돌보면서 적은 학비로 정규 고등학교의 교육과정을 이수할 수 있는 교육 기회를 제공해 주기 위해 1974년 3월 정규 고등학교의 부설로 서울 8개교, 부산 3개교에 방송통신고등학교를 설치하였다.

　1975년에는 전국의 14개 시에서 36개교가 설치되고, 1976년에는 전국의 17개 시와 1개 읍에서 39개교가 설치되었다. 1980년에는 전국의 19개 시와 1개 읍으로 확대되어 44개교가 설치되었다. 1985년에는 49개교, 1990년에는 50개교, 1995년에는 43개교, 2000년에는 40개교, 2005년에는 38개교, 2010년에는 39개교, 2016년에는 42개교, 2021년에는 42개교가 설치되었다.

　방송통신고등학교 설립 첫 해인 1974년 전국 방송통신고등학교 학생 수는 5,794명이었으며, 이듬해 1975년 학생 수는 16,530명이었다. 1978년 학생 수는 21,016명이었다. 1987년 학생 수는 48,067명으로서 최고를 이루었다. 2016년 4월 학생 수는 10,996명이었고, 2020년 4월 현재 학생 수는 9,902명이었다.

　1977년 2월에는 제1회 방송통신고등학교 졸업생 2,660명이 나오고, 1978년 2월에는 4,610명의 제2회 졸업생이 나왔다. 2016년 2월 누적 졸업생 수는 239,000명이고, 2020년 2월 누적 졸업생 수는 252,652명이었다.

방송통신고등학교의 초기 교육 방법은 방송 강의, 학교 출석 수업, 과제 지도, 자학자습 등의 형식을 취했다. 방송 강의는 자학자습이 쉽도록 구성된 각 학년 약 20권의 교과서 내용에 따라 KBS, MBC, CBS 등의 라디오 방송을 통해 전국 어디서나 들을 수 있도록 매일 30분간씩 실시되었다.

학교 출석 수업은 각 고등학교에 부설된 방송통신고등학교에 월 2회 격주로 일요일마다 출석하여 하루 7시간씩 학교 교사로부터 직접 학습 지도를 받는 형식을 취했다.

세월이 흘러 정보통신기술의 발달과 교육 환경이 바뀜에 따라, 2021년 현재 방송통신고등학교 학생들은 더 발전된 원격 수업과 출석 수업으로 각 교과를 체계적으로 공부할 수 있다. 원격 수업은 인터넷 수업으로 이루어지는데, 학생들은 한국교육개발원 디지털교육연구센터 방송통신고등학교 회원으로 가입하여 시간에 구애받지 않고 온라인으로 공부할 수 있다.

나는 방송통신고등학교 개설 첫 해 1974년 3월부터 1979년 2월까지 5년간 경복고등학교 교사로 재직하면서, 경복고등학교 부설 방송통신고등학교 교육을 겸무하였다. 1974학년도, 1976학년도, 1977학년도에는 국어과 수업을 담당하고, 1975학년도에는 2학년 2반 담임교사를 맡고, 1978학년도에는 2학년 1반 담임교사를 맡았다.

나는 경복고등학교 교사 재직 시절이나 경복고등학교를 떠난 뒤에나 경복고등학교 부설 방송통신고등학교 학생뿐만 아니라 전국의 방송통신고등학교 재학생과 동문회에 대하여 특별한 애정과 관심을 기울였다. 방송통신고등학교 학생들은 정규 고등학교 학생보다 가정적으로나 사회적으로 훨씬 힘들고 외롭고 고생스러운 처지에 있었기에 그들을 따뜻하게 이끌어 줄 수 있는 가장 중요한 위치에 있는 사람은 학교의 교사라고 생각하였기 때문이다.

그들은 나를 크게 의지하고, 나는 그들을 크게 기대하는 가운데 교육 사랑을 교류할 수 있었다.

나는 1978년 5월 '방송통신고교생' 노래를 작사하여 화성태(서울 무학여자고등학교 음악과 교사) 님에게 작곡을 의뢰하였으며, 1978년 6월 25일 방송통신고등학교 서울지구동문회 주최 '제1회 방송통신고등학교 웅변대회'에서 문교부 관계관, 한국교육개발원장, 재학생, 졸업생, 교사들이 참석한 가운데 이를 '방송통신고등학교 교가'로 채택하여 선포하였다.

한국교육개발원에서는 1978학년도 2학기(9월 시작)부터 라디오로 교과 수업 방송을 시작할 때 '방송통신고등학교 교가'를 서곡으로 방송하였다. '방송통신고등학교 교가'는 한국교육개발원 인터넷 홈페이지에 실리고, 2016년 12월 한국교육개발원 발행 '방송통신고등학교 40년사'에 나의 교가 제정 과정 회고가 실리었다. 나는 '방송통신고등학교 교가'를 음원과 동영상으로 제작하여 인터넷 유튜브(YouTube)에 등재하였는데, 가사와 악보도 실었다.

방송통신고등학교 개설 5년째에는 방송통신고등학교 교육 현장 문제를 다룬 최초의 논문 '방송통신고등학교 교육의 문제점과 개선 방향'을 〈교육평론〉 1978년 9월호에 발표하여 큰 관심을 끌면서 정책에 반영할 수 있도록 노력하였다.

방송통신고등학교 서울지구동문회 활동을 격려하면서 1978년 제1회 방송통신고등학교 서울지구동문회 주최 방송통신고등학교 웅변대회 때부터 여러 차례 지도위원 및 심사위원장을 맡아 재학생과 졸업생이 화합하면서 모두가 용기와 의지와 희망을 다짐할 수 있도록 애쓰고, 특히 1986년과 1987년 전국 방송통신고등학교 웅변대회에서는 서울특별시교육위원회 교육감상과 교육감 기념품이 수여될 수 있도록 노력하여 결실을 이루었다.

1979년 2월에는 경복고등학교 부설 방송통신고등학교 2학년 학생들이 현재와 미래의 마음과 행동의 지표로 삼을 수 있는 '경복 방통인의 헌장'을 제정할 수 있도록 지도하고, 이를 다른 학교 학생들도 거울로 삼을 수 있도록 하였다.

방송통신고등학교 학생들이 직장 근로자로서 어려움을 겪을 경우 그들을 적극 보살피고, 업체 관리자와 협의하여 근로 학생의 인격과 권익을 보호하려고 애썼다.

나는 이러한 공로로 1981년 6월 28일 방송통신고등학교 서울지구동문회 주최 제4회 전국 방송통신고등학교 웅변대회에서 방송통신고등학교 서울지구동문회 황명기 회장으로부터 '감사패'를 받았다.

1974년에 개교한 방송통신고등학교는 2024년에는 개교 50주년을 맞이하게 된다. 방송통신고등학교 개교 초기부터 방송통신고등학교 재학생과 동문회에 대하여 특별한 애정과 관심을 기울여 온 나는 2017년 4월 26일 전국 방송통신고등학교 50년사 편찬 발기인회 창립을 제안하였으며, 이에 전국 방송통신고등학교 총동문회(회장 황규철)는 2017년 5월 7일 서울 SW컨벤션센터에서 전국 방송통신고등학교 50년사 편찬 발기인 대회를 개최하였다.

발기인 대회에서는 전국 방송통신고등학교 총동문회 특별기구로 전국 방송통신고등학교 50년사 편찬위원회를 설치하기로 하고, '학교생활과 동문회 활동 중심'의 〈전국 방송통신고등학교 50년사〉(1974~2024년) 편찬을 준비해 가기로 했다. 편찬위원회 위원장(편찬위원장)으로 강희석(총동문회 고문. 경복고 부설 방송통신고 졸업) 님을 선출하고, 시간 관계로 발기인 대회에서 다루지 못한 사항들은 편찬위원장에게 일임하였다.

나는 방송통신고등학교 개교 초기부터 방송통신고등학교 재학생과 동문회에 대하여 특별한 애정과 관심을 기울이면서 교육 활동과 격려 활동을 펼쳐 온 실천적 내용을 책으로 엮어, 먼 뒷날 우리나라 교육 체제에서 하나의 중요한 이정표를 이룬 방송통신고등학교의 역사를 이해하는 데 조금이나마 도움이 되도록 하기 위해 회고 형식의 수필집 〈방송통신고등학교 학생과 졸업생에게 사랑을 보내며〉를 출판하게 되었다.

그리고 이에 더하여 이 책에서 나는 힘들게 배움의 길을 찾아 방송통신고등학교를 졸업하고, 뜻깊게 살아온 몇 졸업생을 소개하기로 하였다. 여기에 소개된 자랑스러운 방송통신고등학교 졸업생의 배움과 삶은 어렵고 힘들고 외롭게 살아가는 모든 사람들에게 용기와 의지와 희망을 줄 뿐만 아니라, 방송통신고등학교가 수많은 졸업생들에게 보람된 기여를 했다는 증언이 되기도 할 것이다.

2021년 11월 18일
허만길

차례

방송통신고등학교 교가 •4
방송통신고등학교 서울지구동문회 연혁 •6
전국 방송통신고등학교 총동문회 역대 회장 •8
전국 방송통신고등학교 설치 고등학교(2021년 현재 42개교) •9
전국 방송통신고등학교 개교·폐교 현황(2016년 현재) •12

머리말 •16

제1부 · 방송통신고등학교 학생과 졸업생에게 사랑을 보내며 · 25

1. 방송통신고등학교 개설 배경과 과정
2. 허만길의 방송통신고등학교 학생들과의 인연
3. 늦게 시작한 어려움 속의 향학열
4. 이미 시작된 인생, 어떤 역경도 용기와 의지와 희망으로 딛고 일어서야
5. 배움 앞에 역경 현실의 벽, 출석일에 높은 결석률, 등록금 미납자 28.5%, 교과서 못 갖춘 학생 23%
6. 방송통신고등학교 교가 작사 및 교가 보급
7. 1978년 방송통신고등학교 서울지구동문회 주최 제1회 서울지구 방송통신고등학교 웅변대회 지도위원 겸 심사위원장. 한국교육개발원 후원. 1981년부터 전국대회로 확대
8. 최초의 방송통신고등학교 교육 현장 문제와 개선 방향 연구논문 발표. 〈교육평론〉 1978년 9월호
9. 1979년 2월 제3회 방송통신고등학교 졸업식 송사의 절절한 사연
10. 1978학년도 제2학년 경복 방통인의 헌장 제정 지도 및 배포
11. 과로로 휴직 중 제자들의 따스한 위문
12. 방송통신고등학교 서울지구동문회장의 감사패(1981년)

13. 한국교육개발원 주최 제1회 전국 방송통신고등학교 문예경연대회 (학예경연대회) 심사위원(1981년)
14. 허만길 건의로 1986년 제9회 전국 방송통신고등학교 웅변대회에 서울특별시교육위원회 후원, 교육감상 및 교육감 기념품. 한국교육개발원과 공동 후원. 문화방송 취재 보도
15. 1987년 제10회 전국 방송통신고등학교 웅변대회. 서울특별시교육위원회와 한국교육개발원 공동 후원. 문화방송 사장상 시상. 문화방송 취재 보도. 김상훈 동문회장 집에서 환영회 및 지방 학생 숙박
16. 허만길 교사가 전하는 '방송통신고교생 다짐말'(1981년 작성. 미발표)
17. 방송통신고교생이여, 능력을 포기하지 말라 (경복고 부설 방송통신고 교지 '양지' 제1호. 1982년 2월)
18. 방송통신고교생이여, 크고 넓고 환한 마음이 되자 (수도여고 부설 방송통신고 교지 '상아' 제5호. 1988년 1월)
19. 방송통신고등학교 서울지구동문회 활동 격려(1977~1987년)
20. 한국교육개발원 〈방송통신고등학교 40년사〉 (1974-2014) 편찬 자문위원
21. 전국 방송통신고등학교 총동문회 특별고문(2017년)
22. 학교생활과 동문회 활동 중심 〈전국 방송통신고등학교 50년사〉 (1974~2024년) 발행 제안(2017년)

제2부 · 학교생활과 동문회 활동 중심 〈전국 방송통신고등학교 50년사〉(1974~2024년) 발행 기대 · 153

1. 전국 방송통신고등학교 총동문회 이름의 학교생활과 동문회 활동 중심 〈전국 방송통신고등학교 50년사〉(1974~2024년) 발행의 필요성
2. 허만길의 〈전국 방송통신고등학교 50년사〉 편찬 발기인회 창립 제안에 따른 전국 방송통신고등학교 50년사 편찬 발기인 대회 (2017년 5월 7일) 취지 실현 기대

3. 전국 방송통신고등학교 50년사 편찬 발기인 대회 개최 내용
4. 전국 방송통신고등학교 50년사 주요 구성(예시)

제3부 · '방송통신고등학교' 준말 '방송통신고', '방통고', '방송고'에 대하여 · 175

제4부 · 자랑스러운 방송통신고등학교 졸업생 – 힘들게 배움을 찾고 뜻깊게 살아온 삶 · 179

　　길병수
　　오종민
　　이기정
　　이득우
　　강희석
　　김상훈
　　윤완상
　　김 순(예명 수니킴)
　　안예진

부록 · 217

　　허만길 주요 삶 – 교육과 학문과 문학의 길
　　허만길 시 '대한민국 상하이임시정부 자리' – 한국어 · 일본어 · 영어 대역
　　'국어학자 외솔 최현배 박사님과의 만남' 화제

제 1 부   방송통신고등학교 학생과 졸업생에게
          사랑을 보내며

허만길

1. 방송통신고등학교 개설 배경과 과정

〈한국민족문화대백과사전〉에서는 방송통신교육의 기원은 스승이 서신에 의하여 제자를 가르치던 활동에서부터 찾아볼 수 있다고 했다. 그 예로서 플라톤(Platon)이 제자인 디오니시오스(Dionisios)에게 편지를 통하여 가르쳤던 일을 들었다. 1833년 스웨덴에서 작문 교육을 통신 교육으로 실시하고, 1856년 독일에서 프랑스어를 가르치고 있던 토우세인트(Toussaint, C.)도 통신 방법에 의해 언어 교육을 시도하였다고 했다.

'통신'은 한 곳에서 다른 곳으로 의사 전달을 하는 것을 뜻한다. 따라서 '통신교육'은 우편, 라디오, 텔레비전, 인터넷 따위의 통신 수단을 이용하여 교육 활동을 하는 것을 뜻한다. 특히 통신교육은 방송 등 대중 매체의 발달에 따라 '방송통신교육'이라는 이름으로 학교 교육의 제도적 변화에 큰 영향을 미치게 되었다.

방송통신교육은 첨단 정보통신공학기술 발달에 따라 끊임없이 발전해 왔다. 앞으로도 끊임없이 발전해 갈 것이다. 특히 컴퓨터 및 인터넷 환경과 관련된 사이버 공간을 활용한 방송통신교육은 시간과 공간의 제약을 받지 않은 채 상호 작용의 원격 교육을 가능하게 하고 있다. 원격 교육은 가르치는 사람과 학습자 사이에서 비대면 형식으로 이루어지는 교육을 가리킨다.

우리나라에서 방송통신교육이 제도적인 학교 교육으로 처음 도입된 것은 1972년 한국방송통신대학의 설립이다.

1968년 11월 15일 방송대학 설립의 법적 근거(교육법 제114조의2

신설, 법률 제2045호)가 마련되고, 한국방송통신대학설치령(대통령령 제6106호)에 따라 1972년 우리나라 최초의 평생교육기관으로 서울대학교 부설 한국방송통신대학이 개교하였다.

한국방송통신대학은 처음에는 2년제 초급대학 과정이었으나, 1981년 5년제로 개편되었다. 1982년 서울대학교 부설에서 분리 독립되고, 1991년 4년제로 개편되고, 1993년 3월 학교 이름을 한국방송통신대학교로 변경하였다.

한국방송통신대학교의 교육 방법은 방송 강의, 녹음테이프 이용 강의, 출석 수업 등이다. 출석 수업은 대학 본부나 각 지역 학습관에서 교수와 학생의 직접 대면으로 이루어진다.

한국교육개발원(KEDI) 발행 〈방송통신고등학교 40년사〉(27쪽)에서는 〈동아일보〉 1973년 2월 12일 기사에서 상급학교에 진학하지 못하는 학생이 초등학교에서 30만 명, 중학교에서 20만 명, 고등학교에서 15만 명 정도 되고, 처음부터 진학을 포기한 학생이 35만 명에 이른다고 했음을 지적했다.

이를 보면, 1970년대 초반만 하더라도 국민들 가운데 고등학교 교육을 받지 못한 누적 숫자가 엄청났을 것임을 짐작할 수 있다. 그래서 교육계에서는 1960년대 후반부터 교육 선진국의 예를 들면서 청소년이든 성인이든 이들에게 직장이나 가사를 돌보면서 적은 학비로 정규 고등학교의 교육과정을 이수할 수 있는 교육 기회를 제공해 주어야 한다는 여론이 높았다. 그러한 여론은 1968년 11월 15일 방송대학 설립의 법적 근거가 마련되었다는 점에서도 짐작할 수 있다.

KEDI 〈방송통신고등학교 40년사〉(28쪽)에서는 1972년 한국방송통신대학 개설이 확정되었다는 소식과 관련하여 〈경향신문〉 1971년 7월 27일의 사설을 소개하고 있는데, 그 사설 속에는 방송통신고등학교 개설의 필요성도 희망하고 있다. 이는 당시 방송통신고등학교 개설이 필요하다는 교육계의 여론을 언론에서도 수용하고 있었음을 뜻한다.

이러한 배경에 더하여 1970년대에 들어서면 대부분의 가정에서 라디오 1대씩은 갖추고 있었다. 그래서 정부에서는 1972년 8월 28일 방송고 설치를 공식적으로 제안했고, 1973년 3월 8일 문교부는 KEDI에 방송고 설치 및 운영에 관한 추진 계획을 수립할 것을 위촉하였다. (KEDI '방송통신고등학교 40년사' 29쪽)

방송통신고등학교 설치를 위한 법적 근거는 1973년 3월 10일 제정된 교육법 제107조 3항(방송통신고등학교)이다. 이어, 1974년 1월 4일 대통령령 제7008호에서 마련한 방송통신고등학교 설치 기준령, 또 그해 2월 25일 문교부령 제335호에서 마련한 방송통신고등학교 설치 기준령 시행 규칙에 따라, 방송통신고등학교는 먼저 1974년 3월 23일 서울 8개교, 부산 3개교에서 개교하게 된다.

그런데 방송통신고등학교를 설치하는 과정에서 문교부가 1973년 3월 8일 한국교육개발원(KEDI)에 방송통신고등학교 설치 및 운영에 관한 추진 계획 수립을 위촉하였는데, 이에 따라 KEDI는 방송통신고등학교 설립과 관련한 각종 제도 및 법 구비 방안, 교육과정 및 교재 작성, 라디오 방송 방안과 실시 계획 등을 연구하게 되었던 것이다. (KEDI '방송통신고등학교 40년사' 29쪽)

2. 허만길의 방송통신고등학교 학생들과의 인연

1972년 한국방송통신대학 개설에 이어 1974년 방송통신고등학교가 개설되었다. 우리나라에 방송통신고등학교가 처음 개교한 때는 공식적으로는 1974년 3월 23일이다.

방송통신고등학교가 설치될 즈음에는 수많은 국민들이 고등학교 미진학자였다. 그래서 국가에서는 청소년이든 성인이든 이들에게 직장이나 가사를 돌보면서 적은 학비로 정규 고등학교의 교육과정을 이수할 수 있는 교육 기회를 제공하기 위해, 교육 시설이 상대적으로 좋은 전국 여러 공립 고등학교 부설로 방송통신고등학교를 설치하기로 했다.

방송통신고등학교 설치 첫해 1974년에는 서울에 8개교, 부산에 3개교 모두 11개 방송통신고등학교가 개교했다. 1975년에는 전국의 14개 시에서 36개교가 설치되고, 1976년에는 전국의 17개 시와 1개 읍에서 39개교가 설치되었다. 1980년에는 전국의 19개 시와 1개 읍으로 확대되어 44개교가 설치되었다. 1985년에는 49개교, 1990년에는 50개교, 1995년에는 43개교, 2000년에는 40개교, 2005년에는 38개교, 2010년에는 39개교, 2016년에는 42개교, 2021년에는 42개교가 설치되었다.

방송통신고등학교 설립 첫해인 1974년 전국 방송통신고등학교 학생 수는 5,794명이었으며, 이듬해 1975년 학생 수는 16,530명이었다. 1978년 학생 수는 21,016명이었다. 1987년 학생 수는 48,067명으로서 최고를 이루었다. 2016년 4월 현재 학생 수는 10,996명이었고, 2020년 4월 현재 학생 수는 9,902명이었다.

1977년 2월에는 제1회 방송통신고등학교 졸업생 2,660명이 나오고, 1978년 2월에는 4,610명의 제2회 졸업생이 나왔다.

　1986년 1월에는 제10회 방송통신고등학교 졸업생이 나왔는데, 총 졸업생 수는 66,680명이다. 전국의 방송통신고등학교 수는 50개교이었다. 1986년 4월 방송통신고등학교 재학생 수는 47,255명인데, 이들 중 취업자는 83.62%이고 미취업자는 16.38%(7,740명)로 밝혀졌다. 1986년 1월 졸업생 중 약 4분의 1에 해당하는 학생이 여러 대학에 진학했다.

　2016년 2월 누적 졸업생 수는 239,000명이고, 2020년 2월 누적 졸업생 수는 252,652명이다.

　방송통신고등학교 졸업생으로서 방송통신고등학교 졸업학력인정평가시험에 합격한 자(대부분의 학생이 합격함)는 정규 인문계 고등학교 졸업자와 같은 학력을 인정받게 되어 있었다. 그런데 이 졸업학력인정평가시험 제도는 2006년 3월 10일 폐지되었다.

　방송통신고등학교 학생은 정규 인문계 고등학교 학비의 3분의 1 정도에 해당하는 학비로써 3년간 공부할 수 있었다. 만약 개인 사정으로 3년 동안에 졸업하지 못하면 입학 후 7년까지 연장하여 공부할 수 있었다. 교과서 값의 2분의 1은 국가에서 부담했다. 방송통신고등학교 졸업자로서 3년 이상 산업체에 근무한 자는 야간대학에 진학할 경우 당시의 대학입학예비고사 전형에서 특혜를 받을 수 있었다.

　방송통신고등학교는 문교부와 한국교육개발원과 각 시·도 교육위원회가 긴밀한 협조를 바탕으로 운영하였다.

　문교부는 학교 설립 인가, 교육과정 제정, 교재 관리, 행정 및 재정 관리, 학칙 및 준칙 제정의 일을 맡았다. 한국교육개발원은 교과서 편찬, 방송 강의 실시, 기말고사 출제, 통신교육 연구, 학습 자료 제작의 일을 맡았다. 각 고등학교 부설 방송통신고등학교는 출석 수업, 성적 평가, 학적 및 서무 관리, 과제 지도, 생활 지도의 일을 맡았다. 각 시·도 교육위원회는 학교 설립, 입학자 선발 배정, 장학 지도, 학교 운영 관리의 일을 맡았다.

세월이 흘러 2021년 현재 방송통신고등학교 운영 기구 구성과 역할은 다음과 같다. (한국교육개발원 디지털교육연구센터 인터넷 홈페이지 참고)

■ 교육부(교육기획보장과)

방송통신고등학교 교육 정책 수립 및 운영 지도
교육과정 제정 및 교과용 도서 인정
기타 행·재정적 지원

■ 한국교육개발원(디지털교육연구센터. 종전 방송통신중·고등학교운영센터)

방송·정보통신에 의한 수업 위탁 운영
방송통신고등학교 기초 연구
방송통신고등학교 현안 문제 개선 및 현황 조사 사업
방송통신고등학교 제도 및 운영 체제 혁신 사업
방송통신고등학교 홍보 및 홍보 자료 제작·보급
방송통신고등학교 창의적 체험 활동 지원
방송통신고등학교 관계자 협의회 운영 지원
연구학교 및 학사운영 지원
방송통신고등학교 사이버교육시스템 구축 및 콘텐츠 확충
학습 교재 개발 및 보급
교원 연수 및 종합 상담, 튜터 운영 지원

■ **시·도 교육청**

방송통신고등학교 설치·폐지
학칙 승인
학교 운영 지도·감독 및 장학 지도
교육과정 편성 및 학과 설치
행·재정적 지도 및 지원
방송통신고등학교 신·편입생 모집 및 홍보 지원

■ **방송통신고등학교**

신·편입생 모집
원격 수업 및 출석 수업 주관
교육과정 편성 및 운영
성적 평가 및 관리
생활 지도 및 창의적 체험활동 지도
학적 관리

방송통신고등학교의 초기 교육 방법은 방송 강의, 학교 출석 수업, 과제 지도, 자학자습 등의 형식을 취했다. 방송 강의는 자학자습이 쉽도록 구성된 각 학년 약 20권의 교과서 내용에 따라 KBS, MBC, CBS 등의 라디오 방송을 통해 전국 어디서나 들을 수 있도록 매일 30분간씩 실시되었다.

학교 출석 수업은 각 고등학교에 부설된 방송통신고등학교에 월 2회 격주로 일요일마다 출석하여 하루 7시간씩 학교 교사로부터 직접 학습 지도를 받는 형식을 취했다. 과제 지도는 학교의 교과목 담당 교사가 출석 수업일에 부과한 과제에 대해 점검하고 개별 지도를 하고 평가하는 형식을 취했다. 자학자습은 자습하기 쉽도록 편찬된 교과서의 학습 계획표에 따라 학생들이 각 가정에서 자학자습하는 것을 뜻했다.

세월이 흘러 정보통신기술의 발달과 교육 환경이 바뀜에 따라, 2021년 현재 방송통신고등학교 학생들은 더 발전된 원격 수업과 출석 수업으로 각 교과를 체계적으로 공부할 수 있다.

학생들은 개별적으로 더 발전된 원격 수업으로 각 교과의 기본적인 내용을 일정에 맞게 공부할 수 있다.

원격 수업은 인터넷 수업으로 이루어지는데, 학생들은 한국교육개발원 디지털교육연구센터 방송통신고등학교 회원으로 가입하여 시간에 구애받지 않고 온라인으로 공부할 수 있다. 실시간으로 학생 자신의 진도율을 확인할 수도 있다. 온라인 수업은 정보통신매체(PC, 핸드폰, 태블릿 PC 등)를 이용하여 사이버 공간에서 비실시간으로 이루어진다.

2주에 한 번씩 학교에 출석해야 하는 출석 수업은 원격 수업으로는 불가능한 실습, 실험, 토론, 특별 활동 등 부가적인 학습 활동을 하는 시간으로 구성되어 있다. 연간 출석 수업 일수는 24일을 기준으로 학교 실정에 따라 가감할 수 있으며, 고등학교의 시설 활용을 위하여 일요일 또는 방송통신고등학교가 설치된 학교의 장이 정하는 날에 실시할 수 있다. 출석일의 1일 수업 시간은 8시간 이상을 원칙으로 하되, 학교의 실정에 따라 가감할 수 있다. (한국교육개발원 디지털교육연구센터 인터넷 홈페이지 참고)

서울에는 방송통신고등학교 설치 첫해 1974년에 경기고등학교, 경동고등학교, 경복고등학교, 서울고등학교, 용산고등학교, 경기여자고등학교, 수도여자고등학교, 창덕여자고등학교 등 8개 고등학교에 방송통신고등학교가 부설되고, 1979년에 영등포고등학교에 방송통신고등학교가 부설되었다.

  이들 9개 방송통신고등학교 가운데 경기고등학교와 서울고등학교 부설 방송통신고등학교는 1981년에 폐교되고, 창덕여자고등학교 부설 방송통신고등학교는 1997년에 폐교되고, 용산고등학교 부설 방송통신고등학교는 2002년에 폐교되었다. 따라서 2021년 현재 서울에는 경동고등학교, 경복고등학교, 영등포고등학교, 경기여자고등학교, 수도여자고등학교 등 5개교에 방송통신고등학교가 부설되어 있다.

  부산에는 방송통신고등학교 설치 첫해 1974년에 경남고등학교, 부산고등학교, 경남여자고등학교 등 3개교에 방송통신고등학교가 부설되고, 1980년에 부산여자고등학교, 1982년에 동래고등학교에 방송통신고등학교가 부설되었다. 이들 가운데 부산여자고등학교 부설 방송통신고등학교는 1994년에, 경남고등학교와 부산고등학교 부설 방송통신고등학교는 1996년에 폐교되었다. 2021년 현재 부산에는 동래고등학교와 경남여자고등학교 2개교에 방송통신고등학교가 부설되어 있다.

  나(허만길)는 1974년 3월부터 1979년 2월까지 5년간 경복고등학교 교사로 재직하면서, 경복고등학교 부설 방송통신고등학교 교육을 겸무하였다.

  1974학년도, 1976학년도, 1977학년도에는 경복고등학교 부설 방송통신고등학교의 국어과 수업만 담당하고, 1975학년도에는 방송통신고등학교 2학년 2반 담임교사를 맡고, 1978학년도에는 방송통신고등학교 2학년 1반 담임교사를 맡았다.

  나는 경복고등학교 교사 재직 시절이나 경복고등학교를 떠난 뒤에나 경복고등학교 부설 방송통신고등학교 학생뿐만 아니라 전국의 방송통신고등학교 재학생과 동문회에 대하여 특별한 애정과 관심을 기울였다. 특히 방송통신고등학교 개교 초기에 해당하는 14년(1974~1987년) 동안 나는 전국의 방송통신고등학교 재학생과 동문회에 대하여 특별한 애정과 관심을 기울였다.

　방송통신고등학교 학생들은 정규 고등학교 학생보다 가정적으로나 사회적으로 훨씬 힘들고 외롭고 고생스러운 처지에 있었기에 그들을 따뜻하게 이끌어 줄 수 있는 가장 중요한 위치에 있는 사람은 학교의 교사라고 생각하였기 때문이다.

　그들은 나를 크게 의지하고, 나는 그들을 크게 기대하는 가운데 교육 사랑을 서로 교류할 수 있었다.

3. 늦게 시작한 어려움 속의 향학열

방송통신고등학교 개설 초기에는 중학교를 졸업하고 그해에 바로 방송통신고등학교에 신입생으로 들어온 경우는 찾기 어려웠다. 남학생이거나 여학생이거나 학생들의 나이는 넓게 분포되어 있었다.

남편이 있는 여학생들은 경제적으로는 안정된 경우도 제법 있었다. 사무원, 음식점 주인 등으로 직장에 다니는 여학생들은 비교적 나은 조건에서 공부하는 학생으로 분류될 수 있었다.

여학생에 비해 남학생들은 일자리를 가졌다 할지라도 악조건 속에서 육체노동에 종사하는 경우가 많았다. 시골에서 서울로 올라와 자취를 하면서 영세 업체에서 밤새도록 일을 하다가 일요일에 등교하는 학생들도 상당히 많았다. 많은 남녀 학생들은 오로지 '배움'이라는 한 생각으로 고단한 몸을 이끌고 일요일의 학교 출석 수업에 출석하곤 했다. 부모의 뒷바라지를 받으며 정규 고등학교에 다니는 학생들과는 비교할 수 없는 어려운 처지의 학생들이었다.

경복고등학교 부설 방송통신고등학교는 청와대 옆 청운동에 자리하고 있었다. 많은 학생들이 학교에 오기까지 두 번 시내버스를 타야 했다. 나도 학교에 출근할 때에는 두 번 시내버스를 탔다. 학생들은 버스표가 한 장밖에 없어 중간에서 걸어오느라 지각을 하기도 했다.

목발을 짚거나 휠체어를 타거나 다른 사람의 등에 업혀 배움의 포부를 채우려는 꿋꿋한 의지의 장애인도 있었다. 구하기 힘든 일자리에서 밤늦게까지 일하고, 차가운 아무 데서나 조금 눈을 붙인 뒤 다시 새벽 일을 하거나, 아예 한 잠 자지 못하고 뜬눈으로 야근을 예사로 하는 학생들에게는 라디오 방송으로 강의를 들을 시간이 없어 안타까워하는 경우도 있었다.

1970년대에는 제대로 산다는 가정에서도 녹음기가 부착된 라디오를 가지기란 쉽지 않았다. 하물며 어려운 방송통신고등학교 학생들에게는 녹음기가 부착된 라디오는 그림의 떡일 수밖에 없었다.

한 달에 두 번씩 일요일이면 학교에 출석하여야 하는데, 직장이 한 달에 한 번밖에 쉬지 않거나, 그 쉬는 날마저 학교 수업이 있는 일요일과 일치하지 않은 직장에 다니는 학생들도 있었다. 이런 까닭으로 출석 수업 일수가 규정에 미달이거나 중간고사, 기말고사에 응시하지 못하거나 하여, 자동으로 퇴학 처리되는 일도 허다하였다. 그래서 어느 학교에서나 새 학년이 되면 지난해보다 으레 학급 수가 줄어들기 마련이었다.

방송통신고등학교 설립 첫해인 1974년 전국의 방송통신고등학교 1학년 학생 수는 5,794명이었는데, 이들이 1977년 2월 제1회 방송통신고등학교 졸업생으로 졸업한 수는 2,660명이었다. 3년 동안에 학업을 그만둔 학생이 반 이상이었다는 것은 그만큼 방송통신고등학교 학생들이 직장 여건을 비롯해 학업을 지속할 형편이 어려웠음을 뜻한다.

내가 근무하던 경복고등학교 부설 방송통신고등학교도 개설 첫해 1974학년도 신입생 학급 수는 9학급이었으나, 이듬해에는 5학급으로 줄었다.

방송통신고등학교 학생들은 그들이 방송통신고등학교에 입학하기 전까지는 교복과 교모(학교에서 정한 모자) 차림으로 무거운 책가방을 들고서 시원한 가로수 길을 걷고, 붐비는 버스를 타고 통학하는 고등학생들이 몹시 부러웠다고 했다. 선생님과 함께 소풍과 수학여행을 떠나는 모습, 운동 경기장에서 학생들이 단체로 응원하는 모습, 고등학교 졸업장을 끼고 길거리를 누비는 모습을 볼 때면 자신들이 한없이 춥고 옴츠러들었다고 했다.

방송통신고등학교 학생들은 이런 말을 하면서, 참으로 모처럼 얻은 고등학교 학생의 자격이 혹시라도 떨쳐 나가 버릴까 봐 불안하다고도 했다.

그들은 학급회나 대의원회 때마다 모처럼 붙든 학창 시절을 값지게 보낼 것을 서로에게 호소했다. 이 소중한 고등학교 시절이 제발 순탄하기를 기원했다.

출석 수업일이면 대의원들은 일찌감치 교문 앞에 서서 친구들의 이름표를 바르게 달아 주고, 일요일에도 그들을 위해 출근하는 선생님들에게 존경의 거수경례를 하였다. 소풍지에서 그들이 스승과 한자리에 앉아 맑은 계곡물과 화려한 꽃잎들을 바라보며 갓 끓인 찌개와 곱게 익은 쌀밥을 앞에 놓고 음료수를 나누어 먹는 모습은 아무리 그들의 나이가 스승의 나이와 비슷하다 할지라도 그들은 한없이 소년처럼 소녀처럼 순진해 보였다.

나는 방송통신고등학교 학생들을 생각할 때마다 늦게 시작한 어려움 속의 향학열을 대견하게 여기지 않을 수가 없었다. 얼마든지 용기를 북돋우어 주고 격려해 주고 칭찬해 주고 싶었다. 그들의 앞날이 밝고 행복하기를 빌었다.

4. 이미 시작된 인생, 어떤 역경도 용기와 의지와 희망으로 딛고 일어서야

　방송통신고등학교 개설 2년째인 1975년 3월, 나는 경복고등학교 부설 방송통신고등학교 2학년 2반을 담임했다.
　개설 첫해인 작년에는 방송통신고등학교 국어과 수업만 담당했지만, 1975학년도에는 학급 담임도 하게 된 것이다. 서울특별시교육위원회 교육감은 방송통신고등학교 주임교사와 학급 담임교사에게는 겸무 발령을 냈다. 정규 고등학교 업무와 방송통신고등학교 업무를 겸하라는 뜻이었다. 그 당시는 발령 용어에서 겸임이 아니고 겸무였음을 유의할 필요가 있다.
　나는 1975년 3월 22일 자로 경복고등학교 부설 방송통신고등학교 겸무 발령을 받았던 것이다.

　1975학년도에는 아직 3학년 학생이 없으므로 2학년 학생들이 우리나라 방송통신고등학교의 최상급 학생들이었다. 그래서 나는 나의 역할에 따라서는 방송통신고등학교 교육의 개척적이고도 유익한 선례를 남길 수 있음을 유의했다.
　나는 학생들의 학창 시절이 먼 인생에 비추어 가치와 추억의 신비한 옹달샘이자 무한한 바다가 될 수 있도록 애쓰고 싶었다. 그들은 외로움과 고난을 딛고 일어서려는 장한 만학도이기에 그들에게는 용기와 의지와 희망이 필수적 묘약임을 나는 잘 알았다.
　나는 틈만 나면 그들에게 대화와 상담과 격려를 베풀기에 인색하지 않았다. 그들을 직접 만날 수 없을 때에는 편지와 직장의 전화를 통해서 혹은 그것마저 연락이 직접 닿지 않으면 그들의 친구를 통해서 나의 애정과 격려를 전해 주려고 노력하였다.

나는 그들을 만나면, 말없는 그들의 지친 얼굴에 내가 먼저 미소를 담아 주었다. 때로는 일부 교사가 본의 아니게 그들을 정규 고등학교 학생과 지적 능력을 비교하여 그들에게 자기 비하의 상처를 안겨 주었을 때, 나는 그들의 상처를 닦아 주느라 식은땀을 무척 흘려야 했다.

1975년 3월 23일은 그들이 2학년이 된 첫 출석 수업일이었다. 서울특별시교육위원회 사회교육과에서 담당하고 있는 신입생 배정은 4월 3일에 있게 되므로, 2학년 5개 반 312명만으로 새 학년도가 시작되었다. 지난해 9학급으로 편성되었던 것이 출석 미달을 비롯하여 여러 사정으로 많은 학생들이 제적되어 4학급이 줄었던 것이다. 내가 맡은 2학년 2반 학급원은 모두 62명이었다.

새 학년 새 학급에 모인 학생들은 나의 환영을 받았다.

오랜만에 돌아온 한 해의 첫 출석일에는 모든 것이 바쁘게 움직여져야 했다.

첫째 시간에는 출석 번호를 정하고, 학급 임원을 선출하고, 학생 개인 환경 조사서를 작성하고, 현주소와 연락처를 확인하고, 학생증용 증명서를 모아야 한다. 직장이나 개인 사정 때문에 조퇴하는 학생들도 있기 때문에 중요 사항은 종례 때보다 일찍 전달하는 것이 효과적이었다. 학생들은 특별히 명심하여야 할 일도 많았다.

연간 출석 수업 일수의 3분의 1 이상을 결석하면 유급이 되며, 1학기 중간고사는 6월 29일 학교 자체 계획에 따라 주·객관식으로 출제되어 총점의 30%를 차지하고, 기말고사는 8월 24일 한국교육개발원 계획에 따라 객관식으로 출제되어 총점의 50%를 차지하고, 또 학교 자체 계획에 따라 교과별 과제 평가(5월과 7월 두 차례)와 방송 청취록 평가(월 1회)는 각각 총점의 10%를 차지한다는 것을 알려 주어야 했다.

1학기 중 방송 교육은 1학년을 위해 900kHz의 MBC 라디오 방송을 통해 아침 5:30~6:00(30분간)에, 2학년을 위해 600kHz의 KBS 제2라디오 방송을 통해 오후 10:30~11:00(30분간)에 진행된다는 것을 알려야 했다.

1학기 중 출석 수업일의 시간표도 알려 주어야 했다. 그리고 학생들은 이날 오전 중에 1학기분 공납금 8,880원과 1학기 교과서 값 6,000원(예정 값)을 서무실에 납부하여야 한다.

둘째 시간에는 운동장에서 새 학년 시업식이 있은 뒤 각 교실에서 학급 종례가 있었다. 교과서 준비가 안 되어 교과 수업은 없었다. 나는 비로소 차분한 마음으로 학생들과 정감 어린 대화를 할 수 있었다. 첫날의 대화는 어느 때보다 인상적일 수 있으므로, 나는 다음과 같은 말을 강조했다.

"여러분은 어떤 고난과 역경과 불운에도 좌절하지 말뿐더러 기어이 그것을 딛고 일어서는 길을 걸어야 합니다.

정신적으로 강인함을 굳게 붙들고 그 정신적 강인을 생각으로 몸으로 행동으로 발휘하기에 조금도 인색하지 말아야 합니다. 여러분은 하늘처럼 분명하고 높고 부드러운 희망으로 이 교실에 모였음을 명심하고, 나이의 많고 적음을 떠나 배움을 찾는 사람으로서의 품위를 망각하지 마십시오.

여러분의 인생은 내일에만 있는 것이 아니라, 이 세상을 시작하면서 이미 시작되었음을 깨닫고, 무슨 일이든 뒷날로 미루려고 핑계하지 마십시오. 어떤 순간이든 자신의 인생을 사랑하면서 최선을 다하는 가운데 더 나은 자기로 성숙해 주기를 바랍니다."

엄숙해진 학생들을 향해 나는 글로든 전화로든 면담으로든 상담의 문을 늘 열어 놓겠다고 했다. 이날은 학급원 62명 중 7명이 결석했고, 2학년 5학급 312명 중 50명이 결석해 약 84%의 출석률을 나타냈다. 나는 어디선가 따스한 봄 햇살을 바라보면서 새로운 급우와 담임교사를 궁금해할 결석생들을 생각하며 가슴이 무거웠다.

그리고 이날 나의 담임 학급 2학년 2반 학생들은 반장으로 이득우 님, 부반장으로 김수룡 님을 선출하였다.

5. 배움 앞에 역경 현실의 벽, 출석일에 높은 결석률, 등록금 미납자 28.5%, 교과서 못 갖춘 학생 23%

1975년 3월 30일(일요일)은 교과서가 배부되는 임시 등교일이었다. 나는 학급모임 시간에 목표 있는 삶을 강조했다.

"목표는 가까운 목표, 먼 목표, 작은 목표, 큰 목표, 가치 주제별 목표 등 다양할 수 있습니다. 목표 있는 삶은 우왕좌왕하는 인생을 멀리하고 방향이 뚜렷한 인생이 되게 합니다. 목표 있는 삶은 삶을 밀도 있게, 값지게, 힘 있게 합니다.

목표 있는 삶은 책임과 신뢰의 인생을 걷게 하고, 삶의 에너지를 집중시키고, 용기와 창조를 낳게 합니다. 목표 있는 삶은 목표를 어떻게 설정하고, 설정된 목표를 어떻게 추구하고, 목표 수정을 어떻게 하고, 성취된 목표를 다시 어떻게 활용하게 할 것인가를 고민하게 합니다.

앞으로 2년 뒤면 방송통신고등학교를 졸업할 여러분들은 적어도 졸업을 전후한 목표 설정만은 분명히 하고서 어떤 어려움도 무릅쓰고 열심히 달려야 합니다.

그러자면 자신의 가장 높은 이상은 무엇이며, 그 높은 이상에 이르기까지 사이사이에 놓아야 할 중간 목표를 어떻게 만들어야 할 것이며, 목표로 이르는 여러 인생 활동 영역 중 자신은 어느 영역을 중심 활동 영역으로 삼을 것인가를 탐색하여야 할 것입니다. 방송통신고등학교 졸업 후 일반 사회 활동 내지 취업 활동 준비, 공무원 임용 시험 대비, 대학 진학 준비 등 어느 것이나 이 시점에서 소홀히 할 수 없는 일들입니다."

그런데 이날 설문 조사를 실시한 결과 출석 인원 43명(19명 결석) 중 한국방송통신대학 등 대학 진학 희망자가 39명(88.4%)이었다. 생활기록부를 통해 학급원에 대한 연령 분포를 알아본 결과 15살이 4명, 16~18살이 32명, 19~21살이 15명, 22~14살이 4명, 25~27살이 4명, 28~30살이 2명, 31살이 1명이었다. 그때 담임교사인 나의 나이는 32살이었다.

4월 6일, 1학년 7학급 학생이 입학식을 함으로써 올해 경복고등학교 부설 방송통신고등학교는 본격적인 교육 활동으로 들어간 셈이다.

나는 2학년 2반 학급 반장, 부반장과 함께 방송통신고등학교 학생들의 결석률이 높은 요인에 대해 의견을 나누었다.

가장 큰 요인은 일요일에도 직장이 쉬지 않기 때문으로 지적되었다. 또 다른 두 요인도 지나칠 수 없는 일이었다.

학생들이 직장을 구하지 못했거나 취업 중인 직장이 문을 닫게 됨으로써 실업 상태의 불안한 마음으로 갈피를 잡지 못해 등교할 여유를 갖지 못한다는 것이었다. 이 문제는 지방에서 올라와 서울에서 생활하고 있는 학생들에게는 끼니 때우기와 잠자리 문제와도 직결되었다. 또 하나는 학생들이 입학 당시보다는 목적의식이나 학업 의욕이 해이해져 몸이 고달프거나 사소한 일이 생기면 그것에 파묻혀 버리기 때문이라는 것이었다. 말하자면 정신력이 약해졌다는 것이다.

학급 반장 이득우 님은 총명하고 인간성이 좋고 솔선수범하는 청년으로서 정부중앙부처의 공무원으로 근무하고 있었다. 부반장 김수룡 님은 착실하기 이를 데 없었다. 그래서 이들 학급 임원은 다른 학급원들에게 좋은 본보기가 되리라고 확신했다. 실제로 반장 이득우 님은 방송통신고등학교 졸업 후 한국방송통신대학교 행정학과를 졸업하고, 연세대학교 행정대학원에서 행정학 석사학위를 받았다. 공무원으로서 업무를 성실히 수행하면서 승진 시험에도 우수한 성적으로 합격하였으며, 국무총리 비상기획위원회 사무처 총무과장(서기관. 4급)을 역임했다.

나는 이런저런 여러 가지를 생각하면서 학급 종례 시간에 학생들에게 긴 훈화를 했다.

"여러분 자신의 위대함은 여러분 한 몸의 위대함에만 그치는 것이 아니라, 여러분의 가정, 여러분의 사회, 나아가 모든 인류의 위대함과 영광으로 이어집니다. 그것은 어느 한 사람이 큰 타락으로 큰 불안을 일으키면, 그 가정, 그 사회, 나아가 모든 사람이 불안과 두려움에 사로잡히는 이치와 같습니다.

우리는 한없이 나태하고 느슨할 수도 있지만, 입술을 단단히 깨물면서 한없이 부지런하고 높이 날아오를 수도 있습니다. 우리의 값어치는 편하게 주저앉고 쉽게 내리막으로 내려가는 데 있는 것이 아니라, 앉고 싶어도 서고 내리막으로 내려가고 싶어도 오르막으로 숨 가쁘게 개척의 발길을 재촉하는 데 있습니다.

여러분 모두는 위대함을 지향할 수 있는 존엄한 능력을 지니고 있습니다. 자신을 과소평가하지 말고 끝까지 위대함으로 승화하려는 자세를 지녀 주십시오. 하물며 뜻한 바 있어 이미 출발선에 나섰다면 더욱 그러하여야 할 것입니다."

그리고 나는 출석 수업일에 학생들이 출석하는 데 도움이 될 수 있도록 직장 책임자에게 편지를 내고 전화를 했다. 또 미취업자를 위해서는 서로가 취업 정보를 성실히 교환하도록 했다.

학생들이 영세 공장에서 막노동을 맡은 경우 실제로 그 학생이 직장에 나가지 않는다면 주문받은 일에 지장이 있을 뿐 아니라, 사회 전반에서 실업자는 많고 일자리는 모자라는 상황에서 자칫하면 종업원으로서의 일자리마저 잃을 염려가 있었기 때문에 학생들의 학교 출석은 쉬운 일이 아니었다.

  4월 19일 현재 2학년 전체 학생 312명 중 1학기 등록금 8,800원을 내지 못한 학생 수는 89명(28.5%)이었다. 교과서 대금 6,130원(확정액)을 내지 못해 교과서 없이 지내는 학생 수는 72명(23%)에 이르렀다.
  5월 4일 현재 2학년 2반 62명의 직업 상황을 보면, 공무원 2명, 회사원 11명, 기능공 7명, 상업 6명, 기타직 3명, 무직 33명으로 나타났다. 무직이 재적 인원의 반 이상을 차지했다.
  꿈과 환희와 동경을 사무치게 하는 5월을 방송통신고등학교 학생들은 어떤 기분으로 맞이하고 있을까. 역경이라는 현실의 벽을 두껍게 대하고 있는 방송통신고등학교 학생들은 5월을 어떻게 받아들이고 있을까. 나는 5월이 역경의 현실을 이겨 내려는 방송통신고등학교 학생들에게 많은 행복을 안겨 주는 친구였으면 하고 소망했다.

6. 방송통신고등학교 교가 작사 및 교가 보급

   1978학년도에는 3월 18일(토요일) 오후 2시에 경복고등학교 부설 방송통신고등학교 입학식이 있었다. 이튿날 방송통신고등학교 전교생의 새 학년 첫 출석 수업이 있었다.
   나는 2학년 1반 담임을 맡았다. 2학년은 모두 2개 반이었다. 반장에 성문환 님, 부반장에 이정형 님이 선출되었다. 학생들이 이미 1학년 때부터 사귀어 왔는지라, 반장, 부반장의 성품은 이미 잘 알고 있었다. 반장, 부반장은 학급원의 맏형처럼 듬직해 보였다. 실제로 한 해 동안 두 사람은 학급 학생들과 친밀하게 지냈으며, 성실하고 모범적이었다.
   나는 담임교사로서 새 학년도 학급 첫 모임에서 학생들에게 "시간을 최대로 잘 활용하자, 끊임없이 전진하자, 게으름의 먼지를 떨치자" 등의 첫 훈화를 했다.

   1977년 2월에는 방송통신고등학교 제1회 졸업생이 나오고, 1978년 2월에는 방송통신고등학교 제2회 졸업생이 나왔다. 1978학년도는 방송통신고등학교가 개교한 지 5년째에 들어선 것이다. 따라서 나도 이제 5년째 방송통신고등학교 교육 활동을 하게 된 것이다.
   내가 방송통신고등학교 개교 때부터 방송통신고등학교 교육에 열중하면서 느낀 바는 서울지역 방송통신고등학교 학생들뿐만 아니라 전국의 방송통신고등학교 학생들에게 보다 효과적인 방법으로 용기와 의지와 희망을 북돋우어 주어야겠다는 것이었다. 그래서 나는 전국의 방송통신고등학교 학생들이 애창할 수 있는 노래를 제작하여 보급하여야겠다고 생각했다.
   그래서 1978년 5월 7일 2절로 된 '방송통신고교생' 노랫말(가사)을 창작했다.

방송통신고교생

허만길

용기 있게 나섰다, 이 몸을 잠재우랴.
새벽에도 한밤에도 눈뜨는 지성
일터에서 흘린 땀 배움으로 살찌운다.
기어이 뜻 이루리, 보람차게 이루리.
달님도 알아주네, 태양도 힘을 주네.
떨치자, 그 이름 방송통신고교생

갸륵하게 나섰다, 이 맘을 잠재우랴.
일요일도 공휴일도 닦아 가는 인격
어려움 속 다진 정열 배움으로 불태운다.
기어이 뜻 이루리, 슬기롭게 이루리.
별님도 알아주네, 태양도 힘을 주네.
떨치자, 그 이름 방송통신고교생

  작사를 마친 나는 화성태 무학여자고등학교 음악과 교사에게 작곡을 의뢰했다. 6월 초에 작곡된 악보를 받은 나는 6월 6일 피아노 반주에 맞춘 노래를 처음 들어보았다. 가사의 내용에 어울리게 용기와 의지와 희망을 북돋울 수 있게 잘 작곡되었다고 생각했다.
  '방송통신고교생' 노래를 처음 들은 이날, 나는 6월 11일(일요일)에 출석할 경복고등학교 부설 방송통신고등학교 전교생에게 나누어 주기 위해 악보를 유인물로 만들었다. 그리고 기회가 되는 대로 전국의 방송통신고등학교 재학생들에게도 이 노래를 보급해 그들 모두에게 용기와 의지와 희망을 북돋우어 주어야겠다고 생각했다.

6월 17일 서울지구 방송통신고등학교 졸업생 남녀 10여 명이 무학여자고등학교에서 작곡자 화성태 교사의 지도로 '방송통신고교생' 노래 녹음테이프를 만들었다.

그다음 날 6월 18일(일요일) 오후에는 방송통신고등학교 서울지구 동문회 주최로 경복고등학교 너른 운동장에서 서울지구 방송통신고등학교 졸업생과 재학생들의 친목 활동으로서 체육회가 열렸는데, 이 체육회에서 녹음한 '방송통신고교생' 노래가 계속 울려 퍼졌다.

6월 19일(월요일) 방송통신고등학교 서울지구동문회 양경석 회장이 '방송통신고교생' 가사와 악보와 녹음테이프를 한국교육개발원(KEDI)에 가지고 갔을 때, 한국교육개발원 이영덕 원장과 방송통신고등학교 교육 담당 실장의 격려가 대단했다고 했다. 방송 실무진은 1978학년도 2학기부터 교과 방송이 시작될 때 이 노래를 서곡으로 방송하겠다고 했으며, 실제 그렇게 하였다.

며칠 뒤 1978년 6월 25일에 방송통신고등학교 서울지구동문회 주최 '제1회 방송통신고등학교 웅변대회'가 서울 남대문에서 남산으로 오르는 길목 왼쪽에 있는 여성회관에서 열렸는데, 나는 웅변대회 지도위원 겸 심사위원장을 맡았다.

비가 오는 가운데도 여성회관 안팎은 방송통신고등학교 졸업생과 재학생과 축하객으로 무척 붐볐다. 졸업생과 재학생은 남대문시장에까지 줄을 섰으며, 남대문경찰서 경찰관들이 행사장 바깥에서 친절하게 질서 유지를 협조해 주었다. 방송통신고등학교 개교 이후 재학생과 졸업생이 한자리에 모일 수 있는 매우 큰 행사였던 것이다.

웅변대회 시상식이 있기 직전 '방송통신고교생' 노래 연습이 있었다. 먼저 방송통신고등학교 졸업생과 재학생들은 이미 유인물로 나누어 준 '방송통신고교생' 노래 악보를 보며, 녹음테이프로 노래를 들었다. 대학에서 성악을 전공하면서 KBS 합창단원이던 박임전(뒷날 이탈리아에서 성악가 활동. 밀라노 베르디 콘서바토리 성악 교수 역임) 성악가가 독창을 하고, 졸업생과 재학생이 한데 어울려 노래를 한 소절씩 익혀 나갔다. 작곡자 화성태 교사도 등단하여 노래를 부르고 2부 합창 지도를 했다. 모두들 열창을 거듭했다. 행사장 안에 들어오지 못한 사람들도 밖에서 열창했다.

노래 연습이 끝난 다음 곧이어 문교부(교육부) 방송통신고등학교 교육 담당 관계관, 전국 방송통신고등학교 교육을 총괄 운영하는 한국교육개발원 원장과 담당 실장, 여러 방송통신고등학교 교사, 그리고 각계 축하 손님들이 지켜보는 가운데 '방송통신고교생' 노래를 '방송통신고등학교 교가'로 채택하고, 이를 선포하였다. 그리고 정식으로 '방송통신고등학교 교가'를 제창했다. 이런 사연으로 '방송통신고등학교 교가'는 여러 해 동안 '방송통신고교생' 노래라고도 했다.

웅변대회 엿새 뒤 1978년 7월 1일에는 방송통신고등학교 서울지구 동문회 임원들이 명동 한일관(큰 음식점)에서 나와 작곡자를 초대했다. 그 자리에서 그들은 '방송통신고등학교 교가'를 녹음테이프로 만들어 전국 방송통신고등학교에 보급하기로 결의했다. 이리하여 '방송통신고등학교 교가'는 빠른 속도로 전국의 방송통신고등학교 학생들의 친근한 벗이 되었다.

'방송통신고등학교 교가' 보급에 크게 애를 쓴 방송통신고등학교 제1회 졸업생 길병수(경복고 부설 방통고) 님, 김구해(서울고 부설 방송통신고) 님, 김금영(경동고 부설 방송통신고) 님, 김장진(경기고 부설 방송통신고) 님, 맹상옥(경기고 부설 방송통신고) 님, 박덕희(수도여고 부설 방송통신고) 님, 손효일(용산고 부설 방송통신고) 님, 송구일(창덕여고 부설 방송통신고) 님, 양경남(경기여고 부설 방송통신고) 님, 양경석(경복고 부설 방송통신고) 님, 오영미(수도여고 부설 방송통신고) 님, 이득우(경복고 부설 방송통신고) 님, 장만용(경동고 부설 방송통신고) 님, 황명기(경동고 부설 방송통신고) 님을 비롯해 많은 졸업생들에게 고마움의 뜻을 전한다.

2000년 전후로 공공기관과 학교에서는 인터넷 홈페이지를 운영하기 시작하였는데, 한국교육개발원 홈페이지에는 '방송통신고등학교 교가' 가사와 악보가 올려 있었다. 2004년 11월 4일 푸른사상사(서울)에서 발행한 허만길 시집 〈열다섯 살 푸른 맹세〉 127쪽에는 한국교육개발원 인터넷 홈페이지에 게시된 것과 같은 '방송통신고등학교 교가'('방송통신고교생') 가사와 악보가 실려 있다.

2013년 한국교육개발원 '방송통신고등학교' 인터넷 홈페이지(http://cyber.hs.kr)에도 '방송통신고등학교 교가'라는 제목으로 가사와 악보가 올려 있었으며, 2021년 현재에는 한국교육개발원 디지털교육연구센터(직전 명칭 '한국교육개발원 방송통신중·고등학교운영센터') 인터넷 홈페이지에 '방송통신고등학교 교가'가 올려 있다.

2016년 12월 한국교육개발원 발행 〈방송통신고등학교 40년사〉(1974-2014) 35~36쪽에는 허만길 문학박사의 구술 녹취로 〈방송통신고등학교 교가〉 제정 과정과 악보를 실어 방송통신고등학교 교육 주요 역사 자료로 남게 되었다. 다만 악보의 2절 가사는 잘못된 곳이 있어, 이를 지적하여 한국교육개발원 디지털교육연구센터에 알렸다.

이와 관련하여 〈영등포투데이신문〉 2017년 3월 1일 8쪽(발행 영등포투데이신문사, 서울)에는 "한국교육개발원 '방송통신고등학교 40년사' 발간. 허만길 문학박사 작사 '방송통신고등학교 교가' 제정 과정 감동. 용기와 희망의 노래로 사랑받으며 교육 역사 자료로 남게 됨"이라는 요지로 보도되었다.

신경희 님은 2017년 1월 7일 인터넷 유튜브(YouTube)에 동영상으로 '방송통신고등학교 교가' 1절을 올렸다. 첫 화면에 "방송통신고등학교 교가. 허만길 작사. 화성태 작곡. 1978년 지음"이라는 자막이 나왔다. 오케스트라 반주로 노래가 연주되고 있는데, 가사의 자막도 선명하였다. 2021년 3월 현재 조회수가 1만이 넘고 있어, 재학생과 졸업생이 얼마나 많이 활용하고 있는가를 짐작할 수 있다.

'방송통신고등학교 교가' 작사자인 나는 2017년 11월 29일 음반 제작 회사에 의뢰하여 〈방송통신고등학교 교가〉를 유지훈 성악가 노래로 음원(음악파일)을 제작하였다. 음원은 2트랙으로 구성되었으며, 제1트랙은 피아노 반주가 있는 성악(AR) 음원이며, 제2트랙은 피아노 반주(MR) 음원이다.

성악가 유지훈 님은 국립합창단 단원인데, 오페라 '가면무도회', '안드레아셰니에', '토스카', '라 트라비아타', '돈 카를로', '투란도트' 등에 주역 출연을 한 바 있으며, 오라토리오 '천지창조', 베토벤 9번 교향곡 '합창' 솔로이스트로 출연한 바도 있다.

유지훈 성악가 노래로 '방송통신고등학교 교가'의 음원이 제작된 뒤 2017년 12월 2일(토요일) 전국 방송통신고등학교 총동문회 2017년 정기총회(곳: 천안)에서 이 음원을 공식적으로 처음 듣기를 하고, 모인

동문들이 제창하였다.

　나의 요청에 따라, 동영상 재능이 뛰어난 채선엽 시인이 2020년 2월 22일 인터넷 유튜브(YouTube)에 유지훈 성악가가 노래한 '방송통신고등학교 교가'를 동영상으로 올렸다. 배경 영상으로 방송통신고등학교 관련 장면들이 펼쳐지고, 가사와 악보도 선명하게 보이고 있다. 성악가의 노래가 끝나고 나면, 피아노 반주곡이 이어진다. 작사자, 작곡자, 성악가의 약력도 소개되고 있다.

　나는 수필로서 '방송통신고등학교 학생들의 향학열을 돕던 생각'(나라사랑 제103집 180~185쪽. 발행 외솔회, 서울. 2002. 3. 23. * 외솔회는 국어학자 외솔 최현배 박사 기념모임)과, '방송통신고등학교 교가를 작사한 마음'(월간 순수문학 2017년 7월호 83~87쪽. 발행 월간 순수문학사, 서울. 2017. 7. 1.)을 발표한 바 있다.

7. 1978년 방송통신고등학교 서울지구동문회 주최 제1회 서울지구 방송통신고등학교 웅변대회 지도위원 겸 심사위원장. 한국교육개발원 후원. 1981년부터 전국대회로 확대

서울지역에서는 1977년 2월에 방송통신고등학교 제1회 졸업생이 나왔다. 서울의 각 방송통신고등학교 졸업생들은 졸업한 뒤에 학교별로 동문회 대표를 뽑고서 졸업한 지 약 6개월 뒤, 8월 15일 방송통신고등학교 서울지구 졸업생 대표자 회의를 개최했다.

서울지구 졸업생 대표자 회의에서는 방송통신고등학교 서울지구동문회를 결성하기로 하였다. 준비위원장으로 이영헌(서울고 부설 방송통신고 졸업) 님을 선출했다.

1978년 4월 5일 방송통신고등학교 서울지구동문회 창립총회를 개최하고 초대 회장으로 양경석(경복고 부설 방송통신고) 님을 선출했다. 창립총회에서는 비공식적인 친목 행사로서 6월 18일(일요일) 오후 방송통신고등학교 서울지구동문회 주최로 경복고등학교 운동장에서 졸업생과 재학생들이 참가하는 체육회를 열기로 하고, 6월 25일(일요일)에 방송통신고등학교 서울지구동문회 주최 제1회 서울지구 방송통신고등학교 웅변대회를 개최하기로 하였다. 이 웅변대회는 방송통신고등학교 서울지구동문회 주최의 공식적인 첫 행사였다.

6월 8일 방송통신고등학교 서울지구동문회 회장 양경석 님이 나에게 전화를 했다. 양경석 님은 경복고등학교 부설 방송통신고등학교 재학 중 학생회 회장을 지냈으며, 경복고등학교 부설 방송통신고등학교 총동창회 회장도 맡고 있었다.

양경석 회장은 방송통신고등학교 서울지구동문회 주최의 첫 대외적인 공식 행사로서 6월 25일(일요일) 오전 10시부터 남대문에서 남산으로 오르는 길목 왼쪽에 있는 여성회관에서 '제1회 서울지구 방송통신고등학교 웅변대회'를 개최하기로 한다고 했다.

그러면서 나더러 웅변대회 지도위원 겸 심사위원장을 맡아 달라고 했다. 어려운 환경에서 공부한 그들이 아직도 어려운 생활을 벗어나지 못하고 있으면서 후배들에게 용기와 의지와 희망을 심어 주기 위해 웅변대회를 열겠다니 참으로 기특한 일이었다. 게다가 이날을 졸업생, 재학생들이 한자리에 모일 수 있는 우애의 날로 만들겠다니 얼마나 따스한 생각인가.

양경석 님은 방송통신고등학교 졸업생들이 항상 나를 기억하며 고마워하고 있으므로, 나도 자신들을 잊지 말아 달라고 했다.

양경석 회장이 나에게 전화한 이때는 내가 작사한 '방송통신고교생' 노래가 작곡이 완료되어 악보가 나에게 도착되어 있던 즈음이었다. 그래서 나는 웅변대회에서 이 노래를 널리 공개하고 싶다고 했다. 양경석 회장은 '방송통신고교생' 노래가 널리 공개되면 웅변대회가 더욱 뜻깊을 것이라고 하면서 동문회에서 충분히 논의하여 준비하겠다고 했다.

웅변대회 지도위원 겸 심사위원장을 기쁘게 승낙한 나는 웅변대회 준비 과정을 파악하면서 조언했다. 양경석 회장의 노력으로 한국교육개발원에서 웅변대회를 후원해 주기로 하였으며, 웅변대회 행사장에는 문교부(교육부) 관계관도 참석해 주기로 협의가 되었다. 큰 행사를 차근차근 준비해 가는 임원들이 아주 성숙했다는 생각이 들었다.

6월 17일(토요일) 오전 양경석 회장이 나에게 전화를 했다. 양경석 회장 일행이 서울특별시교육위원회 방송통신고등학교 담당 부서를 찾아가 웅변대회를 개최하기로 했으니까, 협조해 줄 것을 간청했으나, 거절당했다고 했다.

이 말을 들은 나는 문교부와 한국교육개발원에서도 도와주려는데, 서울 시내 방송통신고등학교를 행정적으로 직접 관할하는 교육위원회에서 아무런 협조를 못 해 준다는 것이 못내 아쉬웠다.

나는 양경석 회장에게 내가 교육위원회에 직접 전화해 볼 테니, 나중에 나에게 다시 전화를 걸어 주면 좋겠다고 했다.

나는 바로 서울특별시교육위원회 방송통신고등학교 담당 부서(사회교육과)에 전화를 했다. 어렵게 공부한 졸업생들이 후배들의 만학(나이 들어 뒤늦게 공부)의 향학열(배움의 열의)을 북돋우기 위해 웅변대회를 개최하기로 한 장한 뜻을 지닌 웅변대회의 입상자에게 교육위원회에서 상품이나 상장을 보내 준다면, 그들에게 큰 힘이 될 것이라고 했다. 그러나 그 부서에서는 졸업생들에게 이미 거절했다며 나에게 뜻밖의 대답을 했다.

"요즘 시국을 빤히 알면서 그런 말을 할 수 있어요? 집회는 생각지도 못할 판국이니, 누구든 거기에 참가한다면, 여간 시끄럽지 않을 것이오. 선생님도 심사를 안 맡는 것이 좋을 것이오."

담당자는 곧 회의가 시작된다며, 전화를 끊었다. 정당하게 경찰서에서 집회 허가를 받아 좋은 일을 하겠다는 것인데, 아무리 유신 정국이라 할지라도 격려해 줄 일과 만류할 일을 구분 못 하는 교육 행정이 원망스러웠다. 애쓰는 제자들에게 나 역시 별다른 도움을 줄 수 없는 것이 아닐까 하는 마음이 들었다. 그러나 이 장한 마음씨를 세상 사람들이 이해해 주지 못한다면, 그럴수록 나만이라도 이를 꼭 이해해 주어야겠다는 각오가 더 단단해졌다.

학교 서무실에서 양경석 님의 전화를 기다리고 있는데, 마침 전화가 걸려 왔다.

"양 회장님, 교육위원회에서 행사를 하지 말라는 말도 하던가요?"

"예."

양경석 회장의 대답에는 힘이 빠져 있었다.

양경석 회장이 행사를 하지 말라는 말을 듣고서도 차마 그 말은 나에게 하지 못했던 심정이 어떠했을까를 생각하니, 내 마음이 몹시 무거웠다.

"양 회장님, 고생했어요. 모든 건 내가 책임질 테니, 모든 걸 내 책임으로 미루고, 행사를 진행해 주세요."

"선생님, 고맙습니다."

비로소 양경석 회장의 말에 생기가 돌았다.

그리하여 양경석 회장은 이틀 뒤 6월 19일(월요일) '방송통신고교생' 노래 가사와 악보와 녹음테이프를 한국교육개발원에 가지고 갔을 때, 이영덕 원장과 실장의 격려가 대단했고, 방송 실무진은 2학기부터 라디오 교과 방송이 시작될 때 이 노래를 서곡으로 방송하겠다고 했다. 그리고 교육방송에서는 이번 웅변대회 내용도 특집 방송으로 내보내겠다고 했다.

6월 25일(월요일) 비가 쏟아지는 가운데 나는 행사 때 애국가를 반주하고 '방송통신고교생' 노래를 지도할 박임전 성악가(KBS 합창단원)와 가족과 함께 웅변 대회장으로 갔다.

행사는 10시부터 진행될 예정이지만, 나는 행사 준비 상황을 미리 점검하기 위해 9시경 남대문 근처에서 택시에서 내렸다. 벌써 여성회관으로 향하는 건널목은 졸업생과 재학생들의 모습이 많았다. 남대문시장과 여성회관 근처에는 교통경찰관들이 군데군데 배치되어 있었다. 경찰서의 협조 요청과 행사장 바깥 질서 유지는 김구해(서울고 부설 방송통신고 졸업) 님이 담당하고 있었다.

여성회관 안팎은 방송통신고등학교 졸업생과 재학생으로 무척 붐볐다. 서로 모르는 얼굴일지라도 이심전심으로 그들은 친숙한 인사말을 나누었다. 교복을 입고 책가방을 들고 당당히 고등학교를 다니는 학생들을 부럽게 바라보다가, 늦게나마 어려움 속에서 방송통신고등학교를 졸업했거나 재학하고 있는 만학의 사람들이었기에 그들은 말이 없어도 서로가 서로를 깊이 이해할 수 있었던 것이다.

졸업생들은 웅변대회 임원 구성을 짜임새 있게 잘해 두었다.

대회장: 양경석(방송통신고등학교 서울지구동문회 회장. 경복고 부설 방송통신고 졸업)
부대회장: 손효일(용산고 부설 방송통신고 졸업), 양경남(경기여고 부설 방송통신고 졸업)
진행: 김구해(서울고 부설 방송통신고 졸업)
총무: 황명기(경동고 부설 방송통신고 졸업), 오영미(수도여고 부설 방송통신고 졸업)
운영위원: 김구해(서울고 부설 방송통신고 졸업), 김장진(경기고 부설 방송통신고 졸업), 송구일(창덕여고 부설 방송통신고 졸업), 장만용(경동고 부설 방송통신고 졸업)
홍보 및 섭외: 김금영(경동고 부설 방송통신고 졸업)

행사가 시작될 즈음 나는 행사장 안에 들어오지 못하고 바깥에서 우산을 쓰고 서 있는 사람들이 걱정되었다. 나는 임원에게 바깥에 서 있는 사람들이 혼잡하지 않도록 친절하게 관심을 가져 주기 바란다고 했다. 조금 뒤에 내가 단상에 자리 잡고 있을 때 임원이 다가와 행사가 불편 없이 잘 진행될 수 있도록 경찰서에서도 친절하게 적극 도와주겠다는 전갈이 왔다고 했다. 행사장 안팎이 몹시 붐벼서 걱정이었는데, 고마운 일이었다.

드디어 문교부(교육부) 방송통신고등학교 교육 담당 관계관, 전국 방송통신고등학교 교육을 총괄 운영하는 한국교육개발원 원장과 담당 실장, 여러 방송통신고등학교 교사, 그리고 각계 축하 손님들이 참석한 가운데 진행자 김구해 님의 웅변대회 개회 선언이 있었다.

이어서 국민의례, 국민교육헌장 낭독, 대회장 대회사, 한국교육개발원 원장 축사, 심사위원 소개, 심사 기준 발표가 있었다.

양경석 대회장은 대회사에서 "주경야독하는 방통인에게 희망과 용기를 심어 주고, 국가 사회에 보은하는 뜻으로 이 대회를 열었다."고 했다.

심사위원장: 허만길(경복고등학교 국어과 교사)
심사위원: 김양호(한국언어문화원 원장)
심사위원: 정민식(한국교육개발원 방송교육 연구원)

이미 예선을 통과한 9명의 연사가 듣는 이의 가슴을 뭉클하게 만들어 갔다. 졸업생의 찬조 출연도 있었다. 나는 웅변 내용의 주요 대목들을 종이에 적기도 했다.

"매일은 아니지만, 포근한 선생님의 음성을 가까이 할 수 있으니, 기쁘기 한량없습니다. 어떤 폭풍우도 우리를 꺾지 못할 것입니다."
"일하는 아파트의 옥상에서 무거운 가방을 들고 학교 가는 학생들이 부럽기만 했는데, 이젠 나도 모든 것을 얻은 느낌입니다."

"지금은 하루하루가 힘들지만 졸업장을 어엿이 받을 때까지 형설의 공을 쌓읍시다."

"인생에는 지각 인생이란 없습니다. 이 세상 구석구석에는 우리를 격려하는 말이 많습니다. 비관하지 말고 참을성 있게 노력합시다."

"겨울이 가까이 오면, 봄이 멀지 않다는 점을 깨달으면서 어떤 역경도 딛고 일어섭시다."

"돈과 운이 없다는 이유도 떨쳐 버리고, 열등의식도 떨쳐 버립시다."

연사들의 웅변은 가슴을 파고드는 진실과 신념으로 가득 찬 말들이었다. 연사들의 힘찬 외침에 청중들은 큰 박수를 보냈고, 동병상련의 감동된 부분에서는 눈물을 닦기도 했다.

이들이 이처럼 고마워할 줄 알고 불굴의 결의가 탄탄한 이상 국가의 번영, 방송통신고등학교의 발전은 얼마든지 장담할 수 있을 것 같았다. 그리고 국가와 사회와 학교는 이들을 위해 많은 교육 투자를 해도 가치 있을 것임을 확신했다.

최우수상으로 한국교육개발원 원장상을 받은 박승영 님을 비롯해 수상자들은 몹시 기뻐했고, 청중들은 아낌없는 축하의 환호를 보냈다.

최우수상: 박승영(경기고 부설 방송통신고)
우수상: 김보경(창덕여고 부설 방송통신고)
장려상: 박재관(서울고 부설 방송통신고 졸업), 이영희(수도여고 부설 방송통신고 졸업), 홍종언(용산고 부설 방송통신고)

감투상: 최성래(경동고 부설 방송통신고), 임종철(경복고 부설 방송통신고), 김희원(경기고 부설 방송통신고), 김동국(경동고 부설 방송통신고)

웅변대회 시상식이 있기 직전 '방송통신고교생' 노래 연습이 있었다. 먼저 방송통신고등학교 졸업생과 재학생들은 이미 유인물로 나누어 준 '방송통신고교생' 노래 악보를 보며, 녹음테이프로 노래를 들었다. 대학에서 성악을 전공하면서 KBS 합창단원인 박임전(뒷날 이탈리아에서 성악가 활동. 밀라노 베르디 콘서바토리 성악 교수 역임) 성악가가 독창을 하고, 졸업생과 재학생이 한데 어울려 노래를 한 소절씩 익혀 나갔다. 작곡자 화성태 교사도 등단하여 노래를 부르고 2부 합창 지도를 했다. 모두들 열창을 거듭했다. 행사장 안에 들어오지 못한 사람들도 밖에서 열창했다.

노래 연습이 끝난 다음 곧이어 문교부(교육부) 방송통신고등학교 교육 담당 관계관, 전국 방송통신고등학교 교육을 총괄 운영하는 한국교육개발원 원장과 담당 실장, 여러 방송통신고등학교 교사, 그리고 각계 축하 손님들이 지켜보는 가운데 '방송통신고교생' 노래를 '방송통신고등학교 교가'로 채택하고, 이를 선포하였다. 그리고 정식으로 '방송통신고등학교 교가'를 제창했다. 이런 사연으로 '방송통신고등학교 교가'는 여러 해 동안 '방송통신고교생' 노래라고도 했다.

방송통신고등학교 서울지구동문회 주최 웅변대회는 많은 의미를 지니고 있었다.

이 웅변대회는 재학생들의 면학열과 용기와 의지와 희망을 불러일으키는 데 크게 이바지했다. 졸업생들은 졸업생들끼리 결속하고, 재학생들은 재학생들끼리 긍지와 소속감을 높이는 데 중요 계기가 되었다. 재학생들은 선배 졸업생들의 따뜻한 사랑을 느낄 수 있었고, 선후배의 공동체 의식을 형성하는 데도 중요 역할을 했다.

1981년 제4회 웅변대회부터는 전국 방송통신고등학교 웅변대회로 확대되었다.

웅변대회는 해마다 한국교육개발원에서 후원하였다. 1986년 제9회 전국 방송통신고등학교 웅변대회와 1987년 제10회 전국방송통신고등학교 웅변대회는 내가 서울특별시교육위원회에 직접 건의하여 서울특별시교육위원회와 한국교육개발원이 공동으로 후원하였다.

나는 1987년 제10회 웅변대회를 끝으로 그 이후에는 웅변대회 지도와 심사에 관여하지 않았다. 1988년에는 웅변대회가 개최되지 못하였다고 한다. 1989년 제11회 전국 방송통신고등학교 웅변대회부터 다시 개최되어 1992년 제14회 전국 방송통신고등학교 웅변대회로 끝이 났다고 한다. (KEDI '방송통신고등학교 40년사' 48쪽)

8. 최초의 방송통신고등학교 교육 현장 문제와 개선 방향 연구논문 발표. 〈교육평론〉 1978년 9월호

 1974년 우리나라 방송통신고등학교가 개설될 때부터 5년째 방송통신고등학교 교육 현장에서 학생 교육 활동을 해 온 나는 방송통신고등학교 교육 현장의 문제를 절실히 파악할 수 있었고, 이를 어떻게 개선해야 할지도 끊임없이 모색했다.

 그래서 방송통신고등학교 서울지구동문회 주최 제1회 서울지구 방송통신고등학교 웅변대회와 '방송통신고등학교 교가'('방송통신고교생' 노래) 선포가 있은 약 2개월 뒤 나는 〈교육평론〉 1978년 9월호 38~43쪽(발행 교육평론사, 서울. 1978. 9. 1.)에 '방송통신고교 교육의 문제점과 개선 방향'이라는 연구논문을 발표하였다. 〈교육평론〉 1978년 9월호 표지에는 이 논문 제목이 크게 부각되었다. 이 논문이 발표되자, 방송통신고등학교 교육 현장 교육자들은 크게 공감했고, 교육학자, 문교부, 한국교육개발원 등 각계에서 관심을 크게 보였다.

 〈교육평론〉 1978년 9월호는 2021년 현재 서울대학교중앙도서관 연속간행물보존서고에 보관되어 있다. 다음에 이 논문 전문을 옮긴다. 방송통신고등학교 교육 초기의 실상과 문제점과 개선 방향을 이해하고 연구하는 데 도움이 되리라 본다.

방송통신고교 교육의 문제점과 개선 방향

허만길
경복고등학교 교사

1. 머리말

　정규 고등학교에 진학하지 못한 청소년과 성인들에게 교육의 기회를 주기 위해 1974년부터 방송통신고등학교가 설립 운영되어 오고 있다. 이것은 유능한 국민과 높은 수준의 교육을 필요로 하는 시대적 요청에 부응하는 적절한 조치라고 하겠다. 더욱이 이 제도는 직장에 다니면서도 낮은 학비로 고등학교 교육과정을 이수할 수 있고, 졸업학력인정평가시험에 합격하기만 하면 정규 고등학교 졸업자와 동등한 학력 인정을 받을 수 있다는 점에서 고등학교 비진학자에게는 특별한 혜택이 되는 제도가 아닐 수 없다.

　정규학교에 출석하여 수업을 받지 못하는 형편의 사람에게 통신 교육을 실시한 최초의 형태는 흔히 1840년 영국의 피트맨(Isaac Pitman)이 속기 학습을 지도하기 위해 학생들에게 엽서를 사용한 것을 들고 있다. 그리하여 지금은 많은 나라들이 통신 교재, 라디오 및 텔레비전 방송, 적절한 시기의 출석 수업 등을 통한 통신교육의 실효를 거두어 가고 있다. 곧 영국의 개방대학교(Open University)와 국립교외학부(National Extension College), 미국의 국제통신학교(International Correspondence School)와 많은 대학교에 부설된 각종 통신교육과정을 들 수 있으며, 특히 뉴질랜드에서는 초등학교, 중등학교, 대학교육은 물론 전문 기술 분야에 이르기까지 통신학교 제도를 운용하고 있음을 지적할 수 있다.

우리나라에서는 현재 2년제 방송통신대학과 3년제 방송통신고등학교가 제도적인 뒷받침 아래 방송통신교육이 이루어지고 있는데, 그 역사가 몇 년 되지 않는지라, 여러 가지 보완되어야 할 일이 많음이 사실이다. 이 글은 그중에서도 현행 방송통신고등학교 교육이 안고 있는 문제점을 지적하고 그 개선 방향을 제시하고자 한다.

2. 운영의 기본 실태

방송통신고등학교는 1973년 3월 10일 교육법 제107조에 의해 그 설치의 법적 근거가 마련되어, 1974년 3월에 서울과 부산에 정규 고등학교의 부설로 11개 학교가 설치되었다. 그 뒤 계속 설치하여 지역이 확대되어, 1978학년도에는 전국의 17개 시와 1개 읍의 총 39개교에서 신입생을 모집했다.

방송통신고등학교는 문교부, 각 교육위원회, 각 방송통신고등학교, 한국교육개발원의 긴밀한 협조로 운영되고 있으며, 그 실질적인 주요 기획, 방송통신 업무, 통신교육 연구 등은 한국교육개발원에서 맡고 있는 셈이다.

학생들은 매일 30분간씩 매주 6일간 계속되는 라디오 방송 강의, 각 공립고등학교에 부설된 방송통신고등학교에서 매월 첫째 일요일과 셋째 일요일에 실시되는 학교 출석 수업으로 교육을 받게 되며, 그들의 한 학기 분의 성적은 과제 평가, 방송 청취록 평가, 중간고사, 기말고사에 의해 평가되고, 제3학년 말에는 졸업학력인정평가시험을 거쳐 고등학교 졸업 인정을 받게 된다.

1978년 2월 현재, 제2회 졸업생이 배출되었는데, 졸업생 수는 1977년에 2,660명, 1978년에 4,610명 모두 7,270명이다. 한국교육개발원에 따르면, 1978년의 졸업생 중 대학입학예비고사의 합격자 수는 43명이며, 또 이해의 졸업생 수는 졸업학력인정평가시험 응시생의 90.3%에 해당된 것이라고 한다. 그리고 1978년 4월 1일 현재 전국 39개 교의 총 학생 수는 21,016명으로 확인되었다고 한다.

3. 교육의 문제점

1) 교재량과 학습 시간의 문제

방송통신고등학교의 교육 내용은 정규 고등학교의 교과과정에 준하도록 하고 있다. 그리고 방송통신고등학교의 중심 교재인 교과서는 정규 고등학교의 교과서와 같은데, 다만 자학자습이 용이하도록 정규 고등학교 교과서에 해설이 덧붙여 있음이 다르다.

방송통신고등학교 수업 연한은 개인의 특수한 사정이 있을 때 7년까지 연장할 수 있음을 허용하고 있지만, 그렇잖은 경우 정규 고등학교와 마찬가지로 3년 동안에 그 과정을 끝마치게 된다.

그런데 방송통신고등학교 학생이 실지 강의에 참가할 수 있는 기회는 매일 30분간의 라디오 방송 강의와 한 달에 두 번씩 학교에서 출석 수업을 받는 것인데, 그 출석 수업은 하루에 7시간(50분간씩)씩이다. 그리고 보면, 방송통신고등학교 학생은 하루 평균 60분의 수업으로 정규 고등학교 학생의 1/6밖에 안 되는 수업 시간으로 정규 고등학교 학생이 수업하는 양을 받아들여야 한다.

기준보다 적은 학습 시간으로 일정한 학습량을 해 내야 한다면, 여기엔 특이한 변인이 작용되어야 학습 효과에 차질이 생기지 않는다. 현행 고등학교 교과서는 정규 고등학교 학생 위주로 편찬되었다. 그러면 그 교과서에 자학자습이 용이하도록 해설이 덧붙여 있다는 변인만으로 과연 필요 시간의 5/6를 단축시킬 수가 있을까? 만약 그 해답이 부정적인 방향으로 나타난다면, 분명 학습 효과에 큰 차질이 생길 것임에 틀림없다.

나는 동일 구내에서 공부하고 있는 서울 시내 어느 방송통신고등학교와 정규 고등학교의 2학년 학생들에게 국어과 비교 학력평가를 실시해 보았다. 평가 도구로 A형과 B형 두 개를 사용했는데, A형은 해당 학교에 소속된 교사가 아닌 다른 외부인이 만든 평가 문제이며, B형은 해당 학교에 소속된 교사가 직접 만든 문제이다.

두 종류의 국어과 문제를 동일 구내에서 공부하는 방송통신고등학교 2학년 학생과 정규 고등학교 2학년 학생에게 비교 평가를 실시한 결과 두 종류 다 비슷한 점수 차를 나타내고 있으며, 그 종합 평균점은 전자(연인원 167명)가 45.95점, 후자(연인원 126명)가 66점으로서 전자가 20.5점이나 떨어지고 있다.

A형의 성적 비교

	참가 인원	집단 성격	평균점 (100점 만점)
방통고교 2년	66명	2년생 재적자 중 출석자 전원	44.2점
정규 고교 2년	62명	1개 학급 전원	62.9점

B형의 성적 비교

	참가 인원	집단 성격	평균점 (100점 만점)
방통고교 2년	101명	A형과 같음	47.7점
정규 고교 2년	64명	A형과 다른 1개 학급 전원	69.1점

나는 100명의 어느 방송통신고등학교 2, 3학년생들에게 「라디오 방송 강의와 학교 출석 수업으로 교과서를 복습하면서 어느 정도 이해가 됩니까?」라는 설문을 낸 결과, 이해하는 데 지장이 없다는 학생은 19%(19명)뿐이고, 다음과 같이 80%(80명)의 학생이 이해하는 데 어렵다는 반응을 보였다.

---

① 이해하기 아주 어렵다: 13%(13명)
② 이해하기 제법 어렵다: 20%(20명)
③ 이해하기 약간 어렵다: 47%(47명)
④ 이해하는 데 지장이 없다: 19%(19명)
※ 무응답: 1%(1명)

이상으로 보건대, 방송통신고등학교의 교재량과 학습 시간 사이에는 커다란 부조화가 개재되어 있음을 알 것이다.

2) 방송 청취의 문제

방송통신고등학교 학생은 과목당 15분간씩 계속되는 라디오 방송 강의를 매일 아침이나 저녁에 30분간 들어야 한다. 그런데 나는 학생들에게 「라디오 방송 강의를 일주일에 평균 며칠이나 제시간에 듣습니까?」라는 설문을 낸 결과 40%(40명)의 학생이 3일 이내의 방송을 듣고 24%(24명)의 학생만이 매일(6일) 제시간에 듣는다고 했다.

① 1일: 4%(4명)

② 2일: 14%(14명)

③ 3일: 22%(22명)

④ 4일: 23%(23명)

⑤ 5일: 9%(9명)

⑥ 6일: 24%(24명)

※ 무응답: 4%(4명)

방송 강의를 제시간에 듣지 못할 경우를 위해 녹음기를 갖추고 있느냐는 설문에 갖추고 있다는 학생이 45%(45명), 갖추고 있지 않다는 학생이 55%(55명)이었다.

방송통신고등학교 학생으로서는 방송 강의 청취가 학습 기회의 핵심이 되는데, 이와 같은 통계는 방송통신교육의 큰 문제가 아닐 수 없다.

방송 강의를 제시간에 듣지 못하는 큰 이유로 직장의 일을 내세우는 학생이 58%나 되는 것도 좋은 참고가 될 것이다.

① 직장 일 때문에: 58%(58명)

② 가정 일 때문에: 3%(3명)

③ 기타 사정 때문에: 27%(27명)

3) 학교 출석률의 문제

학생들은 매월 두 번씩(시험 때는 별도로 출석함) 곧 그달의 첫째 일요일과 셋째 일요일에 학교에 나와 출석 수업을 받게 되는데, 이것은 방송 강의 청취와 더불어 학습 기회의 2대 핵심이 된다. 그런데 시험 때를 제외한 평소 출석률은 대체로 75% 안팎으로 올리고 있다.

이와 같은 출석률의 저조는 다음과 같은 설문의 결과로 미루어, 직장 생활과 많은 관련이 있음을 알 수 있다.

※ 직장 일 때문에 학교 출석 수업에 어려움은 없습니까?

① 어려움이 아주 많다: 14%(14명)

② 어려움이 제법 많다: 8%(8명)

③ 어려움이 약간 있다: 43%(43명)

④ 어려움이 없다: 22%(22명)

⑤ 직장에 안 다닌다: 13%(13명)

※ 직장에서는 실지로 한 달 중 일요일에 몇 번이나 쉬게 합니까?

① 쉬는 날이 없다: 5%(5명)

② 1번 쉰다: 5%(5명)

③ 2번 쉰다; 42%(42명)

④ 3번 쉰다: 4%(4명)

⑤ 일요일마다 쉰다: 33%(33명)

⑥ 사정에 따라 다르다: 1%(1명)

⑦ 직장에 다니지 않는다: 13%(13명)

4) 교육 결핍 문제

　방송통신고등학교 교육은 그 교육 방법이나 교육 기회의 제약으로 말미암아 다음과 같은 현상을 일으키고 있는데, 이런 교육 결핍 현상을 어떻게 극소화시킬 것인가에 상당한 관심을 가져야 할 것이다.

　① 시각 교육의 결핍
　방송 교육은 청각이 교육의 중심 수단이므로, 시각을 통한 교육의 결핍을 무시할 수 없다.

　② 실험 실습 교육의 결핍
　학교 출석 수업이 있기는 하나, 실험 실습에 배정할 시간은 극히 한정되어 있다.

　③ 인간 교육 기회의 결핍
　짧은 시간에 교과 학습의 지식 영역을 우선적으로 배정하고 보면, 인간성 함양의 기회가 결핍되기 마련이다.

　④ 특기 지도 및 개성 지도의 결핍

　⑤ 집단 자치 활동의 결핍
　이 집단 자치 활동의 결핍은 자발성과 협동성의 교육적 체험을 결여시킨다.

4. 고무적인 사례

　방송통신고등학교 교육은 어려운 여건 속에서도 고무적인 활동의 사례를 보이는 것이 더러 있다. 이와 같은 사례에 대한 음미는 앞으로의 교육 개선 방향에 어떤 실마리가 될 수도 있다.

1) 각종 특별 활동

　교과 학습이 끝난 뒤나 정규 수업일이 아닌 날을 이용해 운동 경기나 소풍을 실시하는 예가 있음을 본다. 이는 급우애와 애교심과 협동성을 기르는 좋은 계기라 하겠다.

2) 봉사 활동

　1975년 10월 12일(일요일) 당시 경복고등학교 부설 방송통신고등학교 학생들은 경기도 양주군 소요산에서 가을 소풍 겸 야외 봉사 활동을 가졌다. 휴지 줍기를 비롯하여 수목 보호, 산불 조심, 산짐승 보호의 팻말 달기가 중심 내용이었다. 학생들의 적극적인 열의를 받아들여 그 일의 직접 지도를 맡았던 나는 학과 수업, 개인 생활, 직장 생활에서 기를 수 없는 가치 지향적인 인성 함양의 가능성을 거기서 발견하기도 했다. (관계 기사는 교육평론 1975년 12월호 p.19 참고)

3) 「방송통신고고생」 노래 애창

　특정 집단이나 특정 사회를 위해 불리는 노래는 그 집단이나 사회를 상징하며, 그 구성원의 결의를 강화하고, 구성원 서로의 유대감을 두텁게 한다는 점에서 퍽 필요한 일이라 하겠다. 방송통신고교생에게도 이런 성격의 노래가 있었으면 하던 터에 학생들의 강렬한 요망도 있고 해서 방송통신고등학교가 설립된 지 5년이 된 지난(* 1978년) 5월 7일에야 나는 「방송통신고교생」(* 방송통신고등학교 교가) 노래를 작사하여 작곡을 부탁한 바 있다.

그리하여 이 노래를 6월 25일 방송통신고등학교 서울지구동문회 주최의 웅변대회 식장에서 졸업생과 재학생들에게 공식적으로 발표되었으니, 모두들 흐뭇한 기분으로 이 노래를 애창하면서 새로운 각오로 학업에 열의를 쏟겠다고 다짐했던 것이다.

4) 보다 좋은 평판의 인간성

나는 방송통신고등학교 교육의 전담이나 학급담임의 경험이 있는 교사 10명(물론, 정규 학교의 담임교사 경험도 있음)에게 방송통신고교생과 정규 고교생 사이의 인간성 비교 평가에 있어 어느 쪽이 보다 우수한가를 질문지로 물어보았다. 그 결과 다음과 같이 방송통신고교생이 훨씬 좋은 평판을 받고 있음을 알았으나, 이것이 역시 방송통신고등학교의 고무성에 도움으로 여길 수 있다.

답의 보기

① 방송통신고교생이 우수하다
② 정규 고교생이 우수하다
③ 서로 비슷하다

---

1. 학생들의 교사에 대한 존경심
① 70%(7명) ② 10%(1명) ③ 20%(2명)

2. 학생들 사이의 예절성
① 60%(6명) ② 20%(2명) ③ 20%(2명)

3. 일반적인 인간미
① 90%(9명) ② 0%(0명) ③ 10%(1명)

4. 일상생활 태도의 건실성
① 70%(7명) ② 20%(2명) ③ 10%(1명)

5. 학급 임원의 지도성
① 60%(6명) ② 20%(2명) ③ 20%(2명)

6. 자치 활동에서 부여받은 책임감
① 60%(6명) ② 10%(1명) ③ 30%(3명)

7. 근면성
① 60%(6명) ② 20%(2명) ③ 20%(2명)

8. 정직성
① 50%(5명) ② 20%(2명) ③ 30%(3명)

9. 절약성

① 100%(10명) ② 0%(0명) ③ 0%(0명)

10. 교과 학력을 제외한 종합적인 인간의 됨됨이

① 70%(7명) ② 10%(1명) ③ 20%(2명)

5) 졸업생 동문회의 열의

방송통신고등학교는 올해 제2회 졸업생을 내었다.

이들은 동문회를 조직하여 재학생들에게 많은 격려를 하고 있다. 운동 경기와 같은 재학생의 특별 행사가 있으면, 함께 뛰기도 하고, 출석 수업일에 수시로 모교를 방문하여 후배들과 정다운 이야기를 나누기도 한다.

어려운 여건을 무릅쓰고 어렵게 공부한 그들끼리의 대화인지라, 그것은 교사의 훈화 이상으로 심금을 울릴 때도 많은 것 같다. 그리고 내가 탐문한 바로는 서울 시내 각 방송통신고등학교 동문회는 후배를 위해 장학 기금을 모아 가고 있다니, 참으로 장한 일이 아닐 수 없다.

또 이들은 지난(* 1978년) 4월, 8개 방송통신고등학교 동문회 대표가 모여 방송통신고등학교 서울지구동문회를 조직하기도 했다. 그리하여 6월 25일에는 한국교육개발원의 후원을 받으며 여성회관에서 향학열을 주제로 한 졸업생, 재학생 출연의 웅변대회를 개최했는데, 회장 양경석 군은 「주경야독하는 방통인에게 희망과 용기를 심어 주고, 국가 사회에 보은하는 뜻으로 이 대회를 연다」는 인사말을 해 여간 대견스럽지 않았다.

웅변대회 심사위원의 한 사람으로서, 대지를 촉촉이 적시는 축복의

비가 내리는 가운데 진행된 이 대회를 줄곧 지켜 본 나는, 다른 어떤 웅변대회보다 영혼과 가슴을 파고드는 진실과 신념으로 가득 찬 말들임을 절감했다. 이들이 이처럼 고마워할 줄 알고 불굴의 결의가 탄탄한 이상 국가의 번영, 방송통신고교의 발전은 얼마든지 장담할 수 있을 것 같았다. 그리고 국가와 사회와 학교는 이들을 위해 많은 교육 투자를 해도 가치 있을 것임을 확신했다.

5. 개선 방향

그러면 방송통신고등학교 교육이 현재의 문제점을 어떻게 개선해 나가야 할 것인가?

1) 교재의 재구성

교재량과 학습 시간의 커다란 격차를 메꾸기 위한 방법의 하나로, 다음과 같이 재구성된 교재를 개발함이 좋을 것이다.

첫째, 현재의 교과서 해설식 교재는 짤막한 방송 강의용으로는 실효성이 적으므로, 강의용 집약형 교과서를 따로 만든다.

둘째, 방송통신고등학교 학생은 정규 고등학교 학생에 비해 기초 학력이 상당히 낮음이 사실이다. 기초 학력이 낮으면, 내용이 어려운 학습은 실지로 곤란하다. 훈련용 교재를 따로 만든다.

셋째, 현행 교과서 해설식 교재도 계속 보급한다.

2) 녹음기 보유 지원

방송 강의를 제시간에 충실히 듣는 학생은 불과 24%밖에 안 된다고 했는데, 이러한 애로를 덜어 주기 위해 학생들이 녹음기를 보유할 수 있도록 지원해 준다.

3) 사회인의 자각적 협조

방송 강의를 제시간에 듣지 못하거나 학교 출석 수업일에 제대로 출석하지 못하는 가장 큰 원인은 직장 일과 관련이 있으므로, 일반 사회인이 국가 발전과 교육의 긴밀한 관계를 인식하고서 향학열에 불타는 직장 학도들에게 최대의 편의를 봐 주도록 한다.

4) 천연색텔레비전 교육방송의 조기 실현

학습 내용에 따라서는 청각만으로는 그 적시에 학습 효과를 올리기 어려운 것이 많다. 이를 보완하기 위해 천연색텔레비전 교육방송이 속히 실현되면 좋겠다.

5) 교재용 녹음테이프의 작성 보급

외국어나 음악 학습은 꾸준한 청각 학습이 필요하므로, 이들 학과를 위해서는 교재용 녹음테이프를 작성하여 보급하도록 한다.

6) 교육 내용의 조화성 고려

한 달에 이틀밖에 없는 출석 수업이지만, 이날엔 방송통신고등학교 학생들이 학생으로서 체험할 수 있는 교육 특성을 잘 살려 교육함으로써, 교육 내용의 조화를 극대화하도록 한다.

인간 교육, 자치 활동, 협동 생활, 특기 표현, 실험 실습 활동, 예능 실기 교육 등의 기회를 제공하여 학생 체험적 교육 내용의 조화를 최대로 꾀하도록 한다.

7) 방송통신고고생의 날 제정

방송통신고등학교는 선진 외국의 예를 보더라도 발전 가치가 충분히 있는 제도다. 그러나 그 초창기에 있는 우리로서는 방송통신고등학교 학생에게 긍지와 격려를 주고, 그들을 직장인으로 고용하고 있는 사회인의 협조적 자각심을 불러일으킴으로써 그 본연의 가치 발휘에 박차를 가할 수 있어야 할 것이다. 이런 점을 염두에 둔다면, 「방송통신고교생의 날」을 하루쯤 정해 방통인이나 사회인의 인식을 새롭게 하는 계기로 삼음이 좋겠다.

6. 맺음말

5년의 짧은 나이밖에 안 되는 우리의 방송통신고등학교 교육은 아직도 상당한 문제점을 안고 있다. 하나의 제도가 아무리 좋은 취지를 안고 시행된다 할지라도, 실제 면에서 좋은 운영을 모색하지 못한다면, 예정한 성과를 거두기 어렵다. 이런 점에서 위에 제시한 문제점과 고무적인 사례와 개선 방향이 바람직한 운영의 모색에 밑거름이 되고, 자극제가 되기를 바라는 마음 간절하며, 아울러 나의 이 글이 계기가 되어, 방송통신고등학교 교육에 관심을 둔 연구들이 많이 나오기를 기대한다.

* 논문 출전: 허만길, 〈교육평론〉 1978년 9월호 38~43쪽(발행 교육평론사, 서울. 1978. 9. 1.)

9. 1979년 2월 제3회 방송통신고등학교 졸업식 송사의 절절한 사연

1979년 2월 4일(일요일)에는 경복고등학교 부설 방송통신고등학교 제3회 졸업식이 있었다. 재학생 대표 2학년 이정형 님의 송사에는 방송통신고등학교 학생들의 향학열과 힘든 배움의 현실과 선후배 사이의 우애가 절절히 담겨 있었다.

다음에 옮겨 놓는 송사의 부분 부분은 오랜 세월이 지나도 방송통신고등학교 학생들을 이해하는 데 도움이 될 것이다.

"갖가지 어려움과 억누를 길 없는 향학열이라는 두 극단을 몸부림하면서 기어이 졸업의 영광을 이루신 형님들은 장하고도 장한 굳센 3년을 걸어오셨습니다. 그러기에 저희 후배들은 더욱 감격스럽고 더욱 뜨거운 마음으로 형님들을 우러러보며 축하드리지 않을 수 없습니다. 남들이 편안히 공부할 때 가족의 생계와 자신의 학비를 벌기 위해 땀 흘려 일하고, 남들이 고요히 잠잘 때 비로소 피로함을 달래며 글줄 하나하나에 포부를 쏟아야만 했던 형님들이었습니다. (중간 생략)

비록 한 달에 두세 번씩 만나며 선후배의 우애를 다져 주신 형님들이시지마는, 우리들은 이미 남다른 학업 환경을 가진 형과 아우들이었기에 가까이서나 멀리서나 마음과 마음으로 서로를 이해할 수 있고 용기를 북돋울 수 있는 따뜻한 가족이었습니다.

무척도 피곤한 일요일, 우리는 머리도 깎지 못한 채 목욕도 하지 못한 채 등교를 했습니다. 괘종시계를 원망하며 졸리는 눈을 비비고는 일

어나 책을 읽고 방송을 청취했습니다. (중간 생략)

　야릇한 조명과 광란하는 음악 속에 해괴한 춤을 추는 젊은이들이 있긴 해도 형님들은 열심히 등교하셨습니다. 형님들은 이런 값진 공부를 결코 예사로 팽개치지 않으실 것이며, 사회의 귀감이 되시기 위해 끊임없이 노력하시리라 믿습니다.
　형님들이시여, 저희 후배들도 때로는 입술을 깨물며, 때로는 웃으며, 형님들의 뒤를 늠름하게 걷겠습니다. 자랑스럽게 따르겠습니다." (생략)

10. 1978학년도 제2학년 경복 방통인의 헌장 제정 지도 및 배포

　방송통신고등학교 학생들은 내가 작사한 '방송통신고등학교 교가'('방송통신고교생')를 몹시 사랑했다. 갈등과 불안과 좌절과 어둠이 스칠 때면 이 노래는 자신들의 힘이 되고 용기가 되고 희망이 된다고들 했다. 그리고 이 노래 보급 이후 학생들은 스스로를 가다듬어야겠다는 각성을 적극적으로 드러내는 경향이 늘었다.

　'방송통신고등학교 교가'가 제정된 그해(1978년) 나는 경복고등학교 부설 방송통신고등학교 2학년 1반 담임교사였다. 반장은 성문환 님, 부반장은 이정형 님이었다. 2학년은 모두 2개 반이었다.

　1978년 10월 2일 나의 담임 학급 소속 한 학생이 교무실의 내 책상 위에 편지 한 통과 호소문 한 장을 두고 갔다.

　편지에는 다음과 같은 내용이 들어 있었다.

"허만길 담임선생님께

　저의 조그만 의견을 학생들에게 배부하고 싶습니다. 이런 것을 배부해도 괜찮을지 먼저 선생님의 승낙을 받고자 합니다. 승낙이 되면 다음 등교일(10월 15일)에 오프셋 인쇄를 하여 가져오겠습니다.

　우리 경복 방송통신고교 학생들을 더욱 체계 있는 학교생활로 만들고, 방송통신고교의 권위를 높이기 위해서는 부단한 노력이 절대 필요할 것 같습니다."

　그리고 '경복 방통인의 책임감'이라는 제목으로 된 호소문에는 다음과 같은 내용이 들어 있었다.

"우리는 스스로 배우는 학생들입니다. 어려운 환경 때문에 정규 고등학교에 진학하지 못하고, 일하며 배우는 방송통신고등학교의 정문을 왕래하고 있습니다.

이왕 배움을 자청한 방통인으로서 우리 모두 한마음이 되어 배움을 넓힐 수 있는 학습 분위기를 만들 수 있도록 각자 노력하는 것이 어떻겠습니까?

첫째, 어려운 점이 있더라도 최대한 성의를 가지고 등교에 임합시다.

둘째, 책가방을 가지고 등교합시다.

셋째, 단정한 복장으로 서로 인사하며 등교합시다.

넷째, 지각을 하지 맙시다.

다섯째, 한 달에 두 번 등교 수업을 하므로 열의와 성의를 다하여 수업에 임합시다.

여섯째, 극히 어려운 사정이 아니면 조퇴를 하지 맙시다."

나는 그 학생의 생각을 칭찬하면서, 유인물을 만들어 오면 학급모임 때 학급원들에게 나누어 주고 설명할 기회를 주겠다고 했다.

이렇게 방송통신고등학교 학생으로서 자각 의식이 높아질 때, 나는 학생들이 언제, 어디서나 큰 포부를 가지고 뜻을 기르며 생활하는 데 거울이 될 수 있는 글귀를 지니고 다니게 하고 싶었다. 그럴 수만 있다면, 이것은 '방송통신고등학교 교가'와 더불어 쌍을 이루어 학생들에게 좋은 벗이 되리라 생각했다.

이래서 나는 1978년 11월 5일(일요일) 출석 수업일에 경복고등학교 부설 방송통신고등학교 전체 각 학급 학생 임원들이 모여 임원회를 열도록 지도했다.

이 모임에서 임원들은 2학년 학생들이 중심이 되어 '경복 방통인의 헌장'을 만들 것을 합의했다. 임원들은 헌장에 넣고 싶은 자료들을 모으기로 했다. 자료들이 모이면 나와 2학년 임원들이 '경복 방통인의 헌장'을 초안하여, 전체 임원들의 협의를 거쳐 전체 재학생들의 이름으로 헌장을 선언하기로 했다.

이로부터 두 달이 되던 1979년 2월 4일(일요일) 3학년 학생들은 졸업을 했다. 졸업식 날을 고비로 헌장에 들어갈 기초 자료는 거의 다 수집되었다. 나와 2학년 임원들은 구체적인 문장 작성 작업을 했다.

헌장 펼침식은 2월 18일(일요일)로 정했다. 지난 11월 5일 학생회 임원회에서 헌장 제정 결의를 할 때, 헌장 펼침식 날에는 학생 문집도 나누어 가지고, 헌장 펼침식 기념 '경복방통 학예능 잔치'를 열어 보자는 의견도 있었다. 그러나 문집 발간은 예산이 없어 일찌감치 미련을 두지 말아야 했다. 학예능 잔치는 학생 연구 발표, 웅변, 음악 연주, 연극 발표, 미술전, 시화전, 체육 특기 발표, 서예 전시, 공예 전시, 사진 전시 등 상당히 구체적인 구상까지 세웠다.

그러나 학교의 예산 지원에도 어려움이 있고, 정치적 시국에 따라 학생들의 교내 모임은 꼭 필요한 경우 외에는 삼가도록 하고 있었으므로, 결국 공개적인 헌장 펼침식조차 승낙되지 않았다.

이 사실조차 학생들에게 털어놓을 수 없는 나로서는 혼자 애타기만 했다. 그래서 헌장 펼침식은 내가 담당하는 2학년 '작문' 시간을 활용하기로 했다. 2학년 시간표를 조정하여 2학년 2개 반만 한자리에 모여 헌장 펼침식을 여는 방법을 택하기로 했다.

나는 2월 16일에 '경복 방통인의 헌장'을 인쇄하였다.

드디어 2월 18일 셋째 시간에 2학년 학생들은 2학년 1반 교실에 빽

빽이 들어섰다. 헌장 펼침식은 국민의례, 지도 말씀, 헌장 제정 취지 낭독, 헌장 펼침, '방송통신고등학교 교가' 제창, 헌장 펼침과 나의 각오 발표 및 글짓기의 차례로 진행되었다.

  나는 지도하는 말로서 헌장 제정 배경과 과정을 설명하고, 이 헌장의 내용을 방통인으로서 재학 중에나 졸업 후에나 정신적 지주로 삼으면서 열심히 살아가자고 했다.

  이어 조노현(2학년 1반 반장) 님이 유인물로 나누어 준 '경복 방통인의 헌장 취지'를 또박또박 읽었다.

1978학년도 제2학년 경복 방통인의 헌장 제정 취지

  1978학년도 경복고등학교 부설 방송통신고등학교 제2학년 재학생들은 우리 자신의 오늘과 내일의 마음과 행동의 지표로 삼을 수 있는 하나의 뚜렷한 보람을 마련할 수 있다면, 우리 자신의 생활에 큰 도움이 되리라 여겨, 허만길 선생님 지도 국어 수업 및 작문 수업 시간에 짬짬이 생각을 모아, '1978학년도 제2학년 경복 방통인의 헌장'을 제정하기에 이르렀으니, 우리는 모름지기 이를 거울삼아 뜻깊은 자아로 가꾸어 나가자.

1979년 2월 18일
1978학년도 경복고등학교 부설
방송통신고등학교 제2학년 재학생

  헌장 제정 취지 낭독에 이어, 제2학년 전체 학생이 '경복 방통인의 헌장'을 채택하기 위해 성문환(2학년 2반 반장) 님이 '경복 방통인의

헌장'을 낭독했다.

1978학년도 제2학년 경복 방통인의 헌장

　우리는 우리의 삶을 보다 뚜렷이 알고, 삶을 보다 값지게 걷는 길을 터득하면서, 굳고 바르고 부지런하게 살아가는 슬기와 용기와 실력을 닦고자, 북악의 아늑한 기슭 경복고등학교 부설 방송통신고등학교에 땀과 정열과 의지로 모인 자랑스러운 얼굴들이다. 이에 우리는 이 알뜰한 포부를 크게 꽃피워 무한히 영광스러운 열매를 맺으려는 기약을 하는 바이다.

1. 우리는 출석 수업과 방송 수업에 성실히 참여하며, 예습과 복습을 충분히 하는 학습 태도를 발휘한다.
2. 우리는 개인생활이나 학교생활에 있어 자율적, 능동적으로 행동하며, 품위 있는 인간관계, 예절 바른 언행, 교칙 준수에 최선을 다한다.
3. 우리는 어려움이나 슬픔이나 외로움 앞에 결코 실망하지 않으며, 어떤 역경도 여유 있게 극복하고 활용할 줄 아는 슬기를 기른다.
4. 우리는 풍족하거나 지위가 높을 때 남을 업신여기거나 편애하지 않으며, 따뜻하고 너그러운 마음으로 두루 사랑하여 그들로 하여금 크게 어울려 장점과 능력 발휘에 힘을 다하도록 돌봐 준다.
5. 우리는 가정이나 직장 생활에 있어 책임 있고 유능한 구성원이어야 하며, 자신의 헌신적 노력은 구성체나 구성원의 행복과 발전에 귀중한 열쇠가 됨을 깨달으면서 행한다.

6. 우리는 학력과 덕행과 체력과 소질을 최대로 키우면서, 인류와 역사를 창의성 있게 이끌어 가는 인생을 실천한다.
7. 우리는 바람직한 삶의 방향을 꾸준히 탐구하며, 그 삶의 방향으로 정성껏 성실히 살아간다.

1979년 2월 18일
1978학년도 경복고등학교 부설
방송통신고등학교 제2학년 재학생

헌장 낭독이 끝나자, 참석자들은 힘차게 손뼉을 쳤다. 학생들은 이 헌장을 모두 각자의 것으로 받아들이는 데 모자람이 없는 것 같았다. 학생들은 이 헌장 속에 자신이 장차 어떤 사람이 되어 있을 때에라도, 그날에 어떤 모습으로 살아가야 할 것인가의 결심이 담겨 있는 것을 의미 깊게 생각했다.

이 헌장은 비록 경복 방통인 제2학년 학생들의 이름으로 선포되었지만, 1학년 학생들에게도 다 배포되었는지라(3학년은 졸업), 사실상 전 교생이 이 헌장을 감격스럽게 간직하려는 모습이었다.

경복 방통인들에 의해 이 헌장이 만들어졌다는 사실은 경복고등학교 부설 방송통신고등학교 졸업생은 물론 서울 시내 다른 방송통신고등학교 재학생과 졸업생들에게도 곧 알려져 그들도 이 헌장의 내용을 음미하곤 했다.

11. 과로로 휴직 중 제자들의 따스한 위문

경복고등학교 교사로 5년째 근무하던 1978년 11월 어느 날, 교실 수업 중에 정신이 아찔하고 기운이 순식간에 빠지며 몸이 휘청하며 털썩 쓰러졌다. 학생들의 부축을 받으며 부랴부랴 숙직실에서 양호교사의 도움을 받은 뒤 동료 교사의 부축으로 집에 돌아왔다. 병원에서는 육체적, 정신적 과로 때문이라고 했다.

그 뒤로 몸이 좋아지지 않아 1980년 7월 19일부터 1980년 12월 11일까지 4개월 23일 동안 휴직하기에까지 이르고, 37살의 가난한 젊은 교육자는 76살의 어머니를 비롯한 가족과 함께 무척 큰 시련을 겪어야 했다.

생각해 보면 나는 18살 교육자의 길을 들어설 때부터 과로를 무릅쓰고 교육과 학문에 열중했다. 1978년만 하더라도 나는 서슴없이 열심히 가르치고 열심히 연구했다. 평일에는 경복고등학교 학생들을 교육하고 일요일에는 방송통신고등학교 학생들을 교육했다. '방송통신고등학교 교가'('방송통신고교생') 작사 및 교가 보급, 방송통신고등학교 서울지구동문회 주최 제1회 서울지구 방송통신고등학교 웅변대회 지도위원 및 심사위원장 일, '방송통신고교 교육의 문제점과 개선 방향' 논문 발표, '1978학년도 제2학년 경복 방통인의 헌장' 제정 지도도 그해에 있었다. 그해에는 서울대학교 대학원 2년 차 석사과정 공부도 하고 있었다.

그 밖에도 그해에 열심히 추진한 일들이 많다.

나는 서울 영등포여자고등학교 교사 재직 중 1968년(25살)부터 우리말 사랑 운동을 전국 규모로 펼치면서, 1971년(28살) 문교부(교육부) 언어생활 연구위원 활동을 하고, 1974년부터 서울 경복고등학교 우리말사랑하기회(국어계몽반) 운영을 통해 우리말 사랑 운동을 전국 규모로 펼쳤다. 1975년(32살) 대통령 특별보좌관(철학박사 박종홍) 자문 응대 등을 통해 1976년 박정희 대통령이 국어 순화 운동을 국가적, 제도적 차원으로 승화시키는 데 이바지했다.

국어 사랑의 이론 정립에 공헌하는 등 국어 사랑에 열의를 기울였다. 이러한 일들은 학술지, 신문, 방송, 잡지 등에 널리 소개되었으며, 자세한 내용은 허만길 저서 〈우리말 사랑의 길을 열면서〉(도서출판 문예촌. 2003)에 나타나 있다.

나는 국어 순화 운동을 비롯한 우리말 사랑 운동의 연속에서 올해 1978년 5월 30일에는 한국국어교육연구회 주최 연구 발표회에서 '학생 저속어의 새 경향과 그 선도 방안'이란 주제의 논문을 통해 각급 학교 학생들을 비롯하여 특수 계층에서 작자도 뚜렷하지 않으면서 집단과 시간과 장소에 따라 가사가 변화무쌍하게 자유자재로 변경되고 또 그 내용이 저속한 노래들을 발굴 공개하여, 이를 '사생아적 저속가사'라 이름하고서 그 선도 방안을 제시하였다. 이것은 국민들로 하여금 국어 순화 운동의 절실성을 깨닫게 하고 청소년 문제에 대한 각성을 크게 불러일으켰다. 이와 관련하여 나는 일간지, 주간지, 방송 등 여러 언론 기관의 보도 협조 및 면담 요청에 응하고, 후속 논문들을 발표하였다.

'청소년들의 저속가사에 비친 사회 - 목마른 나무들의 무서운 독설'(주부생활 1978년 8월호. 주부생활사), '왜 청소년들은 저속어를 사용하는가'(월간고교생 1978년 7월호. 월간고교생사), '이런 노래를 부르다니, 누구의 책임인가'(학생중앙 1978년 8월호. 중앙일보사), '상품 선전말의 자각을'(한글새소식 제74호. 1978. 10. 5. 한글학회), '우리말 사랑의 실천 방향'(새마음 1978년 10월호, 구국여성봉사단) 등이 그 대표적 논문이다.

1974년부터 시행된 고등학교 평준화 정책에 대한 문제점 파악 및 그 보완을 위해 나는 이 방면의 최초의 논문 '고등학교 평준화 보완 방안'을 〈교육평론〉 1977년 7월호에 발표하여 정부와 각계의 관심을 끌었는데, 1977년 8월에는 문교부 장학관실의 요청에 따라 '고등학교 내 특별지도반 설치(안)' 연구 보고를 하고, 1978년에는 시론(時論) '고입(高入) 평준화 보완은 이렇게'(새한신문 제968호 제1면. 1978. 3. 30. 대한교육연합회)를 발표하고, 내가 수업 중 처음 쓰러진 얼마 뒤 문교부 중앙교육연구원장의 연구 위촉(공문번호: 연구1011.2.-1224, 1978. 12. 6.)에 따라, '이질 학급의 학습 지도 및 과외 수업 실태 조사 연구' 보고(1978. 12. 26.)를 하였다.

서울특별시 중등 문예 백일장 심사위원(서울특별시교육위원회 교육감 위촉), 국가 공무원(5급 을류 검찰사무직, 출입국관리직) 공개경쟁시험 출제위원(법무부 장관 위촉, 1978. 6. 16.), 고등학교 입학자격 및 고등학교 졸업 학력검정고시 관리위원(서울특별시교육위원회 교육감 위촉, 1978. 7. 29.~8. 5.) 등의 일을 보았다.

1978년도에 문교부는 장학 방침에서 정신 교육 강화와 관련하여 각급 학교에서 독서 지도를 강력히 추진하도록 했다. 각 시·도 교육위원회는 독서 지도 시범학교를 운영하기로 하였고, 서울특별시교육위원회의 경우 10개 시범학교를 지정하였다. 교육평론사에서는 일선 학교의 독서 지도에 어려움이 많다는 일선 학교 교사들의 여론에 따라, 나에게 독서 지도 계획 수립에서 독서 지도 내용 및 방법에 이르기까지 일선 학교 독서 지도에 도움이 될 글을 요청함에 따라, 나는 〈교육 평론〉 1978년 5월호에 논문 '독서 교육의 영역별 내용과 실천 계획'을 실었다.

그 밖에 논문으로서 '국어 교육 성격의 정립'(새교육 1978년 2월호. 대한교육연합회), 'Counts의 진보적 교육 사상'(교육연구 1978년 8월호. 한국교육생산성연구소), 수필로서 '자아 개선을'(나라사랑 제30집. 외솔회. 1978. 9. 23.), '참언음과 참땅나라'(나라사랑 제37집. 외솔회. 1980. 12. 23.) 등을 발표하였다.

수업 중에 쓰러지기 직전에는 일간지 신문 교정 기자들이 중심이 되어 만든 모임인 한국교열기자회의 원고 청탁에 따라, 기관지 〈말과 글〉 제4호의 특별 기고로 실을 '국어 교육의 문제점과 그 해결 반향'(말과 글 제4호. 한국교열기자회, 1978. 12.), 경기여자고등학교 교지 〈매원〉(1978. 12. 28.)에 실을 '우리말 사랑의 지름길' 집필을 막 끝낸 상태였다.

쓰러진 다음 날에도 나는 출근했다. 괜찮으려니 하는 생각에서였다. 그러나 그 뒤로 몸은 힘이 없었다. 출근 시간의 발걸음이 가볍지 못했다. 유창하고 흥미 있고 신나게 진행되던 나의 국어 수업이 힘들었다. 식은땀을 흘렸다. 휘청휘청하는 느낌으로 수업을 진행했지만, 학생들에게는 실지로 휘청거리는 모습을 보이지 않으려고 안간힘을 썼다. 교무실에 앉아서 일을 보아도 식은땀이 나고 기운이 없었다. 호흡이 자연스럽지 못할 때도 있었다. 교실에서 말을 길게 이어 가기가 힘들었다. 그러면서도 일을 계속했다.

12월 8일에는 경복고등학교 교지 〈경복〉 40호(1979. 1. 15.)에 실을 '경복인의 우리말 사랑 운동 5년' 원고를 마무리해 교지 편집실로 넘겼다.

1978년 12월 12일에는 국회의원 선거를 마치고서, 가족 모두가 어머니를 모시고 신세계 백화점, 코스모스 백화점, 미도파 백화점을 구경

했다. 어머니께서 아이들과 함께 에스컬레이터 타시는 모습이 하도 즐거워 보여 나는 무척 기뻤다. 12월 15일에는 이미 예정되었던 대로 한국국어교육육연구회(회장 서울대학교 이응백 교수) 주최로 명지실업전문대학 교수회관에서 개최된 연구 발표회에서 '고등학교 1학년 국어 교과서 검토'란 제목으로 연구 발표를 했다. 이 논문은 2달 뒤 '새교육' 1979년 3월호(대한교육연합회)에 실렸다.

나는 1978년 12월 29일 서울특별시교육위원회 기획감사실에서 발탁한 바에 따라, 서울특별시교육위원회 교육감으로부터 '서정 쇄신 모범 공무원 표창'(제1088호)과 부상으로 현금 1만 원을 받았다. 공무원으로서 받을 수 있는 표창이 많이 있지만, 청렴한 삶의 자세로 공직자로서 맡은 업무를 모범적으로 수행한다는 것을 기획감사 담당 부서에서 발탁하여 표창을 받을 수 있다는 것이 즐거웠다.

겨울 방학 중에도 한 달에 두 번씩 학교 출석 수업을 받는 방송통신고등학교 학생들의 수업을 하면서, 한 시간이 무척 길다는 것을 느꼈다. 수업이 없는 시간이면 볕이 들어오는 창가에서 책상에 팔을 얹고 팔 위에 이마를 대고 엎드려 있곤 했다. 호흡이 곤란해 앉아 있기도 서 있기도 움직이기도 말하기도 어려웠다. 교실 수업의 말이 몹시 힘들었다. 까무러칠 듯한 몸과 정신을 근근이 가누며 다녔다. 영등포에 있는 내과 전문의를 찾았더니, 육체적, 정신적 과로의 후유증에서 온 신경성인 것 같다고 했다.

나는 5년 주기의 교사 정기 이동 인사 규정에 따라 5년간의 경복고등학교 교사 근무를 마치고, 1979년 3월 1일 선린상업고등학교 교사로 발령을 받았다.

몸은 회복될 기미가 보이지 않았다. 몸이 불편하지만, 학교 사정으로 말미암아 학급 담임을 맡지 않을 수도 없었다. 제1학년 9반 담임을 했다. 나는 하루에도 몇 번씩 현기증을 일으키고 식은땀을 흘렸다.

1979년 5월 29일에는 문교부 장관 위촉으로 문교부 국어심의회 주관으로 세종문화회관에서 개최한 '표준말 및 맞춤법 개정 공청회' 토론자로서 발표를 하였다. 한글 맞춤법 및 표준어 개정 작업은 1970년부터 정부에서 추진해 온 사업인데, 정부는 처음에는 한글학회가 여섯 국어 연구 단체(국어국문학회, 국어학회, 국어교육학회, 한국국어교육연구회, 한국어문학회, 한글전용국민실천회)와 연합하여 이 일을 추진하도록 위촉하였다. 한글학회에서는 여섯 단체와 연합하여 국어조사연구위원회를 조직하여 일을 진행하였다. 나는 1971년 6월 국어조사연구위원회에서 한글 맞춤법 및 표준말 개정 방향 공청회가 있었을 때 주제 발표 연사로 참여한 바 있다.

그리고 한글 맞춤법 및 표준말 개정 작업은 1988년 1월 19일 문교부에서 '한글 맞춤법'과 '표준어 규정'을 고시함으로써 완결되었는데, 나는 18년간 지속된 그 사업의 가장 중요한 시기인 1987년에 문교부 교육연구사(국어과 편수관)로서 한글 맞춤법 개정 업무를 담당하였고, 표준어 개정 작업에도 관여하였다.

1979년 6월 24일(일요일)에는 방송통신고등학교 서울지구동문회 주최 제2회 방송통신고등학교 웅변대회 심사위원장의 일을 보았다.

1979년 여름 방학 중 8월 7일부터는 서울특별시교육연구원장 위촉의 서울특별시 학력평가위원의 일을 보았다. 8월 13일 아침에는 동양방송 라디오 8.15 특집으로 엮은 우리말 사랑에 관한 대담에 출연했다.

1979년 8월 30일에는 서울대학교 대학원 석사과정 국어교육학과 졸업과 동시에 '음성 언어 교육의 영역 설정 연구'라는 논문으로 교육학 석사학위를 받았다. 현기증을 일으키면서도 대학원 졸업 종합 시험을 치르고, 논문 중간 발표를 하고, 최종 심사를 받고, 졸업 논문 책을 만들었던 것이다.

1979년 10월 9일 한글날, '한국방송공사'(KBS) 아침 뉴스에는 맞춤법 개정 방향에 관한 나의 말이 방송되고, 그날 '문화방송'(MBC) 라디오 정오 뉴스와 텔레비전 밤 종합 뉴스에서는 지난해 12월 15일 한국교열기자회에서 발행한 〈말과 글〉 제4호에 실린 나의 논문 '국어 교육의 문제점과 그 해결 방향'의 내용이 방송되었다. 11월 2일에는 서울특별시교육위원회에서 실시하는 제3회 중등 문예 백일장 심사를 맡았는데, 나는 제1회(1977), 제2회(1978)에서도 심사위원을 맡은 바 있다.

그러다가 1979년 12월에는 겨울 방학을 얼마 앞두고, 수업 중에 현기증을 일으키며 다시 쓰러졌다.

휴식과 경제적 여유, 그 어느 것도 넉넉하지 않던 나에게는 막상 병석에 누우니, 71살의 어머니를 뵐 낯이 없었다. 36살의 젊은 나이로 누워 있는 외아들을 바라보는 어머니의 마음은 오죽이나 아프실까. 일곱 식구(어머니, 아내, 생질녀, 큰딸, 아들, 작은딸)의 생계가 더욱 어려운 가운데, 나는 그 옛날 중학교 시절부터 맨주먹으로 공부하던 날을 회상하며, 이 정신적, 육체적 과로의 후유증이 어서 회복되기를 소원했다.

1980년 3월부터는 출퇴근길이 너무 힘들고 수업하기가 너무 고단했다. 수업의 말을 한마디 한마디 만들어 내기가 너무나 고달프고 괴로웠다. 1년에 사용할 수 있는 병가 기간은 한정되어 있었다.

그러나 나는 출근하지 못하는 날에도 이불 속에 가만히 누워 있을 수는 없었다.

〈교육평론〉 1980년 4월호에 '이질 학급 학습 지도 및 과열 과외 해소 방안' 논문을 발표하였다. 1980년 4월 26일에는 1971년(28살) 세계 문학사상 최초로 '복합문학'(Complex literature)을 구상하여 그 첫 장편복합문학 작품 〈생명의 먼동을 더듬어〉를 월간 〈교육신풍〉 1971년 9월호~11월호에 일부 연재했던 것을 완성하여, 출판사 '교음사'(서울)를 통해 단행본으로 발행하였다. 책의 체재는 신사륙판으로서 본문 231쪽이었다.

장편복합문학 〈생명의 먼동을 더듬어〉는 곧 화제로 떠올랐다.

〈동아일보〉(1980. 4. 30.)에서는 '문학 화제' 특별란을 통해 이를 다루었다.

"작가 허만길, 시.소설.희곡.수필 등 혼합 '복합문학' 시도, 그 첫 작품 〈생명의 먼동을 더듬어〉 출판"이라는 제목 아래 기사가 전개되었다. 〈경남매일신문〉(1980. 5. 1.), 〈조선일보〉(1980. 5. 13.), 〈새한신문〉(1980. 6. 19. 대한교육연합회), 〈한글 새소식〉 제95호(1980. 7. 5. 한글학회), 〈시문학〉 1980년 7월호(시문학사) 등에서도 소개되었고, 그 이후 '복합문학'은 나의 이름과 함께 확산되어 갔다.

현기증과 호흡 곤란이 수시로 일어나고, 소화가 되지 않고, 몸에 힘이 빠져 오래도록 활동을 하지 못하고, 게다가 밤잠을 자지 못하니, 몸은 자꾸 여위어 갔다. 학교에 출근하지 못하는 날이 누적되니, 학생들과 동료 교사들에게 미안한 생각이 그지없었다.

내가 출근 못 하는 날에는 어머니의 걱정은 더하시는 것 같았다. 1980년 3월 3일 중학교에 입학한 맏딸과 초등학교 5학년에 다니는 아들과 초등학교 3학년에 다니는 막내딸이 학교 갈 때나 학교에서 돌아올 때에는 아버지의 기운이 어떤지를 살피는 것을 보면, 아이들이 학교에서 아버지 걱정을 하느라고 풀이 꺾여 지내는 것이 아닌가 하고 염려가 되었다. 고생하는 아내에 대해서도 미안하기 이를 데 없었다.

진료비가 지속적으로 들어가니 생활은 더 어려워졌다. 부득이 72살의 어머니는 나의 생질녀(누나의 딸)를 데리고 고향으로 가겠다고 하셨다. 도시의 비싼 생활비도 좀 줄이고, 고향에 농토가 조금 있으므로 일꾼을 데려 조금이라도 더 농사를 돌보시겠다는 것이었다.

힘이 없는 몸을 그대로 두면 더욱 기운을 차리기 어려울까 봐 학교에 출근하지 못하는 날에도 하루에 두세 차례씩은 골목길을 다니고 버스도 타 보곤 했다.

1980년 3월 6일 저녁에는 동네를 한 바퀴 돌았다. 내일이면 고향으로 가시게 될 어머니에 대한 죄송스러움이 눈앞을 가리었다. 어둠 속을 간신히 걸어오니, 어머니께서 골목에 나오셔서 줄곧 내가 올 때까지 지키고 계셨다고 하셨다.

나는 가슴에 안고 온 바나나 다섯 개짜리 한 송이를 어머니께 드렸다. 또 하나를 드리며 내일 차 안에서 드시라고 했다. 그리고 별도로 또 하나를 드렸다. 별도의 하나를 더 드려야 어머니께서 아이들에게 주시고 여섯 개는 내일 가지고 가실 것 같아서였다. 그런데 어머니는 바나나 여섯 개 중 세 개를 세 손자손녀에게 하나씩 나누어 주셨다.

어머니는 틀니를 하셨는데, 음식을 제대로 씹지 못하시니, 나의 마음은 더욱 안타까웠다.

시골에 가셔서 당장이라도 돈을 쓰실 일이 생기지 않으시겠는가 하고 여쭈며, 이날 저녁에 어머니께 돈 2만 원을 드리니, 굳이 마다하시고 1만 원만 주머니에 넣으셨다. 1만 원은 보약이라도 짓는 데 보태라고 하셨다. 큰딸이 무거운 책가방을 들고 다니면서도 밥을 많이 못 먹는 것 같으니, 큰딸에게 형편이 어렵더라도 보약을 지어 먹이라고 거듭거듭 당부하셨다.

3월 8일 아침에 어머니를 모시고 영등포역에 나갔다. 써늘한 날씨에 목도리를 하시고 생질녀와 함께 가방을 들고 계신 어머니가 몹시 추워 보이셨다. 내가 초등학교를 졸업하고 진주로 고학하러 나설 적 좋은 일로 가는데 왜 서운해하겠느냐며 애써 기쁜 표정을 보이시던 어머니이시기에 오늘도 어서 몸이 좋아지도록 하라고 타이르실 뿐 연약한 모습은 보이지 않으셨다.

"외삼촌, 외할머니는 제가 잘 모실 테니, 걱정 마시고 몸조리 잘하십시오."

두 살에 엄마를 잃은 뒤로 우리 집에서 줄곧 자란 생질녀다. 가난한 살림에 고등학교만 졸업시키고 두드러지게 잘해 주지도 못했는데, 내가 몸이 아파, 나 대신 어머니와 함께 있어 주니, 얼마나 고맙고 장한 일인지 몰랐다.

나는 생일을 음력으로 치른다. 어머니께서 고향으로 가신 얼마 뒤에 나의 생일이었다.

세 아이가 학교를 간 뒤 서랍을 열어 보니, 카드 한 장에 세 아이가 엄마, 아빠의 얼굴을 합동으로 그리고, 글씨도 합동으로 썼다. "축 생신", "축하합니다", "아빠 몸 어서 나으셔요"를 큰 글씨로 쓰고, "즐거운 인생을", "괴로움을 잊고", "아빠, 빨리 나으셔요", "우리 아빠, 멋쟁이", "희망과 용기를" 등 좋은 말을 많이 써 두었다.

나는 생일 카드를 읽으며, "하늘이시여, 이 심신의 건강을 보살펴 주소서." 하고 빌었다.

진료비는 자꾸 들어가고, 생활은 더욱 어려워 갔다.

어머니께서는 6월 20일 그동안 시골에서 이웃 사람에게 부탁하여 농사짓던 논 383평과 하천답 201평을 147만 2천 원을 받고 파셨다. 아버지께서 알뜰히 하시어, 내가 초등학교 다닐 때 사 두셨던 논이다. 출가한 여동생에게 30만 원을 주어 삼 형제 아이들이 공부할 때 보태도록 하시고, 나머지를 나의 진료비와 생활비에 보태라고 하셨다.

나의 몸은 회복되지 않고 있었다. 가끔 학교에 출근하기도 했지만, 공무원으로서 사용할 수 있는 휴가 일수를 거의 다 쓰게 되었다. 수업을 지속적으로 감당해 가기는 너무 어려웠다. 휴직원에 도장을 찍고, 책상과 캐비닛 속의 내 물건을 챙겼다.

서울특별시교육위원회에서는 1980년 7월 19일 자로 휴직 발령을 냈다. 7월 22일 교감, 사무관, 동료 직원이 집으로 위문하러 왔다. 사무관은 7월에 근무한 일수만큼 계산한 봉급 봉투를 나에게 전했다. 다음 달부터는 봉급 수령액이 없을 것이라고 했다.

휴직원에 도장을 찍고 난 뒤, 나는 과연 일정 기간 뒤에 교직에 종사할 수 있을 만큼 건강이 회복될 수 있을 것인가도 걱정이고, 휴직 기간 동안 당장 생활비와 진료비를 어떻게 감당해 갈 것인가도 걱정이었다. 아이들의 학비도 걱정되었다. 어머니에 대한 죄스러움도 컸다.

휴직 발령이 나기 하루 전날인 7월 18일에는 포장마차 장수를 만났다. 저녁 6~10시 영업으로 한 달에 약 25만 원의 수입을 올린다고 했다. 수박장수를 만나니, 오늘 새벽부터 저녁까지 모두 1만 원어치를 팔았는데, 약 2천 원의 이익을 보게 되었다고 했다.

몸 놀리기, 지속적인 정신 집중, 걸음걸이만 조금 좋아지면, 학생들 앞에서 오래도록 수업을 하기는 어려워도, 막벌이 장수는 할 수 있지 않을까 하는 생각이 들기도 했다.

나는 그 옛날 맨주먹으로 공부하던 날을 회상하며, 이 과로의 후유증이 회복되기만 하면, 채소 장수를 해서라도 열심히 그리고 단란히 살수 있을 것이라고 몇 번이고 가족들에게 말하곤 했다.

휴직 기간 동안 교직 동료와 제자를 비롯하여 많은 사람들이 따스한 위로를 베풀어 주었다. 서울특별교육위원회 이창갑 교육감은 1980년 추석을 앞두고 선린상업고등학교를 통해 위문편지와 위문금 3만 원을 보내왔다. 편지 내용은 다음과 같았다.

"평소 수도 교육 발전을 위해 헌신하여 오신 선생님께 감사를 드리면서, 격무로 인한 병고로 심신의 고통을 겪고 계심에 깊은 위로의 정을 드립니다.

중추절을 맞아 여기 작은 뜻을 전하오니, 가벼운 마음으로 받아 주시고, 하루속히 쾌유하시어 다시 교단에서 후진 육성에 공헌하시기를 기원합니다. 1980년 9월 22일. 서울특별시교육위원회 교육감 이창갑."

1979년 2월 경복고등학교를 졸업하고 서울대학교 2학년에 재학 중인 제자들은 나의 저서 장편복합문학 〈생명의 먼동을 더듬어〉를 친구들에게 판매하고서, 고정현 님, 최민신 님, 권영유 님, 남기학 님이 대표로 1980년 6월 23일 나의 집으로 와서 책 판매 대금을 전해 주었다. 이들은 내가 지도한 경복고등학교 우리말사랑하기회 회원들이기도 했다.

고정현 님은 우리말사랑하기회 회장이었고, 최민신 님은 부회장, 권영유 님은 총무였다. 며칠 뒤에는 1978년 2월 경복고등학교를 졸업하고 서울대학교 3학년에 재학 중인 허용 님이 다녀갔으며, 1977년 2월 경복고등학교를 졸업하고 방위병 근무를 마친 류기년 님이 다녀갔다.

이와 같이 많은 제자들의 위문이 있었는데, 한없이 고마우면서 한없이 가슴 아픈 사연의 위문도 있었다. 내가 1976년 경복고등학교 2학년 8반 담임이었을 때의 제자이며 그해 내가 지도하는 경복고등학교 우리말사랑하기회 회장이었던 황규섭 님은 그가 재학하고 있는 한국외국어대학교 학생들에게 나의 저서 장편복합문학 〈생명의 먼동을 더듬어〉를 판매하겠다며, 책 몇 권을 가져갔다.

어느 날 나는 주소가 적히지 않은 편지 한 통을 받았다. 편지 내용을 읽었다. 황규섭 님의 누나가 쓴 편지였다.

동생이 교통사고로 끝내 세상을 떠나면서 가장 존경하는 훌륭하신 선생님의 책을 판매한 대금이니 병환으로 고생하시는 선생님께 꼭 전해 드리라고 하더라는 내용과 지폐가 들어 있었다.

나는 어찌 이런 사연이 있을 수 있는가 하고 아픈 몸으로 황규섭 님의 연락처를 알아보려 애썼지만 알 수 없었다.

이로부터 약 12년이 지난 1992년 12월 12일 경복고등학교 1976년 2학년 8반 출신 졸업생들이 나를 초대하여 모임을 가졌는데, 나는 고등학교 재학 시절의 학급 학생 명렬표로 번호순으로 그들의 이름을 불렀다. 그들은 내가 작사했던 학급 노래 '곱여섯둘덟의 노래'도 제창하고, 그 뒤에는 이 학급 노래를 음반으로 만들고 인터넷 유튜브에도 올렸다.

이 모임에 참가하지 못한 졸업생들이 많았지만, 이 세상을 떠나 이 모임에 참가하지 못한 졸업생은 황규섭 님이었다. 그때부터 2학년 8반 출신 졸업생은 대체로 1년에 1회의 정기모임을 가졌는데, 모임이 있을 때마다 황규섭 님의 명복을 빌었다. 그리고 나는 참가자들에게 황규섭 님의 가족 연락처를 알 수 있는지를 물어보았지만, 아무도 대답을 하지 못했다.

방송통신고등학교 졸업생들의 위문도 너무 고마웠다. 1980년 7월 26일(토요일)에는 경복고등학교 부설 방송통신고등학교 제1회(1977년 2월 졸업) 졸업생들로 조직한 청우회 회원들이 위문을 왔다. 임지만(회장) 님, 남상호(총무) 님, 양경석(1976년 3학년 재학 중 학생회 회장) 님, 이득우(허만길 담임이었던 1975년 2학년 2반 학급 반장) 님들이었다.

30여 명으로 구성된 청우회 회원들은 친목 활동, 위문 활동, 봉사 활동, 후배 재학생들을 위한 장학금 지급 등의 좋은 일을 하고 있었다.

1980년 9월 21일(일요일)에는 양경석 님, 이득우 님, 남상호 님, 조병남 님들이 위문을 왔다. 이들은 천안에 거주하는 정운진 님이 농사지어 보낸 쌀도 함께 가져왔다.

이렇게 제자들에게서 따스한 위문을 받으니, 고마우면서도 미안하기 이를 데 없었다.

병원에 입원하기도 하면서 4개월 23일간의 휴직을 마치고 1980년 12월 11일 복직하기까지의 온갖 어려움을 어찌 말로 다 할 수 있으리오.

생질녀와 함께 고향으로 가셨던 어머니가 나의 직장 복직 후 1981년 1월 19일 다시 서울로 오시어, 온 가족이 다시 모여 지낼 수 있었을 때의 기쁨 또한 이루 다 말로 표현할 수 없다.

12. 방송통신고등학교 서울지구동문회장의 감사패(1981년)

　방송통신고등학교 서울지구동문회 주최 제2회 서울지구 방송통신고등학교 웅변대회는 1979년 6월 24일(일요일)에 열렸다.
　내가 휴직에 들어가기 바로 전해였으며, 나는 건강이 좋지 않은 상태였으나, 심사위원장을 맡았다. 웅변대회 장소는 제1회 때와 마찬가지로 남대문 근처의 여성회관이었다.
　제1회 웅변대회 때와 마찬가지로 그날도 비가 내렸다. 한여름 대지의 열기와 촉촉한 하늘 단비가 조화를 이루며 웅변대회를 축하해 주었다.
　제3회 웅변대회는 1980년 6월 22일(일요일)에 개최되었는데, 나는 건강 문제(휴직 직전)로 심사를 맡지 못했다.
　제4회 웅변대회는 1981년 6월 28일(일요일) 개최되었는데, 공식 대회 명칭은 방송통신고등학교 서울지구동문회 주최 제4회 전국 방송통신고등학교 웅변대회였다. 그러니까 제4회 웅변대회부터는 출연 대상자를 전국 방송통신고등학교 재학생으로 확대한 것이다. 제4회 웅변대회에는 내가 다시 심사위원장을 맡았다.
　제주에서 진주에서 강릉에서 전국 여러 방송통신고등학교 학생들이 참가했다. 물론 '방송통신고등학교 교가'('방송통신고교생')도 힘차게 제창했다.
　그런데 제4회 웅변대회는 나에게 또 하나의 의미를 안겨 주었다. 방송통신고등학교 서울지구 동문회 회장 황명기로부터 감사패를 받았던 것이다. 내가 한없이 주고만 싶던 제자들인데, 어느덧 제자들이 나에게 무엇인가를 줄 정도로 성숙했다는 것이 더욱 기뻤다.
　이 감사패에서는 방송통신고등학교 서울지구동문회가 결성 초기(1978년)부터 사용했던 직인을 볼 수 있다는 것에도 유의할 필요가 있다.

감사패

허만길 선생님

선생님은 본회 발전은 물론 방송통신고교생가를 작사해 주시어 재학생과 동문들의 만학 정신 함양에 지대한 영향을 주셨기에 그 뜻을 오래 기리고자 전 동문들의 한결같은 감사의 뜻을 이 패에 담아 드립니다.

1981. 6. 28.
방송통신고등학교 서울지구동문회
회장 황명기 (직인)

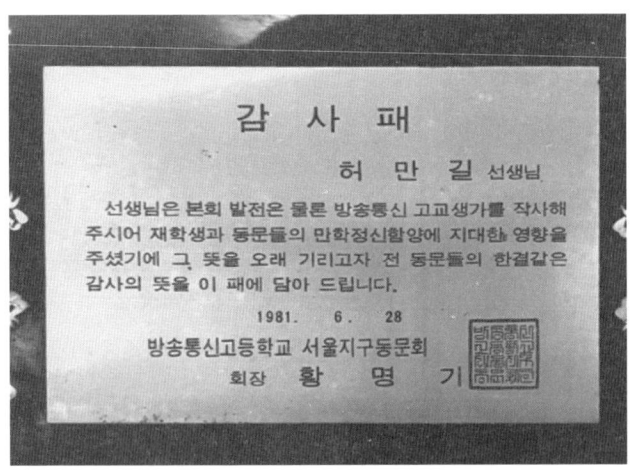

13. 한국교육개발원 주최 제1회 전국 방송통신고등학교 문예경연대회(학예경연대회) 심사위원(1981년)

나는 선린상업고등학교 교사 재직 중 1981년 10월 한국교육개발원장이 보낸 공문 하나를 받았다.

나를 전국 방송통신고등학교 제1회 문예경연대회 심사위원으로 위촉한다는 내용이었다. 공문 시행일은 1981년 10월 19일이며, 담당부서는 한국교육개발원 방송통신교육연구실장이었다. 공문 본문에서 1981년 10월 25일(일요일) 서울 은평구 불광동 기독교수양관에서 한국교육개발원이 주최하는 제1회 전국 방송통신고등학교 문예경연대회의 심사 업무를 위촉드리오니, 참석하여 주시기를 바란다고 했다.

제목: 전국 방송통신고등학교 제1회 문예경연대회 심사위원 위촉

허만길 선생님께

본원이 주최하는 제1회 전국 방송통신고등학교 문예경연대회의 심사 업무를 위촉드리오니, 다음 내용을 참조하시어, 참석하여 주시기를 바랍니다.
- 심사일: 1981. 10. 25.(일)
- 곳: 서울 은평구 불광동 기독교수양관(불광중학교 옆 소재. 연시내 버스정류장 하차)
- 담당부서: 한국교육개발원 방송통신교육연구실장

전국 방송통신고등학교 제1회 문예경연대회는 제2회 대회부터 명칭이 학예경연대회로 바뀌어 해마다 행사가 진행되고 있다.

이날 전국에서 선발된 학생들은 운문과 산문 두 부문 가운데 하나를 선택해 주어진 제목으로 글짓기를 하였다. 심사위원들이 심사하는 동안 학생들은 아담한 운동장과 숲속에서 자연을 즐기었으며, 여러 친목 활동을 하였다.

한국교육개발원 발행 〈방송통신고등학교 40년사〉(46~47쪽)에서는 전국 방송통신고등학교 학예경연대회의 성격과 개최 역사를 설명하고 있다.

"1981년 '전국 방송고(* 방송통신고등학교) 문예경연대회'라는 이름으로 처음 학예경연대회가 개최되었다. 명칭에서 짐작할 수 있듯이 방송고 학생들의 문학적 자질을 겨루는 장으로 학생들 간의 친목 도모 및 사회적 인식 제고를 위한 목적이 컸다. 1회 대회 때는 총 41명의 학생이 운문부와 산문부로 나누어 참가해 2명이 문교부 장관상을 수상했다. 제2회 대회부터 '학예경연대회'로 명칭을 바꾸고 대회의 목적을 확장하였는데, 방송고 학생들의 성취동기 신장, 참가 학생들의 정체성과 일체감 조성, 학교와 지역 간 정보 교류 및 협력 체제 강화, 방송고에 대한 홍보 및 사회 인식 제고 등이 주된 내용이었다." (46쪽)

"2013년 제33회 대회에서 그 내실을 더욱 강화한다. 방송고 학생들의 글로벌 역량 제고와 특기 및 적성 교육 활성화를 위해 영어 말하기 부문을 신설했고, 음악 부문에서도 기악 합주를 새롭게 경연 부문에 포함시켰다. 기존 국어, 영어, 수학 3개 과목에 한정되었던 학력 부문에 사회, 과학 과목을 추가하기도 했다. 이는 방송고 교과와의 연계성을 고려한 변화였다." (47쪽)

"2015년 제35회 대회에서는 경연의 내용을 방송고 교육과정 및 교과서 중심으로 구성하여 학업과 경연대회가 밀접하게 연계될 수 있도록 조정했고, 2016년에는 특별히 방송고 학생들의 창의력과 사고력 향상을 위한 경연 주제를 구성하기도 했다." (47쪽)

〈방송통신고등학교 40년사〉 195쪽에는 '방송통신고등학교 학예경연대회 역대 현황'을 정리해 두고 있다. 각 대회 회별(1~36회)로 실시 연도(1981~2016년), 실시 일자, 장소, 경연 추가 종목 등을 보이고 있다.

14. 허만길 건의로 1986년 제9회 전국 방송통신고등학교 웅변대회에 서울특별시교육위원회 후원, 교육감상 및 교육감 기념품. 한국교육개발원과 공동 후원. 문화방송 취재 보도

　방송통신고등학교 서울지구동문회 주최 제5회 전국 방송통신고등학교 웅변대회는 1982년 6월 27일(일요일), 제6회 전국 방송통신고등학교 웅변대회는 1983년 6월 26일(일요일), 제7회 전국 방송통신고등학교 웅변대회는 1984년 6월 24일(일요일), 제8회 전국 방송통신고등학교 웅변대회는 1985년 6월 30일(일요일), 제9회 전국 방송통신고등학교 웅변대회는 1986년 6월 29일(일요일)에 개최되었다.

　1986년 6월 중순 방송통신고등학교 서울지구동문회 제11대 황명기 회장이 영등포여자고등학교 교사로 근무하고 있던 나에게 전화를 했다. 여느 해처럼 6월 29일(일요일)에 개최되는 방송통신고등학교 서울지구동문회 주최 제9회 전국 방송통신고등학교 웅변대회 심사위원장을 맡아 달라고 했다.

　방송통신고등학교 학생들을 위한 웅변대회는 어언 9회째를 맞고 있었다. 심사위원장 맡기를 승낙한 나는 9년 전 방송통신고등학교 서울지구동문회 주최 제1회 서울지구 방송통신고등학교 웅변대회가 문득 생각났다.

　방송통신고등학교 서울지구동문회 양경석 회장을 비롯해 몇 졸업생이 서울특별시교육위원회 담당 부서(사회교육과) 실무자에게 건의하고 내가 간청하여도 웅변대회의 입상자에게 교육감 명의의 상장이나 상품을 지원해 주겠다고 하기는커녕 정치적 상황이 각종 집회를 억제하고 있는 만큼 나더러 웅변대회 심사조차 맡지 말라던 일이 생각났다.

그러나 한국교육개발원은 제1회 웅변대회부터 해마다 웅변대회 후원을 맡아 주고, 대회 입상자에게 상장과 상품을 주어 왔다. 나는 이번 1986년 제9회 방송통신고등학교 전국 웅변대회 심사위원장으로서 졸업생들을 앞서게 하지 않고 내가 직접 서울특별시교육위원회에 웅변대회 협조를 건의해 보기로 했다. 이때 서울특별시교육위원회 교육감은 9년 전의 교육감이 아니었다. 그런데 생각해 보면 9년 전에도 웅변대회 협조에 대해 실무 부서의 판단에 그치지 않고 교육감이 그 취지를 직접 들었다면 그 결과는 달랐으리라는 생각이 들기도 했다.

웅변대회 임원들은 나더러 별 성과가 없을 것이라며 만류를 했지만, 나는 여러모로 궁리 끝에 서울특별시교육위원회 교육감과 자주 의사교환을 할 수 있는 교육위원회 중간 간부를 통해 나의 뜻을 교육감에게 먼저 전하고 내가 교육위원회를 방문하여 교육감에게 직접 건의하는 방식이 좋겠다는 생각을 했다.

웅변대회 이틀을 앞둔 6월 27일 오전 근무 시간이 막 시작되었을 때였다. 나는 서울특별시교육위원회 중등교육과 이상갑 인사담당 장학관에게 전화를 했다. 웅변대회가 9년 전부터 시행되어 온 취지를 설명하고 내가 교육위원회를 방문하여 교육감에게 웅변대회 협조 건의를 하고 싶으니까, 도와주면 좋겠다고 했다.

전화로 나의 말을 들은 장학관은 뜻밖에도 내가 그렇게 뜻깊은 일에 앞장서 온 것을 좋아하며, 이날 오전 간부회의가 열리면 바로 협의해 보겠다고 했다.

이상갑 장학관은 곧 나에게 회신 전화를 보내 왔다. 간부들과 협의가 되었으니, 동문회장이 웅변대회 협조 요청 공문을 가져와 달라고 했다.

황명기 동문회장을 비롯 간부들은 흥분을 감추지 못했다. 동문회 몇 간부가 공문을 작성하여 서울특별시교육위원회로 갔다. 그들은 교육감 부속실에 서류를 접수하고 부속실 비서관의 격려를 받고 돌아왔다.

이상갑 장학관은 그날 퇴근 무렵 나에게 다시 전화를 했다. 서울특별시교육위원회가 웅변대회의 후원 기관이 되어 줄 것이라고 했다.

최열곤 교육감(재임기간 1985~1988년)은 어렵게 공부한 졸업생들이 후배들을 위해 애써 온 일을 갸륵하게 여기고서, 대회장에서 격려사를 해 주고 싶어 한다고 했다. 교육감은 '대상'을 받는 학생에게 교육감 명의로 상장과 상품(5만 원 상당의 시계)을 주고, 전국 여러 방송통신고등학교에서 참가한 16명의 연사들에게 각각 7천 원 상당의 기념품을 제공할 계획으로 준비하고 있다고 했다. 모든 일이 매우 빨리 진행되었다.

8년 전의 상황과는 전혀 달랐다. 국가 정책이나 행정 시책은 결국 사람이 결정하는 것이다. 최열곤 교육감의 이러한 배려는 정책이나 시책을 결정하는 사람이 누구이며 어떤 사고방식을 가졌느냐에 따라, 관련되는 사람들의 의욕을 추락시키기도 하고 크게 고무시키기도 한다는 것을 구체적으로 보여 주는 사례라고 할 수 있다.

8년 전 서울특별시교육위원회 관계자의 판단과 8년 뒤 관계자의 사고방식은 얼마나 대조적인가. 방통인들은 이 일에 신속하고도 적극적으로 관계한 이상갑 장학관, 편광범 중등교육과장, 교육감 비서진, 그리고 최열곤 교육감에게 한없이 고마워하면서 신이 났다. 웅변대회 주최측에서는 서울특별시교육위원회에 대한 고마움을 새기면서 웅변대회 안내장에 후원 기관으로 서울특별시교육위원회를 추가하느라고 바빴다.

다음 날인 6월 28일 토요일 오후 나는 영등포여자고등학교에서 퇴근하면서 서울대학교에서 가까운 신림2동 406-6 평정학원 안에 자리한 방송통신고등학교 서울지구동문회 사무실을 방문해 약간의 선물을 전했다.

사무실에서 나왔다가, 다시 밤 10시경 들러 제주도, 부산, 전라도, 충청도 등 지방 곳곳에서 올라온 연사들과 방통인 간부들을 만나 격려하며 대회 준비를 지켜보았다. 벌써 서울특별시교육위원회 교육감이 주는 상장과 상품과 기념품이 접수되어 있었다.

6월 29일(일요일) 창덕여자고등학교 강당에서 열린 제9회 웅변대회는 다른 때보다 더 성황을 이루고 의욕적이었다. 졸업 동문들로 구성된 대회 임원진도 매우 짜임새 있었다.

방송통신고등학교 서울지구동문회 주최 제9회 전국 방송통신고등학교 웅변대회 준비 체제는 다음과 같았다.

제9회 전국 방송통신고등학교 웅변대회 준비 체제

- 때: 1986년 6월 29일(일요일) 오전 10시~
- 곳: 창덕여자고등학교 대강당
- 주최: 방송통신고등학교 서울지구동문회
- 후원: 서울특별시교육위원회/한국교육개발원
- 대회 임원

명예대회장: 이성룡(창덕여자고등학교 교장)
자문위원: 양경석(경복고 부설 방송통신고 졸업. 4대 회장), 이명규(경동고 부설 방송통신고 졸업. 3대 회장), 김구해(서울고

부설 방송통신고 졸업. 4대 회장), 김금영(경동고 부설 방송통신고 졸업. 7대 회장)

대회장: 황명기(경동고 부설 방송통신고 제1회 졸업)

부대회장: 조인자(경기여고 부설 방송통신고 졸업)

집행위원장: 이권렬(용산고 부설 방송통신고 졸업)

감사: 김덕중(경기고 부설 방송통신고 졸업), 오영미(수도여고 부설 방송통신고 졸업)

준비위원장: 유동규(경동고 부설 방송통신고 졸업)

집행위원: 윤상국(용산고 부설 방송통신고 졸업), 강옥경(영등포고 부설 방송통신고 졸업), 오강숙(수도여고 부설 방송통신고 졸업)

준비위원: 박재순, 최홍배, 이현숙, 김용옥

상임위원: 맹상옥(경기고 부설 방송통신고 졸업), 김상훈(경복고 부설 방송통신고 졸업), 김진선(영등포고 부설 방송통신고 졸업), 최을수(경동고 부설 방송통신고 졸업), 박정권(용산고 부설 방송통신고 졸업), 서분자(수도여고 부설 방송통신고 졸업), 장맹숙(경기여고 부설 방송통신고 졸업), 권옥남(창덕여고 부설 방송통신고 졸업)

- 심사위원

위원장: 허만길(영등포여자고등학교 국어과 교사. 한글학회 회원)

위원: 김덕자(창덕여자중학교 교감), 조성현(서울특별시교육위원회 방송통신고등학교 담당 장학사), 맹상옥(경기고 부설 방송통신고 졸업. 한양여자고등학교 교사), 송구일(창덕여고 부설 방송통신고 졸업. 서울지구동문회 부회장)

방송통신고등학교 서울지구동문회 상징 마크와 방송통신고등학교 서울지구동문회 구호 '자랑스런 방통인'을 내세운 안내장안팎에는 대회식순, 예선(웅변 원고)을 통과한 출연 연사 16명 명단과 연제를 실었다.
　또 이 안내장에서는 방송통신고등학교 서울지구동문회 결성 초기(1978년)부터 사용했던 방송통신고등학교 서울지구동문회 상징 마크(로고)를 볼 수 있다는 것에도 유의할 필요가 있다.

대회식순

- 사회: 유동규. 김용옥
- 개회: 집행위원장 이권렬
- 국민의례: 사회

- 국민교육헌장 낭독: 준비위원
- 연혁 보고: 준비위원
- 환영사: 집행위원장 이권렬
- 대회사: 대회장 황명기
- 격려사: 서울특별시교육위원회 최열곤 교육감
- 축사: 한국교육개발원 김병성 국장
- 심사위원 소개: 사회
- 심사 요령 발표: 심사위원장 허만길
- 웅변: 연사(16명)
- 특별 순서: 창덕여고 부설 방송통신고 재학생(리듬체조. 고전무용)
- 강평: 심사위원장 허만길
- 성적 발표: 심사위원
- 시상
- 방송통신고등학교 교가 제창
- 폐회: 집행위원장

갑자기 바쁜 일로 참석하지 못한 서울특별시교육위원회 최열곤 교육감을 대신해 편광범 중등교육과장이 교육감 격려사를 대신 읽고, 한국교육개발원 김병성 방송국장이 축사를 했다. 연사들의 웅변이 끝나고 심사위원장의 강평이 있기 전 창덕여자고등학교 부설 방송통신고등학교 학생들이 특별히 준비한 리듬체조와 고전무용 공연이 있었다. 이런 순서는 행사를 더욱 돋보이게 했다.

이날 대회에서는 지방 학생들이 좋은 성적을 얻었는데, 전체 수상자 명단은 다음과 같다.

대상(서울특별시교육위원회 교육감상): 한경자(충주고 부설 방송통신고)
- 연제 '최선을 다한다는 것'

최우수상(한국교육개발원장상): 장미화(청주여고 부설 방송통신고)
- 연제 '배움이 그리워'

금상: 김재용(용산고 부설 방송통신고)
- 연제 '내 작은 가슴에 희망을 달고'

은상: 권철(경복고 부설 방송통신고)
- 연제 '가자! 방통인이여'

동상: 김경란(수도여고 부설 방송통신고)
- 연제 '현실 속의 나'

동상: 배미옥(창덕여고 부설 방송통신고)
- 연제 '뜻을 이루리'

특별상: 부윤심(제주제일고 부설 방송통신고)

장려상: 최은경(진주고 부설 방송통신고), 박옥영(경동고 부설 방송통신고), 하영용(경남고 부설 방송통신고), 김금례(대구고 부설 방송통신고), 김미경(경기여고 부설 방송통신고), 윤용안(전라고 부설 방송통신고), 김선희(구미고 부설 방송통신고), 김영순(경북여고 부설 방송통신고), 원문희(제물포고 부설 방송통신고)

그런데 제9회 전국 방송통신고등학교 웅변대회를 한층 돋보이게 한 것이 있었다. 그것은 문화방송(MBC) 텔레비전국에서 웅변대회를 취재하여, 대회 다음 날 아침 '차인태 새 출발' 프로그램에서 8시 50분경부터 약 5분간 방송함으로써 방통인(방송통신고등학교 재학생 및 졸업생)의 긍지를 크게 심어 준 것이다.

15. 1987년 제10회 전국 방송통신고등학교 웅변대회. 서울특별시교육위원회와 한국교육개발원 공동 후원. 문화방송 사장상 시상. 문화방송 취재 보도. 김상훈 동문회장 집에서 환영회 및 지방 학생 숙박

1987년 방송통신고등학교 서울지구동문회 주최 제10회 웅변대회는 김상훈 동문회장이 중심이 되어 1987년 6월 28일(일요일)에 개최하기로 하고 5월부터 준비가 한창이었다.

김상훈 동문회장은 경복고등학교 부설 방송통신고등학교 제6회 졸업생(1982년 졸업)이다. 1982년 12월부터 1년간 방송통신고등학교 서울지구동문회 제8대 회장을 맡았으며, 1986년 12월부터 12대 동문회장을 맡고 있었다.

1987년 5월 21일(목요일) 밤 10시경 김상훈 동문회장이 나에게 전화하여 올해도 웅변대회 지도와 심사위원장을 맡아 달라고 요청했다. 그리고 며칠 전 방송통신고등학교 서울지구동문회 사무실을 서울 성북구 종암동 3번지 1342호 청한상가 2층(종암경찰서 근처)으로 옮기고 지금 한창 축하회가 진행되고 있다고 했다.

나는 축하회에 모인 몇 졸업생들과 전화를 바꾸어 가며 격려했다. 양경석(동문회 1대, 5대 회장) 님, 김구해(동문회 4대 회장) 님, 황명기(동문회 6대, 11대 회장) 님, 그리고 동문회 사무국장 오강숙(수도여고 부설 방송통신고 제7회 1983년 졸업) 님과 인사를 나누었다.

나는 사흘 뒤 5월 24일(일요일) 동문회 사무실을 직접 방문했다. 꽃을 들고 가서 사무실 개관을 축하했다. 김구해, 김덕중(경기고 부설 방송통신고 제2회 1978년 졸업), 오강숙 님을 비롯 많은 졸업생들과 떡과 음료수를 나누어 먹으며 축하와 즐거움의 시간을 보냈다.

나는 올해 웅변대회도 잘 치르자고 격려했다. 서울특별시교육위원회의 후원과 교육감상 및 교육감 기념품 문제는 내가 먼저 교육위원회 관계관과 협의하겠다고 했다.

나는 5월 25일(월요일) 작년처럼 서울특별시교육위원회 중등교육과 이상갑 장학관(인사계장. 뒷날 교육학 박사. 교육부 교육정책실장. 경복고등학교 교장. 서울특별시 교육위원. 경남대학교 초빙교수)에게 전화하여 지난해 방송통신고등학교 서울지구동문회 주최 전국 방송통신고등학교 웅변대회를 교육위원회에서 후원해 주어 학생들에게 큰 용기를 주었는데, 졸업생과 재학생들이 고맙게 생각하고 있다고 말했다. 올해도 교육위원회에서 웅변대회를 후원해 주고 교육감상과 기념품을 주기를 바란다고 했다.

이상갑 장학관은 적극 협의해 보겠다고 했다. 며칠 뒤 이상갑 장학관의 말에 따라 웅변대회 임원들이 필요 서류를 가지고 교육위원회를 방문했다. 다시 며칠 뒤 동문회는 서울특별시교육위원회가 한국교육개발원과 웅변대회 공동 후원을 하고 교육감이 주는 특별상과 전체 연사들에게 줄 기념품을 지원하겠다는 공식적인 답을 받았다.

그뿐만 아니라 그해는 한국교육개발원의 노력으로 문화방송(MBC) 사장의 특별상도 확보할 수 있었다.

나는 1987년 3월 1일부터 문교부(교육부) 교육연구사로서 장학편수실 국어과 편수관으로 근무하고 있었다. 문교부에서 1명을 뽑는 국어과 편수관(교육연구사) 공개 전형 응시에 합격했던 것이다. 초등학교, 중학교, 고등학교 국어과 교육과정 및 교과서 개발을 중심 업무로 하고, 국어심의회 운영, 맞춤법 및 표준어 규정 개정을 비롯한 어문 정책에 관한 업무를 맡았다.

그즈음 정치적 상황으로는 민주헌법쟁취국민운동본부 등의 단체가 주도한 '6.26국민평화대행진'이 많은 도시에서 진행되고 있었다. 내가 근무하던 정부종합청사(세종로)는 매우 긴장되어 있었다. 6월 26일(금요일)에는 정부종합청사 전 직원이 밤 10시 30분까지 비상근무를 하였다. 밤 11시쯤 버스로 서울역을 지날 때 어깨를 짠 대학생들이 길에 앉아 노래하고 구호를 외쳤다. 경찰은 최루탄을 쏘았다.

웅변대회가 있기 하루 전 6월 27일(토요일) 오후 7시경, 나는 방송통신고등학교 서울지구동문회 사무실에 들렀다. 그리고는 서울지구동문회 제12대 김상훈 회장의 집(구의동)으로 갔다. 연사들을 위한 환영회 참석 겸 대회 준비 상황 파악을 위해서였다.

나는 동문회 임원과 예선(원고 심사)에 통과한 웅변 연사 18명 중 전국에서 모인 연사 16명과 식사를 함께 했다. 준비 상황을 점검한 뒤 인사말을 통해 서로 가족적인 분위기가 되자고 했다. 방통인(방송통신고등학교 재학생 및 졸업생)의 웅변대회는 단순한 웅변 행사가 아니라 졸업생, 재학생 모두의 가족적인 대축제 행사였기 때문에 이날 밤도 마음과 마음이 한데 통했고 즐거움이 넘쳤다.

동문회 사무국장 겸 웅변대회 준비위원장 오강숙 님을 비롯하여, 김용옥(동문회 부회장) 님, 남명희(동문회 총무) 님, 최홍배 님, 이현숙 님, 이준태 님, 권주화 님 등은 밤늦게까지 수고했다.

창덕여자고등학교 부설 방송통신고등학교 3학년 장순희(학생회장) 님, 수도여자고등학고 부설 방송통신고등학교 3학년 최옥자 님의 재미나는 이야기는 모인 사람들의 인기를 끌었다. 최옥자 님은 10남매 중 넷째로 동생을 공부시키기 위해 부산과 서울에서 힘든 직장 생활을 하고 있다고 했다. 병원에서 간호사로 근무하던 장순희 님은 1993년 10월 결혼식을 올렸는데, 그때 내가 주례를 보았다.

　이날 밤에는 비디오 촬영도 있었다. 지방에서 참가하기로 한 연사 11명 중 9명의 연사들은 김상훈 동문회장 집에서 자기로 했다. 내가 집에 도착했을 때는 자정이 훨씬 넘었다.

　웅변대회는 6월 28일(일요일) 오전 10시부터 수도여자고등학교 강당 상아당에서 열렸다. 웅변대회의 식순은 다음과 같았다.

　사회: 오강숙, 김용옥
　개회 선언: 집행위원장 정상교
　국민의례: 사회
　국민교육헌장 낭독: 집행위원장 정상교
　연혁 보고: 집행위원
　내빈 소개: 사회
　환영사: 명예대회장(수도여자고등학교 한상훈 교장)
　대회사: 대회장 김상훈
　축사: 서울특별시교육위원회 교육감
　격려사: 한국교육개발원장
　심사위원 소개: 사회
　심사 요령 발표: 심사위원장
　웅변
　특별 순서: 수도여자고등학교 합창단
　강평: 심사위원
　성적 발표: 심사위원장

시상

방송통신고등학교 교가 제창

폐회 선언: 집행위원장

웅변대회 임원 구성은 다음과 같았다.

대회장: 김상훈

부대회장: 김은미

집행위원장: 정상교

집행위원: 이준태, 최홍배, 남명희, 석동권

준비위원장: 오강숙

준비위원: 김용옥, 최정오, 이현숙, 김태명

감사: 오영미, 정영호

웅변대회 축사는 서울특별시교육위원회 최열곤 교육감을 대신하여 신재을 장학관이 대독하였고, 서울특별시교육위원회에서 방송통신고등학교 담당 김준규 장학사와 지난해(1986년) 방송통신고등학교 담당 조성현 장학사가 참석하였다. 격려사는 한국교육개발원 김영식 원장을 대신하여 박문태 교육국장이 대독하였다. 그리고 올해도 졸업생 양경석 님, 김구해 님, 박덕희(박소영) 님, 김금영 님, 김덕중 님 등의 활동은 꾸준했다.

방송통신고등학교 서울지구동문회 김상훈 회장은 대회사에서 다음의 내용을 강조했다.

"우리 동문회는 크고 작은 어려움을 수없이 겪으면서도, 이를 슬기롭게 극복하면서 눈부신 발전을 거듭하였습니다. 이것은 한번 시작하면 중단하지 않는 끈질긴 방통인의 굳센 의지 때문입니다.

이제는 방송통신 교육의 가능성을 우려할 때가 지났다고 봅니다. 복잡한 산업사회 구조 속에서 많은 방송통신고등학교 출신들이 우리 민족의 자주 정신을 바탕으로 국가를 위하고 세계 속의 한국을 건설하는 데 큰 힘을 보태고 있기 때문입니다.

전국의 방통인들은 좌절과 고통으로 얼룩졌던 지난날을 딛고 일어서 '하면 된다'는 신념의 씨앗을 전국 곳곳에 뿌리고 결실을 거두어야 할 것입니다."

심사위원장: 허만길(문교부 국어과 편수관)
심사위원: 배호순(한국교육개발원 방송통신교육연구실장)
심사위원: 편부범(YMCA 웅변 강사)
심사위원: 김구해(서울고 부설 방송통신고 제1회 졸업)
심사위원: 박덕희(수도여고 부설 방송통신고 제1회 졸업)

심사위원장인 나는 심사 기준 발표에서 간단한 격려말을 곁들였다.

- 직장 일과 학업의 틈틈이에 준비한 웅변이므로, 연사들에게 모자람이 있더라도 격려를 아끼지 말자.
- 연사들은 방통 가족이 한자리에 모였다는 점에 유의하면서, 긴장하지 말고 가족 앞에 서듯이 편안한 기분으로 연단에 서 달라.
- 방통인들은 모두 성실하고 용기 있는 사람들이므로, 이미 세상 사람들의 손뼉을 받기에 충분한 자격이 있다는 긍지를 갖자.

- 청중은 함께 생각하는 기분으로 연사들의 말을 들으면서, 힘을 내고 포부를 다지고, 껍데기 삶보다 알맹이 삶이 훨씬 가치 있음을 깨닫자.
- 방통인들은 앞으로 어디서나 온 세상에 감동을 주는 삶에 앞장서자.

모든 연사의 웅변 내용은 진한 감동이 서려 있었다. 여기에 몇 연사의 원고 대목을 소개해 본다.

"여기에 선 이 연사 10남매의 형제밖엔 단 한 가지도 풍족한 것을 모르고 자랐기에 배움과 가난이라는 뛰어넘기 힘든 문턱에서 너무도 많은 고통과 좌절로 수없이 울었습니다.

중학교 졸업 후 동생들에게만은 못 배운 아픔을 주지 말자고 상급학교 진학을 포기한 채 부모님 곁을 떠나야만 했습니다. 타향살이란 말 그대로 어려움의 연속이었습니다.

적은 월급은 동생 학비에도 모자랐고, 모처럼 쉬는 날에는 갈 곳이 없어 빈 기숙사에 홀로 남아 독서로 외로움을 달랬습니다. 셋째 동생의 졸업식장을 다녀오면서 넘치는 감격의 눈물을 흘렸고, 한편으로는 나 자신 배우지 못한 괴로움에 울었습니다.

여러분, 그러나 눈물이 저의 아픔을 달랠 수 없었고, 체념이 빈 가슴을 채울 수 없었습니다. 부자보다도 사회적 명성보다도 더 귀하고 값진 것이 배움이라는 것을 알았습니다. 명문 학교가 아니라도 자신의 처지에 맞게 최선을 다해 공부할 수 있는 곳이면 된다고 생각했습니다."

〈최옥자: '**참다운 삶과 배움이란**'에서〉

"일인 다역의 우리 방송통신고교생이지만, 그 어떤 시련이 따를지라도 중간 탈락생이 없도록 참고 견디는 의지의 방통인, 실력의 방통인, 용기의 방통인이 됩시다. 이 나라 이 겨레가 바라는 주인이 되기 위하여 피와 땀과 눈물이 뒤섞인 노력을 아끼지 않는 방통인이 됩시다.

진흙에서 피어나는 찬란한 연꽃의 꿋꿋한 의지처럼, 단단한 껍질을 깨뜨리고 태어나는 병아리의 탄생처럼, 방송통신고교생 여러분, 우리 모두 꺾이지 맙시다."

〈신영숙: '방송통신고교가 나에게 준 의미'에서〉

"1967년 가을, 남들은 추석 명절을 맞기 위해 하나, 둘 고향을 찾는데, 추석 이틀을 앞두고 눈물을 흘리며 저는 고향을 떠나야만 했습니다. 처음엔 신문을 돌리기도 하고 아이스케이크 통을 메고 구두닦이 통을 들고 대전역 일대를 정신없이 헤매야만 했습니다.

그러면서 한 푼이라도 모아서 다시 공부를 해야겠다는 생각이 싹트기 시작했습니다. 그러던 어느 날 방송에서 어느 만학도의 이야기가 나왔습니다. 30대에는 방송통신고교를 나오고 40대에는 대학을 나오고 50대에는 대학원을 나와 60대에는 노인대학 교수가 되겠다는 이야기였습니다.

저도 대학 졸업 증서를 받는 날 제일 먼저 할아버지의 산소를 찾아 졸업장이 다 젖도록 마음껏 울어 보렵니다."

〈최종철: '배움의 한'에서〉

"기구한 운명의 서막은 시름시름 앓아 오시던 아버님이 약 한 첩 변변히 못 써 보시고 이 세상을 뜨신 것입니다.

나는 땅 한 주먹 없던 시골을 박차고 무작정 상경을 하였습니다. 어린 소년의 눈에 비친 세상은 너무도 비정하고 차가웠습니다. 굶주린 배를 움켜쥐고 사흘 밤낮을 헤매던 나는 연탄 2백 장을 산등성이의 가파른 집에까지 배달하는 조건으로 한 끼 밥을 얻어먹던 순간 나는 뜨거운 눈물을 흘려야 했습니다.

새벽에는 신문 배달을, 오전에는 가정학습 시험지 배달을, 밤늦은 저녁에는 사무실 청소원으로 고된 나날을 보냈습니다. 내 통장은 점점 무거워졌고, 상경한 지 10년 만에 조그만 점포 하나를 마련하고서는 눈물로 놓아두고 돌아서야만 했던 책가방을 들고 목표를 향해 최선을 다하는 방통인이 되겠노라고 힘차게 부르짖었습니다."

〈오현식: '최후의 승리자'에서〉

이날 웅변대회에는 수상자들의 상품이 푸짐했고, 서울특별시교육위원회 교육감이 주는 기념품은 모든 연사들이 받았다.

연사들 중 늦게 공부를 시작한 최종철(청주고 부설 방송통신고) 님, 진신민(경기여고 부설 방송통신고) 님, 오현식(용산고 부설 방송통신고) 님, 신영숙(홍성고 부설 방송통신고) 님, 원문희(제물포고 부설 방송통신고) 님, 최옥자(수도여고 부설 방송통신고) 님의 웅변은 매우 감동적이었다.

나는 심사 결과 발표에서 연사들이 모두 상을 받을 정도로 잘했다는 것과 청중들의 호응과 태도가 매우 좋았다고 칭찬했다. 심사 결과에 따라 연사들은 다음과 같이 상을 받았다.

최우수상(한국교육개발원장상. 1등): 오현식(용산고 부설 방송통신고)
- 연제 '최후의 승리자'
특별상(서울특별시교육위원회 교육감상. 2등): 최종철(청주고 부설

방송통신고)
- 연제 '배움의 한'

특별상(문화방송사장상. 3등): 최옥자(수도여고 부설 방송통신고)
- 연제 '진정한 삶과 배움이란'

금상(4등): 김명희(청주여고 부설 방송통신고)
- 연제 '시련의 배에 희망의 돛을 달자'

은상(5등): 신영숙(홍성고 부설 방송통신고)
- 연제 '방통고가 나에게 준 의미'

동상: 진신민(경기여고 부설 방송통신고), 박종채(수성고 부설 방송통신고)

장려상: 박은자(경북여고 부설 방송통신고), 김남(영등포고 부설 방송통신고), 원문희(제물포고 부설 방송통신고)

그 밖 참가자: 김은미(경복고 부설 방송통신고), 김광임(경동고 부설 방송통신고), 최경숙(진주고 부설 방송통신고), 장순희(창덕여고 부설 방송통신고), 김후식(대구고 부설 방송통신고), 김귀분(충주고 부설 방송통신고), 윤정숙(전남여고 부설 방송통신고 - 현장불참), 지경복(춘천여고 부설 방송통신고 - 현장불참)

졸업생들은 해마다 열리는 웅변대회가 있는 날이 1년 중 방통인들이 가장 크게 모이는 날로 여겼으므로 준비를 치밀하게 잘하였다.

웅변대회 마무리 일이 끝나고 오후 3시가 넘어서야 심사위원, 웅변 연사, 대회 임원들이 남영동 한 음식점에 모여 점심 식사를 했다.

입상에 관계없이 연사들은 서울특별시교육위원회 교육감이 주는 기념품을 안고 있었다. 전국의 모든 방통인들이 오로지 하나로 연결될 수 있는 행사이기에 지방에서 온 학생들은 눈시울을 적시며 이 행사를 고마워했다. 지방에서 온 연사들은 나와 임원들이 자신들을 마중해 주고, 환영회를 열어 준 것이 자신들의 마음을 몹시 뜨겁게 해 주었다고 했다.

경복고등학교 부설 방송통신고등학교 제1회 졸업생 길병수 님의 꾸준한 홍보 활동으로 문화방송(MBC) 텔레비전국 취재 팀의 노고가 매우 컸다. 이튿날 6월 29일(월요일) 아침 문화방송 텔레비전 방송 차인태 아나운서 진행 '출발 새 아침'(8~9시)에 웅변대회 및 방송통신고등학교 선후배에 대한 이야기가 길게 보도되었다. 텔레비전 화면에 나의 모습도 3번이나 비치었다.

제10회 전국 방송통신고등학교 웅변대회가 끝난 뒤 1987년 7월 7일 나는 편지 1통을 받았다. 방송통신고등학교 서울지구동문회 사무국장이면서 웅변대회 준비위원장과 사회를 맡았던 오강숙 님이 보낸 편지였다.

오강숙 님은 수도여자고등학교 부설 방송통신고등학교 1983년 제7회 졸업생이며, 상명여자사범대학 법인사무국에서 비서 업무를 보고 있었다. 오강숙 님은 성실하고 일을 조직적이고 능률적으로 잘 추진했다. 성격이 밝고 고왔다.

나는 오강숙 님의 편지를 읽으면서 오강숙 님의 고마워하는 그 마음씨가 무척 고마웠다. 오강숙 님은 1990년 2월 결혼식을 올렸는데, 나는 여러 졸업생들과 함께 결혼식에 참석하여 축하했으며, 그 이후로 소식이 닿지 않았다. 오강숙 님의 편지 내용을 돌이켜본다.

"허만길 선생님 보시옵소서.

선생님, 그동안 편안하시온지요?

방통인들을 늘 곁에서 지켜보아 주시고 이끌어 주신 큰 은혜, 말로 다 표현할 길이 없습니다.

일찍이 선생님처럼 자애로우시고 사랑이 많으신 선생님을 뵌 적이 없다는 여론이 저희 방통인들 모두의 감탄이었고, 선생님께 향한 존경과 감사의 마음이었습니다.

이번 웅변대회만 하여도 선생님의 지도와 배려가 없으셨던들 저희들만의 자치적인 힘으로는 불가능한 일이 많았을 겁니다.

더욱이 중요한 자리를 맡아 힘겨워하던 저에게는 선생님의 가르치심과 격려의 말씀이 얼마나 큰 힘이 되었는지 모릅니다.

많은 방통인들에게는 따뜻한 사랑과 푸근한 대화가 충족되지 못했기에 이번 웅변대회는 그 응어리를 풀어 버릴 수 있는 값진 기회였다고 생각합니다. 저희들에게도 고마우신 스승님이 계시다는 커다란 기쁨과 감동과 생의 의욕을 안고 각자의 자리로 돌아갔으리라 확신합니다. 저 역시 그중의 한 사람이니까요.

선생님의 변함없으신 염려와 관심에 저희 방통인 모두의 마음을 대신하여 감사드립니다.

1987년 7월 1일
오강숙 드림"

나는 1987년 제10회 전국 방송통신고등학교 웅변대회 이후로는 웅변대회 개최에 대한 소식을 듣지 못해 궁금했다. 여러 해가 지난 뒤에 알았지만, 1988년에는 웅변대회가 개최되지 못하였다고 했다. 그리고

1989년 제11회 전국 방송통신고등학교 웅변대회가 개최되고, 1992년 제14회 전국 방송통신고등학교 웅변대회가 마지막이었다고 했다. (KEDI '방송통신고등학교 40년사' 48쪽)

16. 허만길 교사가 전하는 '방송통신고교생 다짐말'(1981년 작성. 미발표)

나는 1974년 방송고등학교 개교 때부터 방통인(방송통신고등학교 재학생 및 졸업생)들의 곁에서 조금이나마 힘이 되어 주고 싶고, 용기와 의지와 희망의 말을 전해 주고 싶었다.

'방송통신고등학교 교가'('방송통신고교생' 노래)를 작사하여 작곡을 의뢰해 노래를 널리 알리고(1978년), 방송통신고등학교 교육 현장 문제를 다룬 최초의 논문 '방송통신고등학교 교육의 문제점과 개선 방향'('교육평론' 1978년 9월호)을 발표하여 큰 관심을 끌고, '경복 방통인의 헌장' 제정 지도를 하고(1979년), 방송통신고등학교 서울지구동문회를 격려하면서 방송통신고등학교 서울지구동문회 주최 방송통신고등학교 웅변대회 지도위원 및 심사위원장을 맡고(1978년부터), 그 웅변대회에서 서울특별시교육위원회 교육감상과 기념품이 수여될 수 있도록 노력했다(1986년. 1987년).

내가 경복고등학교 교사로 재직하면서 과로로 1978년 11월 수업 중에 쓰러진 후유증 속에 선린상업고등학교 교사로 재직 중 1980년 7월 19일부터 12월 11일까지 4개월 23일 동안 휴직을 하고 복직한 뒤, 1981년에도 나의 건강 상태가 좋은 편은 아니었지만, 평소에 방송통신고등학교 학생들에게 전하고 싶은 말을 정리한 적이 있다.

그것은 '방송통신고교생 다짐말'이었다. 이 '방송통신고교생 다짐말'을 방송통신고등학교 학생들에게 전하여 거울로 삼도록 하고 싶었다.

그때 '방송통신고교생 다짐말'을 학생들에게 전하지 못하고 간직하고만 있었는데, 여기에 소개하는 바이다. 교육 환경이 바뀌었을지라도 방송통신고등학교 학생들이 스스로의 용기와 의지와 희망을 다지는 데 도움이 될 수 있으면 좋겠다.

허만길 교사가 전하는 '방송통신고교생 다짐말'(1981년)

우리는 우리의 삶을 보다 뚜렷이 알고, 삶을 보다 값지게 걷는 길을 터득하면서, 굳고 바르고 부지런하게 살아가는 슬기와 용기와 실력을 닦고자, 방송통신고등학교에 땀과 정열과 의지로 모인 자랑스러운 얼굴들이다. 이에 우리는 이 알뜰한 포부를 크게 꽃피워 무한히 영광스러운 열매를 맺으려는 기약을 하는 바이다.

1. 우리는 출석 수업과 방송 수업에 성실히 참여하며, 예습과 복습을 충분히 하는 학습 태도를 지닌다.
2. 우리는 개인 생활이나 학교생활에 있어 자율적, 능동적으로 행동하며, 품위 있는 인간관계, 예절 바른 언행, 교칙 준수에 최선을 다한다.
3. 우리는 어려움이나 슬픔이나 외로움 앞에 결코 실망하지 않으며, 어떤 역경도 여유 있게 극복하고 활용할 줄 아는 슬기를 기른다.
4. 우리는 학력과 덕행과 체력과 소질을 최대로 키우면서, 인류와 역사를 창의성 있게 이끌어 가는 인생을 실천한다.

17. 방송통신고교생이여, 능력을 포기하지 말라 (경복고 부설 방송통신고 교지 '양지' 제1호. 1982년 2월)

1981년 8월 경복고등학교 부설 방송통신고등학교 학생들이 교지를 처음 만들기로 했다면서 나에게 원고 청탁을 하러 왔다. 나는 그때 선린상업고등학교 교사로 재직 중이었으며, '능력을 포기하지 말라'라는 제목으로 글을 써서 보냈다. 내가 평소 방송통신고등학교 학생들에게 강조하고 싶은 말이었다.

원고는 경복고등학교 부설 방송통신고등학교 교지 〈양지〉 제1호 9~11쪽(발행일 1982. 2. 14.)에 격려사로서 실리었다.

능력을 포기하지 말라

선린상업고등학교 교사 허만길

지난(1981년) 초여름 장대 같은 비가 연일 쏟아져, 전국의 여러 곳에서는 물난리가 일어난 일이 있다. 부엌이 물에 고인 집이 있었는가 하면, 온 마을이 홍수에 뒤덮여 헬리콥터로 사람이 구조되기도 했다. 서울의 잠수교는 여러 날 동안 물에 잠겨 자동차의 시끄러운 바퀴 소리도 조용해졌었다.

그때 나는 한없이 세찬 황톳물이 부서진 판자 조각을 싣고 제일한강교 밑을 거리낌 없이 흘러가고 있음을 버스 안에서 본 일이 있다. 물은 제일한강교의 위험 수위에 가까웠는지라, 차들도 조심조심 철교를 기어가고 있었다. 무심코 보니, 새로 만들고 있는 철교의 기둥에 무서운

급류가 거세게 부딪쳐서는 기둥을 힘차게 휘감았다가 바쁘게 빠져나가는 것이었다.

  지금 내가 버스를 타고 지나가고 있는 이 제일한강교의 기둥도 저렇게 커다란 물살과 싸우고 있으리라는 생각이 들었다. 순간 내 밑에 우뚝 서 있는 다리기둥이 무척 장하다는 생각이 떠올랐다. 만약 다리기둥이 자신의 능력을 잠시나마 포기해 버린다면 어떤 일이 일어날 것인가. 이 다리기둥이 저렇게 굳세게 능력을 포기하지 않고 있기 때문에 많은 시민과 서울은 안도감과 희망과 평안을 누리고 있는 것이 아니겠는가.

  그런가 하면, 경상도의 어느 지역에는 모내기를 한 뒤로 칠팔월이 되어도 비가 내리지 않아, 온 논이 갈라졌다고 한다. 그러나 농부들은 가뭄을 이겨 내기 위해 지금도 끊임없는 노력을 하고 있다고 한다. 아낙네와 아이들이 밤낮을 가리지 않고 물통으로 물을 길러 바가지로 볏논에 물을 끼얹기도 한다. 이들이 큰 가뭄에도 벼를 포기하지 않는 것은 자신의 힘을 포기하지 않는 것과 마찬가지다. 이들이 자신의 힘을 포기하지 않는 한 이들에겐 삶의 샘이 마르지 않을 것이며 기름진 수확이 기다리고 있을 것이다.

  아기에게 젖을 먹이는 어머니의 노고를 생각해 보라. 시시각각으로 해를 바라보며 해처럼 대견한 꽃을 피우는 해바라기의 끈질긴 정열을 보라. 학문의 발달과 우주여행과 살기 좋은 제도가 있기까지 숨겨 있는 많은 사람들의 땀과 희생을 생각해 보라.

  방송통신고등학교에 다니는 학생들은 남보다 좋지 않은 여건 속에서도 자신의 능력을 계발해서 앞으로 좋은 일을 하겠다는 신념을 지닌 사람들이다. 말하자면 방통인은 자신의 앞날을 개척해야겠다고 작정한 자각적인 존재이다.

어떤 일에서나 그 일에 대한 자각심이 뚜렷한 사람은 그렇지 않은 사람보다 능률이 앞서며, 기쁨과 보람도 훨씬 크다. 남이 시켜서 움직이는 마지못한 행동은 능률도 보잘것없고 일에 대한 기쁨과 보람도 변변찮다. 이런 점에서 방송통신고등학교 학생들은 능률과 기쁨과 보람을 이미 축복받고 있는 사람들이다. 문제는 능률과 기쁨과 보람을 어떻게 끝까지 빛낼 수 있느냐에 달려 있다. 방송통신고등학교에 다니기로 결심한 신념을 끝까지 포기하지 말아야 할 것이다.

자기를 포기하지 않는 일이야말로 커다란 물살 속에서도 버티고 섰는 제일한강교의 기둥이 보여 주는 안도감과 희망과 평안을 불러오는 것과 같으며, 가뭄을 이겨 내는 농부들의 삶의 샘, 기름진 수확을 불러오는 것과 같다. 그 일이야말로 어머니의 노고가 한 인간을 독립된 개체로 성장시키는 것과 같으며, 대견한 해바라기 꽃과 좋은 세상이 있을 수 있게 하는 것과 같은 것이다.

18. 방송통신고교생이여, 크고 넓고 훤한 마음이 되자
    (수도여고 부설 방송통신고 교지 '상아' 제5호. 1988년 1월)

　1987년 가을 수도여자고등학교 부설 방송통신고등학교 교지 편집위원 최옥자 님이 '특별기고'로 싣고 싶다면서 나에게 원고 집필을 부탁했다. 내가 문교부(교육부) 교육연구사로 근무할 때였다. 그래서 나는 '크고 넓고 훤한 마음이 되자'는 제목으로 글을 보냈는데, 이 역시 내가 평소 방송통신고등학교 학생들에게 강조하고 싶은 말이었다.
　원고는 수도여자고등학교 부설 방송통신고등학교 교지 〈상아〉 제5호 20~22쪽(발행일 1988. 1. 30.)에 특별기고로 실리었다.

크고 넓고 훤한 마음이 되자

문교부 교육연구사 허만길

　시골이 고향인 사람은 어쩌다 고향에라도 가게 되면, 버스에서 내리자마자 시야가 훤히 열리면서 기분마저 상쾌함을 느끼는 수가 많았을 것이다. 아무리 서울의 면적이 넓다 할지라도 산골 고향보다 훤하지 못하고 답답하다는 뜻이 아니겠는가. 우리는 넓은 도시에 살면서도 시골보다 좁게 살고, 시골 사람들은 좁으면서도 도시보다 넓게 살았던 것이다.
　담도 마찬가지다. 도시를 본뜬 경우는 좀 다르지만, 정통 시골의 담은 싸리나 나뭇가지로 울타리를 만들어 집 안이 거의 들여다뵐 정도로 엉성하다. 돌이나 시멘트블록으로 담을 쌓았을 경우에도 도시의 벽돌담에 비해 그리 높지 않다. 도시의 담은 높직한 벽돌담 그것에 그치지 않고 그 위에 쇠꼬챙이를 가지 나게 쭈뼛쭈뼛 세운 것을 생각하면, 도시는 넓으면서도 좁고 높고 자신과 이웃을 철저히 차단하는 느낌을 들게 한다.

　문제는 도시에서처럼 땅이든 하늘이든 그 공간을 서로 작게 나누어 가지는 그 자체에 대한 염려스러움보다는 우리의 마음마저 그런 추세를 닮지나 않을까 하는 것이다. 우리들이 마음 쓰는 것마저 좁게 담을 쌓아, 나와 나의 것 이외에는 애정이 약해지면서 무관심이나 배타심이 강해지면 큰일인 것이다. 그것은 사람으로서 지녀야 할 도리와 진리의 길을 벗어나게 하는 것이다.
　원래 세상은 담도 대문도 없이 무한 광대한 하나인데, 자꾸만 사람들이 그것을 높고 두껍게 만들어, 자기의 소유와 남의 소유는 아예 아무런 상관도 없는 별개의 것인 양 생각하게 되었다. 사람이 마음의 담과 대문을 두껍고 높게 쌓을수록 그는 사람으로서 지녀야 할 도리나 진리의 길과는 동떨어진 방향으로 가게 된다.
　동굴 속에서 바라다보이는 손바닥만 한 하늘만이 하늘의 모두가 아닐진대, 자기가 굳게 걸어 잠근 작고 좁고 어두운 부분만이 세상의 모두이고 정작 그 부분까지 포용하는 무한 영원으로 퍼진 세상 전체는 수긍하려 들지 않는다면, 이는 참으로 어리석고 편벽된 삶을 걸어 두루 베풀어지는 진리의 햇살마저 아전인수하는 결과를 낳고 말 것이다.

　자신이나 자신을 포함한 얼마 안 되는 한 부분만을 자꾸만 담으로 막아 올려, 그 한 부분만을 철통같이 인정하고, 그 밖의 것에 대해서는 어떤 이유로든 외면하거나 부정하려는 예가 우리 주변에는 적잖이 활개치고 있다.

온 세상이 자신의 무리에게는 한없이 조용하고 평화로워야 하나 남에게는 불안과 공포를 아무리 조장해도 좋다는 생각, 나는 남을 손해 보게 해서라도 이익이나 지위나 명예를 실컷 챙길 수 있지만 다른 사람을 위해서라면 나는 조금도 양보할 수 없다는 심보, 이웃집 자식은 헐벗고 푸대접을 받아도 상관할 일이 아니지만 내 집 자식은 이웃집 자식과는 전혀 그렇잖아야 한다는 착각 등이 그것이다.

선거의 근본 의미는 망각한 채 내가 택하고 싶은 후보가 아니니까 헐뜯고 흑색선전하고 폭력을 휘둘러도 좋다는 생각, 내가 속한 집단의 이익을 위해서라면 명분과 착함을 가늠해 볼 겨를도 없이 돌도 금이라고 우기려 들려는 고집, 남에게 조그만 실수나 약점이 있으면 남의 어떤 장점도 부정되어야 하고 자신의 조그만 장점으로 자신의 어떤 큰 실수나 약점은 미화되어야 한다는, 말하자면 남에겐 철저히 냉혹하고 자신에겐 철저히 관대한 파렴치, 나의 지역, 나의 동창, 나의 종교에 속하지 않으니까 무조건 손가락질하고 제외시키려는 덕을 등지는 사람들, 나보다 옷이 허술하고 얼굴이 덜 곱고 지위가 낮고 이름이 덜 나고 학벌이 모자란다 하여 진짜 그 사람이 모든 면에서 자신보다 못한 줄로 업신여기며 껍질로 살아가는 무리도 그런 축에 속한다.

우리는 언제, 어디서, 어떤 삶으로 살더라도 작고 좁고 어둡게 살기보다는 자신의 분수를 지키면서도 크고 넓고 훤한 마음으로 살아 축복받는 인생이 되자. 내가 먼저 어른스럽고 덕스럽기를 애쓰자. 열대의 모래 위에서도 시원한 그늘과 샘물을 주는 오아시스의 은혜로움을 본받으려는 마음으로, 삭막한 겨울에도 웃음을 잃지 않는 찬란한 아침 해를 닮으려는 마음으로, 어서 봄을 화려하게 가꾸려는 목련과 민들레의 소망을 노래하는 마음으로, 어떤 시련 앞에서도 착함과 강함과 아름다움을 실천하는 크고 넓고 훤한 사람이 되자.

19. 방송통신고등학교 서울지구동문회 활동 격려(1977~1987년)

〈참고: 방송통신고등학교 서울지구동문회는 1977년 2월 제1회 방송통신고등학교 졸업이 있은 1년 뒤, 1978년 4월 5일 창립되어 오래도록 뜻깊고 값진 활동을 했다. 1981년 6월 28일에는 '방송통신고등학교 서울지구동문회보'(동문회보)도 발행했다(비정기적 간행). '동문회보'에는 나의 글도 실렸다. 나는 동문회 창립 이후 43년이 지난 2021년, 동문회의 구체적인 활동 자료를 수집하려 했지만, 졸업생들로부터 기록 자료를 확보할 수 없었다. 더욱이 '동문회보'도 구할 수 없어 안타깝기 그지없었다. 그래서 내가 방송통신고등학교 서울지구동문회 활동에 관해 간간이 기록해 두었던 것을 중심으로 간단히 글을 엮어 본다. 허만길〉

나는 경복고등학교 교사로서 방송통신고등학교 첫 입학생들이 2학년 말이 되어 3학년으로 진급할 즈음부터는 학생들 특히 학생회 임원들에게 졸업 후 동문회 조직에 관해 관심을 가져야 할 것이라고 자주 말했다.

"여러분들은 방송통신고등학교 제1회 졸업생이 될 것이므로 졸업 후에는 동문회(동창회) 조직에 마음을 써야 할 것입니다. 그리하여 졸업생들끼리 친교를 누리며 좋은 일을 펼치고, 선후배들끼리 우애를 나누면서 서로 이끌어주고 도와주어야 할 것입니다.
배움을 갈망하며 힘들게 고등학교 학업을 성취한 제1회 졸업생들은 다른 고등학교 졸업생들에 비해 사회활동에서 외롭기도 할 것이므로, 동문회의 역할은 매우 중요하고 의미 있을 것입니다.

그런데 방송통신고등학교동문회는 각 단일 고등학교별 동문회도 조직해야 하겠지만, 서울지구동문회를 조직하고, 나아가 전국 방송통신고등학교동문회도 조직하여야 할 것입니다.

전국의 방송통신고등학교 학생들은 비슷한 처지에서 장한 뜻으로 힘들게 공부해 오고, 한국교육개발원에서 제공하는 같은 방송과 교재로 공부해 온 동문이므로, 졸업 후에도 서로 동질감을 공유하면서 인생을 격려하는 것이 좋을 것입니다."

서울 시내 방송통신고등학교 학생회 대표들의 첫 친교 모임은 졸업식이 있기 직전 1977년 2월로 파악되고 있다. 8개 학교 학생회 대표들이 다 모였는지 일부 학교의 대표들만 모였는지 또 각 학교에서 몇 명씩 모였는지는 확실하게 파악하지 못했다.

그때 경기고등학교 부설 방송통신고등학교 2학년생이던 김덕중(뒷날 한문학자. 광개토태왕 석비정해본 '태왕의 꿈' 발간) 님은 그 모임의 취재를 위해 동참했는데, 중국음식점 태화관(인사동)에서 모였다고 44년이 지난 2021년에 기억했다. 각 학교 학생회 대표들은 3.1독립운동 때 민족 대표들이 모여 독립선언문을 낭독하고 축하연을 베푼 곳에서 첫 모임을 갖게 된 것이 뜻깊다고들 했다고 했다.

수도여자고등학교 부설 방송통신고등학교에 재학했던 오영미 님은 재학 중 학생회 대표가 아니어서인지는 몰라도 태화관 모임에 대해서는 모르겠다고 했으며, 졸업 후 수도여자고등학교 부설 방송통신고등학교동문회 회장으로 선출된 뒤 서울지역 8개 방송통신고등학교동문회 임원들이 모여 방송통신고등학교 서울지구동문회 조직 준비 모임에는 참가하였다고 기억했다.

방송통신고등학교 서울지구동문회 주최 방송통신고등학교 웅변대회 안내서 '동문회 연혁'에는 태화관 모임은 나타나지 않았다. 따라서 태화관 모임은 비공식적인 친목 모임으로서 서울지구동문회 조직에 관한 의견 교환이 있었던 자리로 이해된다.

내가 기록해 두고 웅변대회 안내서 '동문회 연혁'에 나타난 방송통신고등학교 서울지구동문회 연혁의 시작은 "1977. 8. 15. 서울지구 졸업생 대표자 회의 개최. 준비위원회 구성(준비위원장: 이영헌)"이라 하고, 그 다음 줄에 "1978. 4. 5. 서울지구동문회 창립총회(초대회장: 양경석)"라고 되어 있기 때문이다.

이로써 보아, 방송통신고등학교 서울지구동문회 창립 과정은 1977년 2월 각 학교 졸업식 직전에 재학생 대표들이 태화관에서 친목 모임을 갖고, 그 모임에서 도출된 의견에 따라, 졸업 후 6개월째 되는 1977년 8월 15일 방송통신고등학교 서울지구졸업생 대표자 회의를 개최했던 것이다. 이 회의에서 방송통신고등학교 서울지구동문회를 결성하기로 하였으며, 그 준비위원장으로 이영헌(서울고 부설 방송통신고 졸업) 님을 선출했다고 보아야 할 것 같다.

방송통신고등학교 서울지구동문회 결성을 위한 8개교 졸업생 대표로는 경기고등학교 부설 방송통신고등학교 김장진 님, 맹상옥 님, 경동고등학교 부설 방송통신고등학교 황명기 님, 경복고등학교 부설 방송통신고등학교 양경석 님, 서울고등학교 부설 방송통신고등학교 김구해 님, 용산고등학교 부설 방송통신고등학교 박승만 님, 경기여자고등학교 부설 방송통신고등학교 양경남 님, 수도여자고등학교 부설 방송통신고등학교 오영미 님, 창덕여자고등학교 부설 방송통신고등학교 송구일 님 등을 비롯해 여러 졸업생이 중심이 되었다. 이들은 방송통신고등학교 서울지구동문회를 결성하기까지 여러 차례 의논을 하였다.

드디어 제1회 졸업생들은 졸업한 지 1년 1개월 남짓 뒤 1978년 4월 5일 방송통신고등학교 서울지구동문회 창립총회를 개최하고 초대 회장으로 양경석 님을 선출했다.

창립총회에서는 첫 대외적인 행사로서 방송통신고등학교 서울지구동문회 주최 제1회 서울지구 방송통신고등학교 웅변대회를 1978년 6월 25일에 개최할 것을 의결했다.

한편 이즈음 나는 1978년 5월 7일 '방송통신고교생'(뒤에 '방송통신고등학교 교가'로 채택) 노래 작사를 마치고, 화성태 무학여자고등학교 음악과 교사에게 작곡을 의뢰했으며, 6월 초에 완성된 악보를 받고서 6월 6일 피아노 반주에 맞춘 노래를 처음 들어 보았다.

'방송통신고교생' 노래가 작곡된 직후 양경석 회장이 나더러 제1회 방송통신고등학교 서울지구동문회 주최 제1회 웅변대회 지도위원 겸 심사위원장을 맡아 달라고 요청하였을 때, 웅변대회 행사에서 '방송통신고교생' 노래를 공개하기로 의견을 나누었다.

그 준비로서 양경석 회장은 졸업생들에게 연락하여 6월 17일 각 방송통신고등학교 남녀 졸업생 10여 명이 무학여자고등학교에서 작곡자 화성태 교사의 지도로 '방송통신고교생' 노래 녹음테이프를 만들었다. 다음 날 6월 18일(일요일) 오후 방송통신고등학교 서울지구동문회 주최로 경복고등학교 운동장에서 서울지구 방송통신고등학교 졸업생과 재학생들의 친목 체육회가 열렸을 때, 녹음했던 '방송통신고교생' 노래가 계속 울려 퍼졌다.

1978년 방송통신고등학교 서울지구동문회는 창립 후 여러 해 동안 뜻깊고 값진 활동을 많이 해 왔으며, 나는 동문회와 동문회 활동을 꾸준히 격려해 왔다. 나는 동문회 창립 43년이 지난 2021년, 동문회의 구체적인 활동 자료를 구해 보려 노력했지만 구할 수가 없었다. 따라서 내가 가끔 기록해 둔 것을 바탕으로 동문회에 관해 간단히 소개해 본다.

방송통신고등학교 서울지구동문회는 내가 작사한 '방송통신고등학교 교가'('방송통신고교생' 노래) 악보를 전국 각 방송통신고등학교에 녹음자료와 함께 보냈으며, 해마다 방송통신고등학교 웅변대회를 개최했다.

창립 약 7개월이 되는 1978년 11월 3일부터 5일까지 3일 동안 유네스코 회관(명동)에서 장학 기금 마련을 위한 제1회 동문작품전을 개최했다. 서예, 동양화, 서양화, 도예, 사진, 동양 자수, 스킬 자수, 서양 매듭, 우표 병풍, 분재, 꽃꽂이 등의 부문에 30여 명의 졸업생이 출품했다.

서예 부문 김구해 님의 작품은 격찬을 받았는데, 그 뒤 김구해 님의 서예 작품은 제1회 대한민국미술전(1982) 입선, 제2회, 제3회 대한민국미술전 특선을 거쳤다. 대한민국미술전 초대작가 선정위원, 국립현대미술관 초대작가 등의 영예를 안은 김구해 님은 서예의 대가로 자리 잡았다.

1979년에는 KBS(한국방송공사) 주관 불우 이웃 돕기 모금 운동에 자원 봉사 단체로 참여하여 KBS사장으로부터 감사패를 받았다. 농번기에는 모내기 및 벼 베기 봉사 활동을 했다.

1980년 9월 14일에는 방송통신고등학교 서울지구동문회 사무실 개관 및 현판식을 했다. 사무실 위치는 '서울 용산구 한강로1가'이었다.

1980년 10월에는 경복고등학교에서 방송통신고등학생을 대상으로 하는 MBC(문화방송)의 '노래의 메아리' 공개 방송 참여를 통해 방송통신고등학교의 홍보를 대대적으로 하고, 방통인들의 뛰어난 잠재력과 장기를 알렸다.

1980년 12월 4일에는 내가 1978년에 제안한 바 있는 '방송통신고 교생의 날'을 확대하여, '방통인의 날'을 제정, 선포하여 다채로운 행사를 열었다.

'방통인의 날'에는 졸업생뿐만 아니라 재학생들도 참가했다. 이날 행사는 제1부에서는 정기 총회, 제2부에서는 축제로서 각종 장기 자랑을 하고, 다과회를 열었다. 다음 해부터는 12월 둘째 일요일을 '방통인의 날'로 하기로 했다.

1981년 4월 5일에는 동문회 창립 3주년 기념행사를 크게 가졌다. 온 방통인들의 축제였다. 오후 5시부터 경동고등학교에 모여 가면무도회, 촛불 행진, 봉화식 등의 행사를 하며 방통인들의 긍지와 우정을 쌓았다.

1981년 6월 28일에는 방송통신고등학교 서울지구동문회 '동문회보'를 창간했다. 황명기 회장의 적극적인 의지가 컸으며, 김덕중(경기고 부설 방송통신고 2회 졸업) 님이 편집부장을 맡았다. '동문회보'는 비정기적으로 간행되었으며, 김덕중 님 기억으로는 4회 정도 간행된 것 같다고 했다. 1년에 한 번 혹은 몇 년 만에 한 번 간행된 것 같다고 했다. 8대 회장(1982. 12.~1983. 12.)과 12대 회장(1986. 12.~1987. 12.)을 지낸 김상훈 님은 어느 시기인지는 구체적으로 생각나지 않지만, 자신의 임기 중에 '동문회보'가 간행된 적이 있다고 했다. 김덕중 님은 자신이 편집부장을 그만둔 이후로는 '동문회보'가 간행되었다는 말을 들은 적이 없으며, 김상훈 회장의 재정적 지원을 받은 바 있고, '동문회보'가 나오면 전국 여러 지역을 돌며 졸업생과 재학생들에게 나누어 주었다고 했다.

'동문회보' 창간을 계기로 늦공부의 보람을 널리 알리기 위해 졸업생 및 재학생들은 1981년부터 3년간을 방송통신고등학교 홍보 기간으로 정하고, 입학 안내 운동을 벌였다. 그들은 한국교육개발원의 후원을 받으며, 유인물과 현수막을 만들어, 서울역 광장, 구로동 소재 한국수출산업공단, 서울 시내 번화가를 중심으로 입학 안내 운동을 벌였다. 지방에는 유인물을 배포해 후배들이 배움의 길을 찾도록 하는 이정표 역할을 했다.

졸업생들은 회비 납입, 작품 전시회, 일일 찻집 운영 등으로 모은 돈을 해마다 후배 방통인들의 장학금으로 내놓았다.
방송통신고등학교 졸업생들의 장학금 모금 및 장학금 수여는 방송통신고등학교 서울지구동문회 이름으로 실시되기도 하고, 각 방송통신고등학교 동문회 단위로 장학기금을 만들어 모교에 전하기도 했다.
경복고등학교 부설 방송통신고등학교 제1회 졸업생(1977년 졸업) 30여 명은 '청우회'를 조직하여 친목, 위문, 봉사 활동과 더불어 장학 활동을 활발히 펼쳤다. 양경석(초대 청우회 회장), 고위택, 길병수, 김과영, 김성수, 남상호, 박명춘, 박유택, 박인수, 심주섭, 안국주, 유수용, 이기정, 이득우, 이만구, 이창순, 임영철, 임윤재, 임지만, 정운진, 정진복, 조병남, 조중성, 한효열, 홍기표 님 등의 졸업생은 정기적인 월례 모임을 갖고, 뜻깊은 일을 위해 합심 노력했다.

다음에 웅변대회 안내장 연혁에 나타난 사항과 내가 기록해 둔 바를 바탕으로 방송통신고등학교 서울지구동문회 연혁을 소개한다.

방송통신고등학교 서울지구동문회 연혁

1977. 8. 15.	방송통신고등학교 서울지구 각 학교 졸업생 대표자 회의 방송통신고등학교 서울지구동문회 창립 준비위원회 구성(준비위원장: 이영헌)
1978. 4. 5.	방송통신고등학교 서울지구동문회 창립총회 초대회장 양경석 선출
1978. 6. 25.	방송통신고등학교 서울지구동문회 주최 제1회 (서울지역) 방송통신고등학교 웅변대회 허만길 작사 '방송통신고교생' 노래를 '방송통신고등학교 교가'(작사 허만길. 작곡 화성태)로 채택 선포(곳: 여성회관)
1978. 11. 3.~11. 5.	장학기금 마련을 위한 제1회 동문작품전(곳: 유네스코회관. 명동)
1978. 12. 31.	정기총회. 제2대 회장 장석건 선출
1979. 6. 3.	임시총회. 제3대 회장 이명규 선출
1979. 6. 24.	제2회 (서울지역)방송통신고등학교 웅변대회
1979. 12. 8.~10.	제2회 동문작품전
1980. 2. 24.	정기총회. 제4대 회장 김구해 선출
1980. 6. 22.	제3회 (서울지역)방송통신고등학교 웅변대회
1980.	제5대 회장 양경석 선출
1980. 9. 14.	방송통신고등학교 서울지구동문회 사무실 개관 및 현판식 (곳: 용산구 한강로1가)
1980. 10.	MBC(문화방송) '노래의 메아리' 공개 방송 참여 방송통신고등학교 홍보
1980. 12. 4.	'방통인의 날' 행사 및 '방통인의 날'(매년 12월 둘째 일요일) 제정 선포
1980. 12. 4.	정기총회. 제6대 회장 황명기 선출
1981. 4. 5.	방송통신고등학교 서울지구동문회 창립 3주년 특별기념행사 (곳: 경동고등학교)

1981. 6. 28.	방송통신고등학교 서울지구동문회 주최 제4회 전국 방송통신고등학교 웅변대회(참가 범위를 서울지역 방송통신고등학교에서 전국 방송통신고등학교로 확대)
1981. 6. 28.	방송통신고등학교 서울지구동문회 '동문회보' 창간(편집부장 김덕중. 비정기적 간행)
1981. 11. 7.	동문회 사무실 전화 가설
1981. 12. 13.	정기총회. 제7대 회장 김금영 선출
1981. 12. 13.	제2회 '방통인의 날' 행사
1982. 6. 27.	제5회 전국 방송통신고등학교 웅변대회
1982. 12. 12.	정기총회. 제8대 회장 김상훈 선출
	제3회 '방통인의 날' 행사
1983. 3. 27.	동문회 사무실 이전(곳: 을지로6가 금융빌딩 507호)
1983. 6. 26.	제6회 전국 방송통신고등학교 웅변대회
1983. 12.	정기총회. 제9대 회장 권태일 선출
1984. 6. 24.	제7회 전국 방송통신고등학교 웅변대회
1984. 12. 9.	정기총회. 제10대 회장 권태일 선출
1985. 6. 30.	제8회 전국 방송통신고등학교 웅변대회
1985. 12. 8.	정기총회. 제11대 회장 황명기 선출
1985. 12.	동문회 사무실 이전(신림2동 406-6 평정학원 안)
1986. 6. 29.	제9회 전국 방송통신고등학교 웅변대회
1986. 12. 14.	정기총회. 제12대 회장 김상훈 선출
1987. 5. 24.	동문회 사무실 이전(종암동 3번지 1342호 청한상가 2층)
1987. 6. 28.	제10회 전국 방송통신고등학교 웅변대회 (곳: 수도여자고등학교 강당)

20. 한국교육개발원 〈방송통신고등학교 40년사〉 (1974-2014) 편찬 자문위원

우리나라 방송통신고등학교 설립 당시부터 전국의 방송통신고등학교 운영을 지원해 온 한국교육개발원(KEDI)은 1994년에 방송통신고등학교 20년사를 발간하였으며, 2016년 12월에는 〈방송통신고등학교 40년사〉(1974-2014)를 발간하였다.

이에 나는 한국교육개발원장으로부터 방송통신고등학교 40년사 편찬 자문위원으로 위촉받은 바 있다. ('방송통신고등학교 40년사' 236쪽 참고)

방송통신고등학교 40년사 편찬위원장은 한국교육개발원 글로벌미래교육연구본부 강영혜 본부장이고, 편찬 자문위원은 이종재 12대 KEDI 원장, 진동섭 14대 KEDI 원장 등 16명으로 구성되었다. 편찬 자문위원 가운데는 경복고등학교 부설 방송통신고등학교를 1980년에 졸업하고 경복고등학교 부설 방송통신고등학교 총동창회 회장을 지내고 전국 방송통신고등학교 총동문회 고문을 맡고 있는 강희석 님도 있었다.

방송통신고등학교 40년사 편찬 실무위원은 KEDI 관계자 7명으로 구성되어 있는데, 나는 편찬 실무위원 한태정 연구원과 대면 혹은 비대면으로 편찬에 관한 의견 제시를 하고, 자료 제공을 하였다.

〈방송통신고등학교 40년사〉에는 내가 구술로 제공한 '방송통신고등학교 교가' 제정 과정을 책 35~36쪽에 수록하였다. 웅변대회와 관련한 나의 구술 내용은 다음과 같이 실리었다.

"졸업생들이 재학생들을 위해서 장학회를 만들고, 그 다음에 서울 시내 전체 재학생들을 위해서 웅변대회를 개최하면서 서울 학생들 전체가 모였어요. 이 사람들의 면학열과 용기를 불러일으키기 위해서 얼마나 용기를 북돋아 주는 사업입니까? 1회 대회 때 비가 오는 가운데서도 여성회관 안팎은 방송통신고 졸업생과 재학생으로 무척 붐볐습니다. 졸업생들은 졸업생들끼리 결속하고, 재학생들은 웅변을 통해서 소속감을 높일 수 있었어요."(48쪽) - 허만길 구술

21. 전국 방송통신고등학교 총동문회 특별고문(2017년)

　1977년 2월 방송통신고등학교 제1회 졸업생은 서울에서 8개교, 부산에서 3개교에서 나왔다. 서울에서는 제1회 졸업생이 나오면서 바로 그해 1977년 8월 15일 방송통신고등학교 서울지구 동문회 창립 준비위원회를 구성하고, 이듬해 1978년 4월 5일 방송통신고등학교 서울지구동문회 창립총회를 열어 양경석 님을 초대 회장으로 선출하였다.
　졸업 후 1년이 지나서 서울지구동문회가 탄생한 것이다. 그리고 서울에서는 서울지구동문회 창립에 관련하여 학교별 졸업 동문회(동창회)도 조직되었다.

　전국 방송통신고등학교 총동문회는 1999년 9월 4일 창립되고, 초대 회장으로 박원재(대구고 부설 방송통신고) 님이 선출되었다. 전국 방송통신고등학교 총동문회 역대 회장은 다음과 같다.

전국 방송통신고등학교 총동문회 역대 회장

1대(1999. 9. 4.~2000. 7.)　　회장 박원재(대구고 부설 방송통신고 졸업)
2~5대(2000. 7. 22.~2006. 10.)　회장 한상관(청주고 부설 방송통신고 졸업)
6대(2006. 10. 11.~2007. 11.)　회장 이원주(대구고 부설 방송통신고 졸업)
7대(2007. 11. 20.~2008)　　회장 한만수(진주고 부설 방송통신고 졸업)
8대(2008)　　　　　　　　회장 이재필(구미고 부설 방송통신고 졸업)
9대(2009)　　　　　　　　회장 함동용(영등포고 부설 방송통신고 졸업)
10대(2010)　　　　　　　　회장 박진수(홍성고 부설 방송통신고 졸업)
11대(2012. 2. 4.~2013. 1.)　회장 이태훈(경복고 부설 방송통신고 졸업)
12·13대(2013. 1. 19.~2014)　회장 한창섭(천안중앙고 부설 방송통신고 졸업)

14·15대(2015~2016)　　　회장 유원종(천안중앙고 부설 방송통신고 졸업)
16대(2017. 3.~2017. 12.)　회장 황규철(홍성고 부설 방송통신고 졸업)
17대(2018. 1.~2019. 12.)　회장 조창수(경동고 부설 방송통신고 졸업)
18대(2020. 1.~2021. 12.)　회장 김영제(영등포고 부설 방송통신고 졸업)

　나는 전국 방송통신고등학교 총동문회 초대 부회장을 지내고 총동문회 고문을 오래도록 맡아 온 강희석(경복고 부설 방송통신고 1976년 입학. 1980년 졸업) 님을 통해 전국 방송통신고등학교 총동문회에 관한 소식을 듣곤 했다. 그리고 2017년 16대 황규철 회장 때 전국 방송통신고등학교 총동문회 특별고문으로 추대되었다.

　나는 그해 2017년 4월 26일 전국 방송통신고등학교 총동문회 주최 〈전국 방송통신고등학교 50년사〉(1974~2024년) 편찬 발기인회 창립 제안을 하고, 발기인회 고문도 맡았다.

　나는 2017년 12월 2일(토요일) 천안에서 개최된 전국 방송통신고등학교 총동문회 2017년 정기총회에 초대받아 축사를 하였다.

　이날 정기총회에서는 내가 음반 제작 회사에 의뢰하여 2017년 11월 29일 음원으로 제작한 '방송통신고등학교 교가'(작사 허만길. 작곡 화성태. 노래 유지훈)를 공식적으로 처음 듣기를 하고, 모인 졸업생들이 제창하였다.

　나는 이날 많은 졸업생들과 이야기를 나눌 수 있어 기뻤다.

　참고로 전국 방송통신고등학교 총동문회 16대(2017년), 18대(2020~2021년) 주요 임원 조직은 다음과 같다.

16대(2017년) 주요 임원 조직

회장: 황규철(홍성고 부설 방송통신고 졸업)
감사: 박옥례(경복고 부설 방송통신고 졸업), 이재모(강릉제일고 부설 방송통신고 졸업)
특별고문: 허만길(전 경복고등학교 교사. 문학박사)
고문: 역대 회장. 강희석(경복고), 김용수(동래고), 박창호(제물포고), 양기영(구미고)
수석부회장: 이광철(진주고)
부회장: 이종범(홍성고), 황영화(홍성고)
사무총장: 문동영(전주고)
총무국장: 김근섭(천안중앙고)
총무차장: 선경님(수원여고)
조직국장: 이충근(대전고)
재무국장: 이윤자(인천여고)
재무차장: 안예진(원주고)
의전국장: 조창수(경동고)
산행부대장: 홍미숙(진주고)
당연직 이사: 각 학교(전국 58개교) 동문회 회장
상임이사: 오영미(수도여고), 박덕희(수도여고), 이정화(수도여고), 김덕중(경기고), 김영민(경기여고), 현종숙(경기여고), 송영일(영등포고), 박병성(용산고), 양경석(경복고), 이득우(경복고), 이기정(경복고), 김상훈(경복고), 최종구(경복고), 오영순(경복고), 김순아(경복고), 윤용길(경복고), 신경하(경복고), 김춘례(인천여고), 문미령(인천여고), 이현숙(수원여고), 유재석(호원고), 송영주(수성고), 이두연(춘천여고), 이연희(묵호고), 이석희(충주고), 한인자(충주고), 김영옥(대전여고), 박선미(전주여고), 서재옥(전주고), 박복현(제주제일고), 조정숙(제주제일고), 고경숙(제주제일고), 서명환(구미고), 윤무숙(포항고), 정점숙(전남여고), 최윤규(홍성고), 최방순(홍성고), 주인덕(홍

성고), 이창수(홍성고), 정명숙(천안중앙고), 송지영(목포고), 이권섭(마산고), 김을기(진주고), 이원자(경기여고), 강미자(천안중앙고), 이현상(천안중앙고), 김숙경(순천고), 김광이(인천여고), 윤주민(경복고), 유택상(묵호고), 강행섭(대전고), 송영권(대전고), 추두성(대전고), 김미선(수원여고), 정용경(충주고)

18대(2020~2021년) 집행부 임원 조직

회장: 김영제(영등포고 부설 방송통신고 졸업)
감사: 오용기(전주고 부설 방송통신고 졸업), 이정미(수성고 부설 방송통신고 졸업)
특별고문: 허만길(전 경복고등학교 교사. 문학박사)
고문: 역대 회장. 강희석(경복고), 김용수(동래고), 박창호(제물포고), 양기영(구미고), 서명환(동래고), 나승우(대구고)
사무총장: 이진두(제물포고)
사무국장: 김찬희(강릉제일고)
기획국장: 권찬성(영등포고)
재무국장: 홍영신(전주여고)
총무국장: 최상식(동래고)
의전국장: 박근휘(광주고)
운영국장: 성성숙(춘천여고)
섭외국장: 송영주(수성고)
홍보국장: 김건영(경남여고)
행사국장: 인병철(제물포고)
봉사국장: 박선미(전주여고)

22. 학교생활과 동문회 활동 중심 〈전국 방송통신고등학교 50년사〉(1974~2024년) 발행 제안(2017년)

한국교육개발원 발간 〈방송통신고등학교 40년사〉(1974-2014)는 학교 단위 학생 생활이나 동문회의 구체적 활동은 기술하지 않았으며, 방송통신고등학교와 관련한 교육 체제 및 방식의 변천, 학교 운영 지원 형식 변천, 한국교육개발원 자체 사업, 특별한 관심의 학교 교육 활동 등을 기술하는 데 중점을 두었다.

방송통신고등학교는 개교 이래 새로운 학교가 개교되기도 하고, 있던 학교가 폐교되기도 하는 변화를 겪었다. 각 학교의 교육 자료는 법정 보존 기한을 넘겨 폐기된 것이 많고, 동문회 활동 자료들도 사라지는 상황이 되고 있다.

그래서 나는 2017년 4월 26일 방송통신고등학교 개설 50돌이 되는 2024년도에는 방송통신고등학교 역사에 빛나는 기록물이 되고 우리나라 교육 역사에 값진 자료가 될 수 있는 〈전국 방송통신고등학교 50년사〉를 편찬할 것을 제안했다. 그리하여 2017년 5월 7일에는 전국 방송통신고등학교 총동문회 주최로 전국 방송통신고등학교 50년사 편찬 발기인 대회가 개최될 수 있었다.

〈전국 방송통신고등학교 50년사〉(1974~2024년)는 폐교되었건 존속하고 있건 전국 방송통신고등학교 학교생활과 동문회 활동이 중심이 되기를 희망했다.

제 2 부

학교생활과 동문회 활동 중심
〈전국 방송통신고등학교 50년사〉
(1974~2024년) 발행 기대

허만길

1. 전국 방송통신고등학교 총동문회 이름의 학교생활과 동문회 활동 중심 〈전국 방송통신고등학교 50년사〉(1974~2024년) 발행의 필요성

한국교육개발원(KEDI)에서는 1994년 방송통신고등학교 20년사를 발행하였다. (KEDI '방송통신고등학교 40년사' 6쪽). 그리고 2016년 12월 〈방송통신고등학교 40년사〉(1974-2014)를 발행하였다.

나(문학박사 허만길. 방송통신고등학교 총동문회 특별고문. '방송통신고등학교 교가' 작사. 전 서울 경복고등학교 교사)는 방송통신고등학교 20년사를 살펴볼 기회가 없어, 이 책이 어떤 형식과 어떤 내용을 담고 있는지는 알 수 없다. 추측건대 이 책의 성격은 〈방송통신고등학교 40년사〉와 크게 다르지 않으리라 본다.

한국교육개발원 발행 〈방송통신고등학교 40년사〉의 성격은 이 책의 프롤로그를 통해 알 수 있다.

"40년사의 서술은 방송고(* 방송통신고등학교)를 출범시키고 이후 40년간 운영해 온 KEDI 방송중·고운영센터의 입장에서 기술되었다. 방송고는 전국 42개 공립고등학교에 부설된 형태이므로 학사 운영의 책임은 학생들이 소속된 단위 학교에 있다. 그런 점에서 학교마다 그 구성원들이 어우러져 만들어 낸 나름의 역사가 있을 것이다. 그러나 우리의 시야 밖에서 수행된 개별 학교의 교수·학습의 구체적이고 개별적인 실제는 우리가 기술할 수 있는 영역이 아니다. 단위 학교나 학생과 관련된 사항이 전국적인 뉴스거리가 된 경우나 우리 센터와 학교 혹은 교육청과 관계 맺고 수행된 일을 중심으로 방송고 40년의 역사가 정리될 수밖에 없다. 그런 점에서 방송고 40년사는 KEDI 방송중·고운영센

터의 40년사를 겸한다고 볼 수 있다." ('방송통신고등학교 40년사' 9쪽)

한국교육개발원 발행 〈방송통신고등학교 40년사〉는 방송통신중·고 운영센터의 입장에서 기술된 까닭으로 단위 학교나 학생과 관련된 사항은 전국적인 뉴스거리가 된 사항만 다루었음을 명확히 하고 있다.

참고로 〈방송통신고등학교 40년사〉는 본문 235쪽으로 되어 있는데, 방송통신중학교 역사(145~156쪽)와 부록(참고자료. 참고문헌. 참고현황. 171~235쪽)을 포함하고 있다.

따라서 나는 다음과 같은 필요성으로 전국 방송통신고등학교 총동문회 이름으로 재학 시절의 학교생활과 동문회 활동 중심 〈전국 방송통신고등학교 50년사〉(1974~2024년)를 발행할 것을 기대한다.

첫째, 방송통신고등학교 제도는 한국 교육사에서 새로운 영역을 펼친 것이므로, 방송통신고등학교 교육과 관련하여 학교생활의 생생한 현장 모습을 남기는 것은 한국 교육사의 중요한 가치가 될 것이다.

둘째, 방송통신고등학교 설치는 1974년 전국에서 11개교로 시작하여 50년에 걸쳐 그 수가 늘었다 줄었다 하였다. 1990년에는 50개교에 이르렀다가 2021년에는 42개교가 되었다. 어떤 학교는 3년 만에 폐교되고, 어떤 학교는 7년 만에 폐교되었으며, 어떤 학교는 방송통신고등학교 역사 50년 동안 지속적으로 운영되고 있다.

따라서 각 학교 단위로 역사를 기록할 겨를 없이 폐교된 학교가 많을 수밖에 없다. 그래서 더 늦기 전에 짧은 기간이라도 존속했던 방송통신고등학교를 포함해 모든 방송통신고등학교의 재학 시절 학교생활과 졸업생들의 동문회 활동을 한 책으로 엮어 펴내는 것은 한국 교육사의 중요한 이정표를 남기는 일이 될 것이다.

2. 허만길의 〈전국 방송통신고등학교 50년사〉 편찬 발기인회 창립 제안에 따른 전국 방송통신고등학교 50년사 편찬 발기인 대회(2017년 5월 7일) 취지 실현 기대

나는 방송통신고등학교 개설 초기부터 서울 경복고등학교 교사로서 방송통신고등학교 학생들을 교육 현장에서 직접 지도하고, '방송통신고등학교 교가'를 작사하고, 방송통신고등학교 교육 현장 문제를 다룬 최초의 논문 '방송통신고등학교 교육의 문제점과 개선 방향'('교육평론' 1978년 9월호)을 발표하여 큰 관심을 끌고, '경복 방통인의 헌장' 제정 지도를 하고(1979년), 방송통신고등학교 서울지구동문회를 격려하면서 방송통신고등학교 서울지구동문회 주최 방송통신고등학교 웅변대회 지도위원 및 심사위원장을 맡고(1978년~1987년), 그 웅변대회에서 서울특별시교육위원회 교육감상과 교육감 기념품이 수여될 수 있도록 건의하여 시행되었다(1986년. 1987년).

이렇게 방송통신고등학교 학생과 졸업생을 위해 의미 있게 노력하고자 한 나는 전국 방송통신고등학교 총동문회 특별기구로 전국 방송통신고등학교 50년사(1974~2024년) 편찬위원회를 설치하여 재학 시절 학교생활과 동문회 활동 중심 〈전국 방송통신고등학교 50년사〉를 발행하여 한국 교육사에 길이 남기는 것이 바람직하다고 생각하였다.

그리하여 나는 2017년 4월 26일 전국 방송통신고등학교 50년사 편찬 발기인회 창립을 제안하여, 마침내 전국 방송통신고등학교 총동문회(회장 황규철) 주최로 2017년 5월 7일(일요일) 서울 SW컨벤션센터(서울 창신동)에서 전국 방송통신고등학교 50년사 편찬 발기인 대회를 개최하였던 것이다.

전국 방송통신고등학교 50년사 편찬 발기인회 창립 준비위원으로는 간사 강희석(총동문회 고문. 경복고 부설 방송통신고. 1976년 입학) 님, 위원 황규철(총동문회 회장. 홍성고 부설 방송통신고. 2005년 입학) 님, 위원 이광철(총동문회 수석부회장. 진주고 부설 방송통신고. 2007년 입학) 님이었다.

앞으로 전국 방송통신고등학교 총동문회의 특별기구로 전국 방송통신고등학교 50년사(1974~2024년) 편찬위원회를 설치하여 재학 시절 학교생활과 동문회 활동 중심 〈전국 방송통신고등학교 50년사〉를 발행할 수 있도록 세부적인 추진 계획을 수립하고 실행해 나가기를 기대해 본다.

3. 전국 방송통신고등학교 50년사 편찬 발기인 대회 개최 내용

다음에 2017년 5월 7일 개최한 전국 방송통신고등학교 50년사 편찬 발기인 대회 내용을 소개하므로, 재학 시절 학교생활과 동문회 활동 중심 〈전국 방송통신고등학교 50년사〉를 발행 추진에 참고하기를 바란다.

그런데 재학 시절 학교생활과 동문회 활동 중심 〈전국 방송통신고등학교 50년사〉를 실제로 준비해 가는 과정에서는 편찬 발기인 대회에서 구상했던 내용들이 수정될 수 있을 것임도 고려하여야 할 것이다.

1) 발기인 대회 준비 모임

- 때: 2017년 5월 7일(일) 발기인 대회 이전
- 곳: 서울 SW컨벤션센터
- 참가자

허만길: 발기인회 창립 제안자. 총동문회 특별고문. 문학박사. 방송통신고등학교 교가 작사자. 전 경복고등학교 교사

준비 위원: 간사 강희석(총동문회 고문. 경복고 부설 방송통신고. 1976년 입학)

위원 황규철(총동문회 회장. 홍성고 부설 방송통신고. 2005년 입학)

위원 이광철(총동문회 수석부회장. 진주고 부설 방송통신고. 2007년 입학)

- 협의 및 준비 사항

발기인회 참가자 소개 준비

전국 방송통신고등학교 50년사 편찬 발기인회 임원 추대 협의
- 발기인회 고문
- 발기인회 대표
- 발기인회 자문위원

2) 발기인 수: 약 40명

전화로 발기인 참여를 수락한 총동문회 회원은 전국 방송통신고등학교 총동문회 임원 겸 전국 42개 방송통신고등학교 동문회 임원을 포함하여 약 40명이었다.

3) 발기인 대회 현장 참가자: 21명

2017년 5월 7일(일) 서울 SW컨벤션센터(서울 창신동)에서 개최된 전국 방송통신고등학교 50년사 편찬 발기인 대회 참여자 수는 21명이었다.

허만길(발기인회 창립 제안자. 총동문회 특별고문. 문학박사. 방송통신고등학교 교가 작사자. 전 경복고등학교 교사)
강희석(총동문회 고문. 경복고 부설 방송통신고. 1976년 입학)
이태훈(총동문회 고문. 경복고 부설 방송통신고. 2000년 입학)
황규철(총동문회 회장. 홍성고 부설 방송통신고. 2005년 입학)
이광철(총동문회 수석부회장. 진주고 부설 방송통신고. 2007년 입학)
이종범(총동문회 부회장. 홍성고 부설 방송통신고. 2005년 입학)
황영화(총동문회 부회장. 홍성고 부설 방송통신고. 2006년 입학)

문동영(총동문회 사무총장. 전주고 부설 방송통신고. 2012년 입학)
김근섭(총동문회 총무국장. 천안중앙고 부설 방송통신고. 2012년 입학)
이윤자(총동문회 재무국장. 인천여고 부설 방송통신고. 2001년 입학)
안예진(총동문회 재무차장. 원주고 부설 방송통신고. 2002년 입학)
조창수(총동문회 의전국장. 경동고 부설 방송통신고. 2012년 입학)
이기정(상임이사. 경복고 부설 방송통신고. 1974년 입학)
이득우(상임이사. 경복고 부설 방송통신고. 1974년 입학)
박덕희(상임이사. 수도여고 부설 방송통신고. 1974년 입학)
오영미(상임이사. 수도여고 부설 방송통신고. 1974년 입학)
김덕중(상임이사. 경기고 부설 방송통신고. 1975년 입학)
김상훈(상임이사. 경복고 부설 방송통신고. 1979년 입학)
김순아(상임이사. 경복고 부설 방송통신고. 1987년 입학)
오영순(상임이사. 경복고 부설 방송통신고. 2008년 입학)
최종구(상임이사. 경복고 부설 방송통신고. 2008년 입학)

4) 전국 방송통신고등학교 50년사 편찬 발기인 대회 개최 내용

- 주최: 전국 방송통신고등학교 총동문회
- 때: 2017년 5월 7일(일) 16:40~
- 곳: 서울 SW컨벤션센터

〈대회 결론 요약〉

- 책 이름: 〈전국 방송통신고등학교 50년사〉(1974~2024년)
- 학교생활과 동문회 활동 중심 -

(한국교육개발원 발간 '방송통신고등학교 40년사'는 학교 단위 학생 활동이나 동문회의 구체적 활동은 기술하지 않았으며, 제도적 변천, 학교 운영 지원 변천, 개발원 자체 사업, 특별한 관심의 학교 교육 활동 중심의 역사를 기술하였음. 폐교되지 않은 역사가 긴 학교는 개별 학교 단위로 자세하게 30년사 혹은 50년사 단계로 학교 역사를 발간할 수 있을 것임.)

- 발행처: 전국 방송통신고등학교 총동문회
  편찬자: 전국 방송통신고등학교 50년사 편찬위원회
- 전국 방송통신고등학교 총동문회 특별기구로 전국 방송통신고등학교 50년사 편찬위원회 설치
- 편찬위원회위원장(편찬위원장)의 직무 시작은 2017년 5월 7일로 하고, 전문성과 일관성을 위해 편찬 완결까지 직책을 유지하며, 부득이한 경우 1대 편찬위원장(기간), 2대 편찬위원장(기간) 등으로 가능. 편찬위원장 유고 시에는 편찬운영위원회에서 선출함
- 편찬위원회위원장(편찬위원장)으로 강희석(총동문회 고문. 경복고 부설 방송통신고 졸업) 님을 선출하고 시간 관계로 발기인 대회에서 다루지 못한 사항들은 편찬위원장에게 일임함

■ 진행 순서(다루지 못한 사항 포함)
- 사회: 이광철(총동문회 수석부회장. 진주고 부설 방송통신고 졸업)

1. 개회 선언 – 총동문회장 황규철

2. 국민의례 – 사회 이광철

3. 전국 방송통신고등학교 총동문회 임원 소개 - 총동문회장 황규철

4. 전국 방송통신고등학교 50년사 편찬 발기인 소개 - 총동문회장 황규철

5. 전국 방송통신고등학교 50년사 편찬 발기인회 임원 추대 - 총동문회장 황규철

"전국 방송통신고등학교 50년사편찬 발기인 대회 준비 모임에서 합의한 바에 따라 발기인회 임원을 다음과 같이 추대합니다."

발기인회 고문: 발기인회 창립 제안자 허만길
발기인회 대표: 전국 방송통신고등학교 총동문회 고문 강희석
발기인회 자문위원: 이득우(경복고 부설 방송통신고 1회), 이기정(경복고 부설 방송통신고 1회), 오영미(수도여고 부설 방송통신고 1회), 박덕희(수도여고 부설 방송통신고 1회), 김덕중(경기고 부설 방송통신고 2회), 황규철(총동문회장. 홍성고 부설 방송통신고 졸업), 이광철(총동문회 수석부회장. 진주고 부설 방송통신고 졸업)

6. 전국 방송통신고등학교 50년사 편찬 발기인회 창립 제안서 낭독

(* 전국 방송통신고등학교 50년사 편찬 발기인회 창립 제안서는 2017년 4월 26일에 작성하여 발기인을 모집하기 시작하였음.)

전국 방송통신고등학교 50년사 편찬 발기인회 창립 제안서

1974년부터 한국교육개발원(KEDI)에서 총괄 운영하고, 전국의 많은 고등학교에서 부설로 학생들을 교육해 온 방송통신고등학교 역사는 어느덧 만 43년을 지냈으며, 앞으로 7년이 되는 2024년이면 개교 50돌을 맞이하게 됩니다.

방송통신고등학교 졸업생들은 큰 어려움 속에서도 뜨거운 열의와 인내로 꿈과 이상을 실현하기 위해 학업을 이루어 낸 우리 사회의 큰 본보기가 되는 사람들입니다. 그리고 방송통신고등학교는 그러한 인재들의 소중한 배움의 보금자리입니다.

저는 방송통신고등학교 개설 첫해(1974년)부터 5년간 경복고등학교 교사로 근무하면서 방송통신고등학교 학생들에게 관심과 애정을 쏟으면서 그들과 희로애락을 함께했습니다. 1978년에는 전국의 방송통신고등학교 학생들의 용기와 희망을 북돋우기 위해 '방송통신고교생' 노래를 작사하여 작곡을 의뢰했으며, 이 노래는 바로 '방송통신고등학교 교가'로 채택되어(* 교가 채택 과정은 2016년 한국교육개발원 발행 '방송통신고등학교 40년사' 참고), 남녀 졸업생들이 자신들의 목소리로 노래를 녹음하여 전국의 각 방송통신고등학교에 널리 알리는 보람을 함께했습니다. 교육 전문지 〈교육평론〉 1978년 9월호 38~43쪽(발행 교육평론사, 서울. * 책은 서울대학교중앙도서관 고문헌자료실 등에 소장)에 방송통신고등학교 개설 최초의 학교 현장 논문인 '방송통신고교 교육의 문제점과 개선 방안'을 발표해 방송통신고등학교 교육 개선에 도움이 되도록 했습니다.

경복고등학교를 떠난 뒤에도 방송통신고등학교 서울지구동문회 주최 방송통신고등학교 전국 웅변대회 개최, 방송통신고등학교 서울지구 동문회 활동 등에 함께 어울렸습니다. (허만길 수필 '방송통신고등학교 학생들의 향학열을 돕던 생각' 참고, '나라사랑' 제13집 180~185쪽. 발행 외솔회, 서울. 2002년 3월. * 책은 국립중앙도서관 연속간행물실 등에 소장)

 방송통신고등학교는 1974년 개설 첫해 서울 8개교, 부산 3개교로 시작되어, 1975년에는 전국 14개 시에 36개교, 1987년에는 전국 26개 시와 1개 읍에 50개교가 운영되고, 2017년 현재 전국 42개교가 운영되고 있으며, 누적 졸업생 수는 약 24만 명에 이릅니다. 그동안 방송통신고등학교는 새로이 개교되기도 하고 개교된 학교가 폐교되기도 하는 변화를 겪었습니다. 이에 따라 졸업생들로 구성된 동문회도 학교 단위, 지역 단위, 전국 단위 등 여러 형태로 많은 활동을 해 왔습니다.

 방송통신고등학교 개설 43년이 지난 2017년 4월 현재 각 학교의 교육 자료는 법정 보존 기한을 넘겨 폐기된 것이 많고, 1977년 서울지구 방송통신고등학교 첫 졸업생들이 결성한 방송통신고등학교 서울지구동문회의 전국 후배 재학생과 동문회를 위해 헌신적으로 활동하던 자료와 전국 여러 학교 동문회의 활동 자료, 그리고 1999년에 결성된 전국 방송통신고등학교 총동문회의 활동 자료들이 자꾸만 잊어지고 없어지는 상황이 되어 가고 있습니다.

 그래서 저는 오래된 자료들을 조금이라도 더 빨리 더 많이 발굴하고 정리해서 방송통신고등학교 개설 50돌이 되는 2024년도에는 방송통신고등학교 역사에 빛나는 기록물이 되고 우리나라 교육 역사에 값진 자료가 될 수 있는 〈전국 방송통신고등학교 50년사〉를 편찬하여 세상에 뜻깊게 내놓기 위해 이에 그 처음의 일로 전국 방송통신고등학교 50년사 편찬 발기인회를 창립할 것을 제안합니다.

〈전국 방송통신고등학교 50년사〉를 편찬·발간하자면 책의 원고 작성뿐만 아니라, 그 예산 마련도 중요하므로, 앞으로 7년 동안 이 모든 것을 착실히 준비해 나가야 할 것입니다.

〈전국 방송통신고등학교 50년사〉 편찬이 알차고 효율적으로 추진될 수 있도록 방송통신고등학교 동문회 회원님들과 명예회원님들께서 방송통신고등학교 50년사 편찬을 위한 발기인회의 발기인으로 참여해 주실 것을 바랍니다.

그리고 저는 이 발기인회가 원만히 창립될 수 있도록 강희석(전국 방송통신고등학교 총동문회 고문) 님, 황규철(총동문회 회장) 님, 이광철(총동문회 수석부회장) 님께서 발기인회 창립 준비 위원을 맡아 주실 것을 부탁드립니다.

아울러 알맞은 때에 전국 방송통신고등학교 총동문회 회장님께서 전국 방송통신고등학교 50년사 편찬 발기인대회를 개최해 주실 것을 건의합니다.

고맙습니다.

2017년 4월 26일
전국 방송통신고등학교 50년사 편찬 발기인회 창립 제안자
문학박사/전 경복고등학교 교사 허만길

7. 발기인회 창립 선언 - 발기인회 대표·총동문회 고문 강희석

"전국 방송통신고등학교 50년사 편찬 발기인회 창립 제안에 따라, 많은 분들께서 발기인으로 참여해 주시어, 전국 방송통신고등학교 50년사 편찬 발기인회가 창립되었음을 선언합니다."

8. 발기인회 창립 기림말 - 발기인회 창립 제안자 허만길

전국 방송통신고등학교 50년사 편찬 발기인회 창립 기림말

전국 방송통신고등학교 50년사 편찬 발기인대회에서 우리는 이제 막 발기인회 대표의 발기인회 창립 선언을 들었습니다.

큰 어려움 속에서도 뜨거운 열의와 인내로 꿈과 이상을 실현하기 위해 학업을 이루어 낸 우리 사회의 큰 본보기가 되는 방송통신고등학교 졸업생들의 배움의 보금자리인 전국 수십 방송통신고등학교의 교육 역사와 방송통신고등학교 졸업생들로 구성된 학교 단위, 지역 단위, 전국 단위의 다양한 동문회의 활동 역사를 중심으로 하는 전국 방송통신고등학교 50년사 편찬을 위한 첫 걸음이 우렁차게 시작된 것입니다.

저는 끊임없이 전국 수십 방송통신고등학교의 교육 역사 자료와 다양한 동문회 활동 역사 자료가 잊어지고 없어지고 있을 것임을 뻔히 알면서 마음 졸이기 한이 없었습니다. 이제 7년 뒤 2024년 우리나라 방송통신고등학교 개설 50돌이 되는 해에 각 방송통신고등학교의 교육 자취와 방송통신고등학교 졸업생들의 용기와 희망과 끈기와 성취의 영광이 반짝이는 〈전국 방송통신고등학교 50년사〉가 세상에 나와 우리 교육 역사에 길이 전해지리라 생각하니, 가슴이 설렙니다.

전국 방송통신고등학교 50년사 편찬 발기인으로 기꺼이 참여해 주신 모든 분들을 기립니다.
　전국 방송통신고등학교 50년사 편찬 발기인대회를 성대히 개최해 주신 전국 방송통신고등학교 총동문회 강희석 고문님, 총동문회 황규철 회장님, 전국 각 방송통신고등학교 단위 총동문회 회장님들을 기립니다.
　저는 전국 방송통신고등학교 50년사 편찬 발기인회 창립 제안서를 확정하면서 발기인회가 원만히 창립될 수 있도록 강희석(총동문회 고문)님은 발기인회 창립 준비위원으로서 간사를 맡아 주시고, 황규철(총동문회 회장) 님과 이광철(총동문회 수석부회장) 님은 발기인회 창립 준비위원을 맡아 주실 것을 부탁했습니다. 이들 세 분을 또한 기립니다.
　제가 전국 방송통신고등학교 50년사 편찬 시작이 시급함을 깨닫고 이 문제를 함께 진지하게 논의했던 강희석 준비위원 간사님은 발기인대회 준비를 위해 작은 일에서부터 큰일까지 준비하고 챙기시느라고 여러 날 동안 너무 많은 고생을 하셨습니다. 강희석 발기인회 창립 준비위원 간사님께 고마움의 마음을 전합니다.

　전국 방송통신고등학교 50년사 편찬의 찬란한 결실의 그날을 위해 함께 힘차게 나아가 주시기를 당부합니다.
　고맙습니다.

2017년 5월 7일
발기인회 창립 제안자·문학박사 허만길

9. 축하의 말

발기인들이 한마디씩 축하

10. 발간 기구 조직(예시) - 문학박사 허만길

* 발간(발행. 간행) 기구는 다음 예시를 참고하여 실정에 맞게 변형할 수 있을 것임

- 고문: 3명 안팎
- 편찬위원회위원장(편찬위원장): 1명

  동문 가운데서 선출

  직무 시작일: 2017년 5월 7일

  전문성과 일관성을 위해 편찬 완결 때까지 직책을 유지하며, 부득이한 경우 1대 편찬위원장(기간), 2대 편찬위원장(기간) 등으로 가능

  편찬위원장은 발기인회에서 선출하되, 편찬위원장 유고 시에는 편찬운영위원회에서 선출함.
- 편찬위원: 10명 안팎

  편찬 내용, 편찬 형식, 편찬 절차 등을 논의하고 검토하고 심의함.
- 편찬 전문위원: 10명 안팎

  동문, 외부 편집 전문인 등으로 구성

  편찬 내용 구성, 편찬 자료 발굴 및 정리, 원고 집필자 선정, 원고 모집, 취재, 사진 모으기, 편집, 디자인, 원고 최종본 작성 등의 일을 전문적, 실무적으로 추진함.
- 협력위원: 필요 인원

  원고 초안 집필 등의 일
- 자문위원: 인원 많아도 됨.

  교장, 각 학교 졸업생 등

- 감사: 3명
  임기는 1년 혹은 2년
- 사무국: 사무국장. 총무. 그 밖 필요 직원
  편찬위원장이 위촉. 1대 사무국장(기간), 2대 사무국장(기간) 등으로 가능
  편찬 추진 계획, 예산 확보 및 집행, 행정 업무, 문서 작성 및 보관, 각종 협의회 추진, 홍보 등
- 편찬운영위원회: 알맞은 인원
  편찬위원장을 대표로 하는 편찬운영위원회를 구성하여 예산 편성 및 결산 승인, 주요 사업 의결, 주요 규정 제정 및 개정, 감사 보고 받기, 편찬위원장 유고 시 편찬위원장 선출 등의 일을 함.

11. 편찬위원회위원장(편집위원장) 선출

발기인회 자문위원 사회로 총동문회 고문 강희석 님을 편찬위원회위원장으로 선출함.

12. 사무국장 위촉

편찬위원장에게 일임

13. 감사 선출

편찬위원장에게 일임하여 정당한 방식으로 선출하기로 함.

14. 편찬위원장 인사말

15. 예산 확보에 관한 논의

  편찬위원장에게 일임

16. 발기인 대회 소요 경비 결산 보고 - 발기인회 대표

17. 방송통신고등학교 교가 제창 - 지휘 이윤자(인천여고 부설 방송통신고 졸업)

18. 폐회 선언 - 총동문회장 황규철

4. 전국 방송통신고등학교 50년사 주요 구성(예시)

〈전국 방송통신고등학교 50년사〉의 내용 구성은 편찬위원회에서 논의하여 확정할 사항이지만, 논의에 참고할 수 있도록 예시해 본다.

■ 책 표지 책 이름(예시)

전국 방송통신고등학교 50년사(1974~2024년)
- 학교생활과 동문회 활동 중심 -

■ 책의 체재 및 구성(예시)

- 책 분량: 약 500쪽
- 발행 날짜는 방송통신고등학교 50주년 기념행사 내용을 실을 경우 2024년 하반기로 해도 될 것임.
  발간사 - 전국 방송통신고등학교 총동문회장 ○○○
  격려사
  축사
  발간 경과보고 - 전국 방송통신고등학교 50년사 편찬위원회위원장 ○○○
  발간 기구 조직별 관계자 명단
  방송통신고등학교 교가
  전국 방송통신고등학교 총동문회 연혁
  사진 자료

제1부 특별기고
▲ 방송통신고등학교 개설 및 발전 과정

▲ 방송통신고등학교 교가 제정 과정 - 문학박사 허만길

 * 허만길 수필집 〈방송통신고등학교 학생과 졸업생에게 사랑을 보내며〉에서 옮김.

▲ 〈방송통신고등학교 개설 최초 학교 현장 논문〉
 방송통신고교 교육의 문제점과 개선 방안 - 문학박사 허만길

 * 허만길 수필집 〈방송통신고등학교 학생과 졸업생에게 사랑을 보내며〉에서 옮김.

▲ (그 밖 특별기고문)

제2부 전국 방송통신고등학교 총동문회 걸어온 길
(결성 과정. 주요 사업. 역대 임원 등)

제3부 각 학교별 재학시절 학교생활과 동문회 활동
▲ (예시) 경복고등학교 부설 방송통신고등학교
 1. 학교 소개 및 연혁
 2. 학교생활
  주요 행사. 학생 및 학생회 활동 등
 3. 재학 시절 추억(약간 명)
 4. 동문회 소개
 5. 동호회 소개
 6. 졸업생들의 분야별 주요 활동 상황

제4부 각 지역 및 주제별 동문회 활동
▲ 방송통신고등학교 서울지구동문회 활동

▲ (여러 지역 동문회 활동)

▲ (전국 방송통신고등학교 어울마당 활동)

▲ (그 밖 주제별 동문회 활동 - 동호회 포함)

* 제5부, 제6부는 필요할 경우 추가

[부록]
　방송통신고등학교 개교 50주년 행사 이모저모
　전국 방송통신고등학교 총동문회 회칙
　전국 방송통신고등학교 개·폐교 상황
　전국방송통신고등학교 연도별 졸업자 수

[참고 문헌]
　(예시)
　허만길, "방송통신고등학교 학생과 졸업생에게 사랑을 보내며" (발행 지식과감성, 서울. 2021)
　한국국교육개발원, "방송통신고등학교 40년사(1974-2014)" (발행 한국교육개발원. 2016)

제 3 부 '방송통신고등학교' 준말 '방송통신고',
        '방통고', '방송고'에 대하여

'방송통신고등학교' 준말 '방송통신고', '방통고', '방송고'에 대하여

허만길

'방송통신고등학교'를 줄인 말은 방송통신고등학교 개교 초기부터 주로 '방송통신고' 혹은 '방통고'로 사용해 왔다. 2021년 현재에도 사용하고 있는 말이다.

'방송통신고등학교'를 줄여 '방송통신고'로 하는 것은 자연스럽다고 본다. '방송통신고'를 더 줄여 '방통고'라 하는 것도 별 문제가 없다고 본다.

내가 방송통신고등학교 개교 이후 경복고등학교 교사로 근무했을 때, '방송통신고등학교'를 줄여 '방송통신고' 혹은 '방통고'로 자연스럽게 사용했다. '방송통신고등학교 주임교사'를 '방송통신고 주임교사', '방통고 주임교사'라고 했다.

방송통신고등학교 서울지구동문회에서는 '방통인의 날'을 제정해서 행사를 진행했다. '방송통신'을 줄여 '방통'으로 했던 것이다. 한국교육개발원에서는 1983년 방송통신고등학교 개교 10주년을 맞아 전국 방송통신고등학교 교지인 〈放通文藝(방통문예)〉 창간호를 발간하였다. (KEDI '방송통신고등학교 40년사' 110쪽 참고). 한국교육개발원에서도 '방송통신'을 줄여 '방통'으로 했던 것이다.

그런데 세월이 흐르면서 '방송통신고등학교'를 줄여 '방송고'라고 하는 경우가 있다. 이것은 신중할 필요가 있다. 왜냐하면 '방송고'는 일반적으로 '방송고등학교'의 준말로 인식하기 때문이다.

예를 들어, 특성화고등학교로서 방송고등학교로는 서울방송고등학교

(서울방송고)가 있다. 서울방송고등학교(서울방송고)는 방송통신고등학교 교육 체제와는 달리 방송영상과, 미디어콘텐츠과, 방송시스템과, 방송연예공연과 등의 학과를 설치하여 교육하고 있다.

또한 특성화고등학교로서 서울에 광신방송예술고등학교가 있다. 만화영상과, 연예엔터테인먼트과, 방송영상과, 미디어메이크업아티스트과 등의 학과를 두고 있다. 방송예술고등학교의 준말 역시 '방송고'라 하지 않고 '방송예술고'라고 한다.

이런 점들을 고려하여 방송통신고등학교의 준말로 '방송고'라고 하는 것은 신중해야 할 것이다.

제 4 부 자랑스러운 방송통신고등학교 졸업생
           - 힘들게 배움을 찾고 뜻깊게 살아온 삶 -

                              길병수, 오종민, 이기정,
                              이득우, 강희석, 김상훈,
                              윤완상, 김 순(수니킴), 안예진

■ 자랑스러운 방송통신고등학교 졸업생
- 힘들게 배움을 찾고 뜻깊게 살아온 삶 -

길병수
(경복고등학교 부설 방송통신고등학교 제1회. 1974년 입학. 1977년 졸업)

길병수 님은 1945년 충청남도 금산군에서 농부의 둘째 아들로 태어났다. 지방초등학교와 진산중학교를 수석으로 졸업했으나, 갑자기 아버지가 별세하면서 집안 사정이 어려워 고등학교 진학을 포기하여야만 했다.

고향에서 가사를 돌보다가, 1965년 6월 군에 입대하였으며, 1967년 12월 만기 전역했다. 1968년 8월 상경하여 이곳저곳에서 막일을 하다가 주식회사대한광학 취업을 거쳐, 1970년 7월 육군본부에서 공직 생활을 시작하였다. 그리고 2003년 6월 국군기무사령부(군정보수사기관) 공보관(대변인. 부이사관. 3급)으로 정년퇴임하였다.

길병수 님은 늘 고등학교 진학에 대한 꿈을 지니고 있다가, 육군본부에 근무하던 때에 방송통신고등학교 첫 신입생 모집이 있음을 알았다. 부랴부랴 입학원서를 내어, 29살(1974년)에 경복고등학교 부설 방송통신고등학교에 입학하게 되었다.

길병수 님은 입학식 날 늦게 시작하게 된 고등학교 공부가 쑥스러워 맨 뒷줄에 엉거주춤 서 있었는데, 갑자기 선생님이 "길병수 학생은 앞으로 나오세요."라고 해 당황했다. 선생님에게 갔더니, 신입생 대표로서 입학 선서를 하라는 말을 들었다.

길병수 님은 자기보다 나이가 적은 학생이 입학 선서를 함이 좋겠다고 했으나, 선생님은 방송통신고등학교는 부득이한 사정으로 제때에 일반 고등학교에 진학하지 못한 학생들을 위해 설립된 학교라며, 중학교 졸업 성적이 가장 우수한 학생을 신입생 대표로 선발했다면서 강력히 권하기에 입학 선서를 했다.

1977년 2월 방송통신고등학교 졸업 후 1977년 8월 국군기무사령부(군정보수사기관) 주사보(7급)로 임용되었다. 공무원으로 근무하면서 1981년에는 한국방송통신대학교(최초 학사과정) 행정학과에 입학하여, 1986년 2월 행정학 학사 학위를 받았다.

길병수 님은 주사보(7급)로 시작한 직급이 주사(6급), 사무관(5급)을 거쳐 서기관(4급)으로 승진되어 근무하고 있을 때, 모교에서 연락이 왔다. 후배 학생들을 위해 공직 생활을 하면서 겪은 일과 후배들에게 꿈과 용기를 줄 수 있는 내용의 강연을 해 달라는 요청을 받았다.

길병수 님은 정해진 날에 모교 강당에서 5백여 명의 후배들에게 소개되었다. 그리고 힘난하게 살아온 이야기, 고등학교 진학에 대한 열망, 공직 생활의 희로애락 등을 말하고, "여러분도 노력하면 반드시 성공할 수 있으니, 좌절하지 말고 최선을 다해 학업에 정진해 달라."고 당부하여 뜨거운 감동을 불러일으켰다.

경복고등학교 부설 방송통신고등학교는 개교한 지 8년 만에 1982년 2월 교지 '양지'를 창간하게 되는데, 편집위원들은 제1회 졸업생 길병수 님의 격려사를 실었다. 이 격려사는 오랜 세월이 지난 뒤에도 후배들에게 진정성 있는 교훈이 되고 있어 화제이다.

"우리 자신을 보살피는 데만 급급하지 말고, 우리가 과거 배우지 못해 목마르게 애를 태웠던 경험과 지난날의 서러움을 망각하지 말고, 어려운 처지에서 고민하고 배움을 갈망하고 있는 수많은 청소년들에게 눈을 돌릴 때가 온 것 같습니다." 등 귀한 말들로 채워져 있다.

길병수 님은 1998년(53살) 7월 오랜 꿈이었던 국군기무령부 공보관(대변인. 부이사관. 3급)으로 발탁되는 영광을 안았다. 수사 결과를 국민과 언론에 알리는 등 공보 분야 책임자로서 많은 보람을 거두고, 2003년 6월 정년퇴임하였다.

길병수 님은 만약 자신의 인생 여정에서 방송통신고등학교 제도가 없었더라면 고등학교와 대학교를 졸업할 수 있었을까, 성공적인 직장 생활은 가능했을까 하는 생각에 잠길 때가 많았다고 했다. 고등학교 시절을 회상할 때면, 국어를 가르쳐 주시던 허만길 선생님, 3학년 담임 윤광수 선생님, 가곡 '봄처녀'를 가르쳐 주시던 조순명 선생님의 인자한 모습들이 떠오른다고 했다.

길병수 님은 방송통신고등학교 서울지역 8개 고등학교 졸업생들이 모여 의논 끝에 1978년 방송통신고등학교 서울지구동문회 창립을 이루어 내던 일이 꿈처럼 떠오른다고 했다.

길병수 님은 후배들과 동문회를 위해 많은 활동을 했다. 방송통신고등학교 서울지구동문회 활동에 적극 참여하였다. 회비 납입, 작품 전시회, 일일 찻집 운영 등으로 후배들의 장학금을 마련하고, 전국 방송통신고등학교 웅변대회 운영과 '방송통신고등학교 교가'(처음 이름 '방송통신고교생') 보급에 기여하였다. 1987년 10월 28일 개최된 제10회 전국 방송통신고등학교 웅변대회 때에는 홍보 활동을 열심히 하여 웅변대회 행사와 방송통신고등학교 선후배 간의 이야기가 6월 29일 문화방송(MBC) 텔레비전 방송 차인태 아나운서 진행 '출발 새 아침'에 방영되는 성과를 거두었다.

경복고등학교 부설 방송통신고등학교 제1회 졸업생(1977년 졸업) 30여 명으로 구성된 '청우회' 회원으로서 친목, 위문, 봉사 활동과 더불어 모교 후배를 위한 장학 활동에도 적극 참여해 왔으며, 2021년 현재 10여 명의 회원들이 활동하고 있다. 경복고등학교 부설 방송통신고등학교 총동창회 제2대 회장(1980년)을 역임했다.

길병수 님은 착실한 기독교인으로 대한예수교장로회(통합 측) 시무장로로서 16년 동안 교회를 섬기다가, 2015년 12월 31일 정년(70살) 은퇴하였으며, 2021년 현재 서울북노회 은퇴장로회 제9대 회장으로 200여 명의 회원들을 섬기고 있다.

길병수 님은 보국훈장(1992년)과 대통령표창(2003년)을 수상했다.

〈글쓴이〉 문학박사 허만길

■ 자랑스러운 방송통신고등학교 졸업생
- 힘들게 배움을 찾고 뜻깊게 살아온 삶 -

오종민
(용산고등학교 부설 방송통신고등학교 제1회. 1974년 입학. 1977년 졸업)

오종민 님은 1954년 충청남도 보령시 웅천읍 성동리에서 농부의 아들로 태어났다. 한국전쟁이 끝난 다음 해였다.

고향에서 중학교를 졸업하고 서울로 떠날 적에 어머니가 고갯마루까지 따라 나와서 "너는 이제 힘한 세상으로 나가는 것이다. 너무 약삭빠르게만 살려고 하여 남들한테 미움을 사지도 말고, 그렇다고 한없이 착하기만 하여 이용만 당하지도 말고, 지혜롭게 헤쳐 가거라."라고 하던 말을 늘 가슴에 새기고 살았다.

서울 당산동에 있는 자동차 부품을 도금하는 공장에서 기술 배우기를 시도했으나 낯설고 힘든 일이어서 그만두고, 낚싯대 공장에서 낚싯대 손잡이용 코르크를 연마하는 일을 했으나, 그것도 적성에 맞지 않았다. 플라스틱 사출 공장, 면도기 생산 공장, 메리야스 생산 공장 등에서 일해 보았으나, 단순 노동만 반복할 뿐 자신이 꿈꾸던 기술을 배우는 일과는 거리가 멀었다.

그래서 기술다운 기술을 배울 목적으로 TV 학원에 입학하여 6개월간 공부했다. 그것이야말로 첨단기술을 배우는 길인 줄 알고 열심히 공부하여 우수한 성적으로 졸업하고, 1972년(18살) 국가가 공인하는 라디오/TV 수리 자격증을 취득했다.

1972년(18살) 말경 서울 중구청에서 비정규직 사환으로 일하기 시작했다. 월급은 3,000원 정도였는데, 생활비로는 매우 부족했다. 허름한 판잣집 방을 하나 얻어 생활을 꾸려 나갔다. 비가 오면 지붕 곳곳이 샜다. 벽에 쥐구멍이 있어, 가끔씩 쥐와 눈을 마주치기도 했다.

오종민 님은 그렇게 희망이 별로 보이지 않는 생활을 하고 있을 때, 고향에 계시는 아버지로부터 편지 한 장을 받았다. 방송통신고등학교가 개설된다고 하니, 입학해 보라는 내용이었다. 그래서 동갑내기 친구들이 대학교 2학년이 되는 해 1974년 3월(20살) 용산고등학교 부설 방송통신고등학교에 입학하였다. 낮에는 일을 하고, 밤에는 라디오 강의를 듣고, 한 달에 두 번씩 일요일에 학교에 출석하여 공부하였다.

오종민 님은 한번 시작한 공부에 점점 열정적으로 빠져들었고, 3년 후 방송통신고등학교를 수석으로 졸업했다.

방송통신고등학교 졸업하던 해 1977년, 나이가 들어 중구청 비정규직 일을 더 계속할 수 없는 상황에서 대학 입시 학원에 등록하여 열심히 공부하였다. 중학교를 졸업한 지 8년 만에 1978년(24살) 고려대학교 어문계열 신입생 모집에 응시했다. 방송국에서도 대학 합격자를 확인해 주고 있었는지라, 전화로 알아본 결과 "수험번호 32번, 오종민 씨 축하합니다."라는 말은 오종민 님을 기쁨으로 펄쩍 뛰게 하였다.

오종민 님이 방송통신고등학교 졸업자로서 일류 대학에 합격했다는 것은 사회적으로 큰 화제가 되었고, 모든 방송통신고등학교 졸업생과 재학생들에게 큰 용기를 주었다. 신문에서는 방송통신고등학교를 졸업하고 일류 대학교에 합격한 첫 사례라고 소개하고, 텔레비전 뉴스에도 올랐다. 박찬현 문교부장관, 김용환 재무부장관, 장학 사업을 하는 중소기업 사장으로부터 등록금보다 훨씬 많은 장학금을 받았다.

오종민 님은 군 제대 후 대학 3학년이 되면서 전공을 영어영문학으로 정했다. 어문계열 6개 학과 중에서 인기도 많고 자신이 좋아하며 잘하는 분야이기도 했다. 학보에 여러 편의 글을 실었으며, 총학생회 학술부장을 맡기도 했다.

대학 졸업 후 1982년 가을부터 취업의 문을 두드리기 시작했다. 영어 실력과 인성검사 결과를 입사 전형 자료로 활용하는 선경(뒷날 SK) 그룹에 10대 1의 경쟁을 뚫고 입사했다. 그리하여 수출품으로 경쟁력이 강했던 섬유본부에서 본격적인 회사 생활을 시작했다. 맨주먹으로 서울로 올라온 지 꼭 13년 만에 새로운 삶의 시작이었던 것이다.

오종민 님이 처음 맡은 업무는 섬유본부 내 직물사업부에서 섬유 원료를 수출하는 일이었다. 3년 후에는 기획력을 인정받아 상품기획팀으로 옮겼다. 사업 정보를 수집하고 정리하고 확산하는 일과 해외에 전시장을 마련하는 일과 각 부서 영업사원들과 함께 현지에 나가 상품을 잘 판매하도록 지원하는 해외 전시회 기획을 담당하였다.

SK그룹에서 10년 6개월의 세월을 보낸 뒤 중소기업에 발탁되어 일하기도 하고, 다시 대기업에서 일하기도 했다. 그러다가 2001년 초 중견기업에 속했던 충남방적 주식회사의 베트남 호치민 영업소장으로 근무하다가 회사 생활을 마감했다.

오종민 님은 허만길 문학박사(시인)로부터 문학 재능 칭찬과 지도를 받아, 〈월간 신문예〉 2021년 5월호 신인문학상 공모에 시 '들꽃', '노을', '그리움'이 당선되어 시인으로 등단하였으며, 활발하게 창작 활동을 하고 있다. 〈월간 한국국보문학〉 2021년 10월호 신인문학상 공모에 수필 '정직하게 산다는 것'이 당선되어 수필가로도 등단하였다.

오종민 님은 신인문학상 시 당선 소감에서 "나는 어릴 때 누가 시키지 않아도 스스로 글을 써서 읽어 보고 감상에 빠지곤 하는 습관이 있었다.", "나에게 문학은 언젠가는 다시 만나서 꼭 끌어안고 살아가고 싶은 그리움 같은 것으로 남아 있었다. 많은 사람들의 가슴속에 오래도록 꺼지지 않는 촛불을 밝히는 시인이 되고 싶다."고 했다.

오종민 님은 방송통신고등학교 입학은 자신을 새로운 인생으로 전환할 수 있는 중요 계기였음을 잊지 않는다고 했다. 2021년 10월 현재 한국신문예문학회 이사, 아태문인협회 지도위원, 한국국보문인협회 회원이다.

〈글쓴이〉 **문학박사 허만길**

■ 자랑스러운 방송통신고등학교 졸업생
- 힘들게 배움을 찾고 뜻깊게 살아온 삶 -

이기정
(경복고등학교 부설 방송통신고등학교 제1회. 1974년 입학. 1977년 졸업)

이기정 님은 1947년 충청남도 서천군 판교면에서 4남 4녀 8남매 가운데 셋째 아들로 태어났다. 서천군 판교초등학교와 판교중학교를 졸업했다. 이기정 님의 아버지가 12살 되던 해(1933년) 할아버지가 돌아가시고 할머니가 30대 초반 나이부터 가장이 되었다.

초등학교 교사였던 아버지는 6.25전쟁 후 교직에 바로 복직하지 못하고 면사무소 임시서기로 근무하였는지라 박봉으로 8남매를 교육시키기에는 매우 힘든 상황이었다. 그래서 이기정 님은 초등학교 졸업 뒤 한 해 늦게 중학교에 입학했다. 아버지는 이기정 님이 중학교를 졸업한 지 1년쯤 뒤에야 교사로 복직했다. 집안 형편은 몹시 어려웠고, 이기정 님은 고등학교에 진학하지 못하고 군에 입대했다.

군 제대 후 돈을 벌어 집안을 다시 일으키겠다는 결심으로 1971년 (24살) 봄 아버지를 졸라 돈 3만 환을 받아 가방에 당장 갈아입을 옷 몇 벌만 챙겨 넣고 서울행 열차에 몸을 실었다. 다 쓰러져 가는 오두막 집에 월세방을 얻어 놓고 남대문시장 입구에 있는 국제 TV 라디오학원을 찾아가 TV 수리기사반에 등록하였다. TV가 보급되면 취업에 도움이 될 것 같아서였다. 저녁에는 학원 강의를 듣고, 낮에는 일자리를 구하러 다녔다.

선뜻 받아 주는 일자리는 없었는데, 하루는 종일 헤매다가 저녁에 남산에 올라가 불빛이 찬란한 서울 시내를 바라보면서 저 많은 집과 건물들 중에 자신이 거처할 집 하나가 없다는 생각에 서글퍼 가슴이 미어지는 듯하였다. 그리고 마음속으로 기필코 성공하여 자식만큼은 불행을 겪지 않도록 하겠다고 굳게 다짐하였다.

일일학습지 배송, 가정용품 할부 판매 회사 수금 사원의 일을 하다가 1972년(25살) 생활도자기를 생산하는 동아요업주식회사에 취업하였다.

이기정 님이 판매 실적을 크게 올리자 사장이 영업부 일을 그만두고 총무부 주임으로 근무하도록 했다. 회계 업무도 맡게 하면서 경리학원에 다닐 수 있는 등록금을 부담해 주었다.

이기정 님은 회사의 수출량이 증가하면서 수출 업무를 도와주게 되었다. 영어를 못하면 조직에서 도태될 수밖에 없는 상황에 이르렀다. 텔렉스와 외국어 서신을 해석하고 바이어와의 간단한 전화 통화를 하려면 영어 실력이 우선적으로 해결되어야 할 과제였다. 그래서 출근하기 전 새벽에 영어학원에 다니고, 저녁 퇴근 후에는 영어 회화를 배우러 다녔다. 1년 넘게 다니다 보니 외국인과 어느 정도 의사소통을 할 수 있게 되었다. 회사에서는 이기정 님의 영어 실력과 성실성을 인정하여 총무부 과장으로 승진시켰다.

입사한 지 3년째 되던 1974년 초 우연히 신문에서 방송통신고등학교 신입생 모집광고를 보았다. 라디오로 강의를 듣고 일요일에 학교에서 출석 수업을 한다는 것이 이기정 님에게는 다시없는 좋은 기회였다. 그리하여 1974년(27살) 3월 경복고등학교 부설 방송통신고등학교에 입학하게 되었다.

3년 뒤에는 고등학교 졸업장을 받게 된다는 것이 큰 희망이며 기쁨이었다. 열심히 공부했다.

1년에 한 번씩 실시하는 학교 체육대회와 소풍은 큰 낭만이었다. 학교 수업을 마치고 친구들끼리 감자탕 집에서 우정을 나누는 것도 즐거운 일이었다.

어느덧 졸업을 앞두고 1977년 2월 30여 명의 친구들이 학교 앞 중국 음식점에서 '청우회'를 조직하여 동문회의 기틀을 만들고, 친목과 봉사 활동과 장학금 지급 활동을 지속하였다. 청우회는 2021년 현재까지도 50년 가까이 한 달에 한 번씩 모임을 갖는다.

이기정 님은 1985년(38살)에 직장을 대한도자기타일공업협동조합으로 옮겨 차장, 부장으로 근무하다가 2003년 전무이사로 승진하였다.

1997년 한국방송통신대학교 법학과를 졸업하고, 연세대학교 행정대학원에서 사법행정 전공으로 2000년(53살)에 행정학석사 학위를 받았다. 졸업식에서 우수논문상, 학업우수상, 공로상을 받았다. 이기정 님은 시골에서 맨주먹으로 서울로 와서 고등학교, 대학교, 대학원 석사 과정을 졸업하는 영광을 획득하였던 것이다.

2021년 현재 ISO(TC180) 심의위원, KS인증심사원(L, Q), 고용노동부 한국인력개발원 심의위원, 한국생활환경시험연구원 KS심사위원회 위원, 씨앤에프세라믹 대표, 이천도자예술마을공예협동조합 이사장을 맡고 있다.

이기정 님의 인생 도약은 여기에서 멈추지 않았다. 허만길 문학박사(시인)로터 문학 재능 칭찬과 지도를 받아, 74살(2021년)에 수필가로 등단한 것이다. 이기정 님은 30대 초반에 남편을 여의고 가장으로서 평생을 힘들게 살아온 할머니의 사랑을 무척 많이 받으며 자랐는데, 할머니의 희생정신과 손자에 대한 사랑을 소재로 쓴 수필 '할머니 우라실댁'이 〈월간 신문예〉 2021년 7월호 신인문학상 공모에 당선된 것이다. 작품의 전개 과정이 지속적인 긴장감을 늦추지 않고 있다. 이기정 님은 계속해서 '무역 전쟁', '사라진 푸른 하늘 은하수' 등의 좋은 작품을 발표했다.

이기정 님은 2021년 현재 전국 방송통신고등학교 총동문회 상임이사를 맡고 있다. 허만길 문학박사(전국 방송통신고등학교 총동문회 특별고문. '방송통신고등학교 교가' 작사. 전 경복고등학교 교사·문교부 편수관)가 2017년 4월 제안하고 5월 7일 전국 방송통신고등학교 총동문회가 주최한 전국 방송통신고등학교 50년사 편찬 발기인대회 발기인으로 참여하였다.

2021년 10월 현재 한국신문예문학회 이사, 아태문인협회 운영위원을 맡고 있다.

〈글쓴이〉 문학박사 허만길

■ 자랑스러운 방송통신고등학교 졸업생
- 힘들게 배움을 찾고 뜻깊게 살아온 삶 -

이득우
(경복고등학교 부설 방송통신고등학교 제1회. 1974년 입학. 1977년 졸업)

　이득우 님은 1944년 충청남도 태안군 이원면 관리에서 5남 1녀 가운데 넷째 아들로 태어났다. 어릴 때 재주가 뛰어나 어른들은 그에게 '재동이'라는 별명을 붙였다.
　1957년 이원초등학교를 졸업하면서 충청남도지사 상장을 받았다. 어려운 가정 사정으로 중학교 입학시험에 합격했으나 제때에 중학교에 진학하지 못하고, 서당에 다녔다. 천자문, 동몽선습, 계몽편, 명심보감, 소학 등을 학습하고, 붓글씨 쓰기를 생활화했다.
　집에서 토종닭 달걀을 팔아 가며 모은 돈으로 15살(1959년)부터 태안군 태안읍에서 자취 생활을 하면서 태안중학교를 졸업하였다. 중학교 졸업 후에도 곧이어 고등학교에 진학하지 못했다. 고등학교 진학을 하지 못한 설움을 안고, 태안반도 가로림만에서 안강만 어선으로 고기잡이를 하는 아버지를 도왔다. 시간이 나면 모래사장에 앉아 막대기로 수없이 집념의 글귀 "立志未成不歸關"(뜻을 세워 이루지 못하면 관에 돌아가지 않으리), "學若不成死不還"(배움을 이루지 못하면 죽어서도 돌아오지 않으리)를 썼다. 어머니는 이득우 님이 20살 되던 해(1964년) 별세하였다.
　24살(1968년) 군에서 전역한 뒤 무작정 서울로 갔다. 힘든 생활을 하다가, 평소 국가 안보 분야에 관심을 지닌 까닭으로 29살(1973년)에 채용 절차를 거쳐 국가안전보장회의 사무국 말단직인 행정보조요원으로 임용되었다. 뒤에 별정직 6급 상당, 일반직 주사(6급)로 근무하였다. 그리고 국무총리비상기획위원회 사무처 행정사무관(5급), 총무과장(서기관. 4급)으로 근무하고서 2004년 정년퇴임했다. 이득우 님은 이밖에도 국민안전처 전문인력교육심의위원, 국민안전처 재난인력고시 출제위원, 행정안전부 국가재난정책연구위원, 한반도 DMZ 평화협력단 이사, 기업재해경감협회 이사 등을 역임했다.

공직에 채용되기 전이나 채용된 뒤에도 중학교 졸업 학력밖에 없는 것이 늘 걸림돌이었고, 자신감을 위축시키는 것이 되었다. 같은 사무실에 근무하는 다른 동료들은 학력과 직무 수행 능력에 있어 뛰어났는데, 자신은 그 인재 집단에 적응하지 못할까 봐 모든 것이 조심스러웠고, 밤낮으로 쌓이는 긴장감을 감당할 수가 없었다.

고등학교 졸업장을 받을 기회가 있으면 얼마나 좋을까 소망하고 있을 때, 방송통신고등학교 제도가 생겼음을 알았다. 1974년 방송통신고등학교 설치 첫 해에 경복고등학교 부설 방송통신고등학교에 입학하였다. 늦게나마 30살에 고등학교 학생 신분이 된 것이 너무나 기뻤다.

해마다 교내 체육대회와 소풍에 참가하고, 2학년 때 배낭을 메고 팻말을 들고 허만길 담임선생님을 따라 산을 오르며 수목보호, 산짐승보호, 산불조심 운동을 벌이는 일들이 학생으로서의 긍지를 느끼게 했다. 졸업식에서 졸업생 대표가 답사를 낭독할 때 모두가 감격의 눈물을 흘리던 일을 잊을 수가 없다고 했다. 33살에 고등학교 졸업장을 받은 이득우 님은 공직 생활을 하면서, 43살에 한국방송통신대학교 행정학과를 졸업하고, 55살에 연세대학교 행정대학원에서 행정학 석사 학위를 받았다.

이득우 님은 새서울시민봉사회 회장, 한국무궁화선양회 지도위원을 지내면서 무궁화 보급 운동에 앞장섰다. 1983년 봄 정부과천청사(정부제2종합청사) 입주에 맞추어 총무처에 무궁화 500그루를 보내어 무궁화동산을 조성하는 기틀을 이루었다. 무궁화 500그루의 가격은 이득우 님의 한 달 보수액에 해당했다. 그곳은 48년이 지난 2021년 현재 무궁화동산 대단지로 발전했다. 2000년 봄에는 충청남도 관내 산림자원연구원에 무궁화 15,000그루를 보내고, 고향 마을의 무궁화 가꾸기에도 앞장섰다.

이득우 님은 2011년 창립된 사회봉사단체 한국시니어비전협회 회장을 6년 동안(2012~2017년) 역임하면서 생명 존중, 치매 관리, 고궁과 유원지 정화, 농어촌 일손 돕기 등의 봉사활동을 하였다.

1970년대 초에 대한글씨검정교육회에서 시행하는 붓글씨와 펜글씨 1급 자격증을 받았으며, 1980년대에 정부과천청사 제2동 1층 현관 좌우측에 이득우 님의 휘호 '총력안보'와 '국태민안'이 게시되었다. 1984년 교황 요한바오로 2세 한국 방문 때에는 성 프란치스코의 '평화를 구하는 기도'를 붓글씨로 4편 써서 교황의 친필 서명을 받았는데, 그 가운데 1편은 바티칸박물관에 소장되었다고 한다. 어릴 때부터 달리기를 좋아한 이득우 님은 2000년부터 20여 년간 동아마라톤 등 56회의 마라톤 풀코스를 뛰었다.

1977년 2월 경복고등학교 부설 방송통신고등학교 졸업을 앞두고 '청우회'를 조직하여 동창회의 기틀을 만들고, 제9대(1987년), 제10대(1988년) 총동창회장을 역임했다. 1978년 방송통신고등학교 서울지역 8개 고등학교 졸업생들로 구성된 방송통신고등학교 서울지구동문회 결성에 기여하였다. 후배들의 장학금 마련에 노력하고, 전국 방송통신고등학교 웅변대회 운영과 '방송통신고등학교 교가'(처음 이름 '방송통신고교생') 보급에 힘썼다.

2021년 현재 전국 방송통신고등학교 총동문회 상임이사를 맡고 있다. 허만길 문학박사(전국 방송통신고등학교 총동문회 특별고문. '방송통신고등학교 교가' 작사. 전 경복고등학교 교사·문교부 편수관)가 2017년 4월 제안하고 5월 7일 전국 방송통신고등학교 총동문회가 주최한 전국 방송통신고등학교 50년사 편찬 발기인대회 발기인으로 참여하였다.

녹조근정훈장(1995년). 대통령 표창(2004년), 국무총리표창(1987년), 모범공무원상(1980년), 유엔 NGO 세계평화상(1977년) 등을 수상하였다.

〈글쓴이〉 문학박사 허만길

■ 자랑스러운 방송통신고등학교 졸업생
- 힘들게 배움을 찾고 뜻깊게 살아온 삶 -

강희석
(경복고등학교 부설 방송통신고등학교 제4회. 1976년 입학. 1980년 졸업)

강희석 님은 1950년 충청남도 청양군 정산면 마치리에서 4남 4녀의 막내아들로 태어났다. 4살 때 아버지를 여의었고, 정산중학교 2학년(16살) 때 어머니마저 여의었다. 중학교를 졸업하자마자 직업 전선에 뛰어들었다.

군 입대 3년간 통신병과 하사로 복무하다가 전역 후 1974년(24살) (주)한창전기에 취업하여 검사실에서 근무하였다. 검사실 근무자 가운데 강희석 님만이 중학교 졸업 학력이었고, 다른 사원들은 고등학교 졸업 이상 학력이었다.

중학교 졸업 학력자는 고등학교 졸업 학력자에 비해 급여에서 많은 차이가 있음을 알았다. 또 실장으로 승진하려면 대학을 졸업하여야만 훨씬 유리하다는 것도 알았다.

강희석 님은 고등학교 학력에 대한 욕구가 떠나지 않던 어느 날 방송통신고등학교에 관한 정보를 접하게 되었다. 서울 마포구 전차 종점에 살고 있었는지라, 집에서 멀지 않은 경복고등학교 부설 방송통신고등학교에 1976년 3월(26살) 입학하였다. 1974년 방송통신고등학교가 설치된 지 3년째 되던 해였다.

방송통신고등학교는 매일 30분간씩 라디오 방송 강의를 청취하고, 한 달에 두 번씩 일요일에 학교 출석 수업을 받는 것이 주요 교육 형식이었다.

강희석 님은 방송통신고등학교에 합격하자마자, 방송 강의를 듣기 위해 트랜지스터 라디오를 구입했다. 직장에서는 주야 12시간씩 맞교대 근무를 하였는데, 퇴근 후에는 KBS 제2방송(600kHz)에 다이얼을 맞추었다. 방송 강의를 하루 2과목씩 들었다. 피곤한 하루하루 일과였지만 희망과 용기로 피곤함을 이겨 냈다.

출석 수업이 있는 날 학교 정문을 들어설 때는 고등학생으로서의 긍지를 느꼈다. 다양한 직업과 연령층인 학우들을 만나는 기쁨도 컸고, 점심 도시락을 함께 나눠 먹는 것도 즐거웠다. 서오릉으로 소풍 가서 장기자랑을 하고 보물찾기 하던 일은 가슴 설레는 추억으로 간직되고 있다.

휴일인데도 선생님들이 출근하여 열정을 다해 지도해 주었는데, 그동안 궁금했던 내용을 질문하면 소상하게 가르쳐 주었다. 선생님들에게 감사드리면서 사회에서 꼭 필요한 일원이 되겠다고 다짐했다.

강희석 님은 직장 일과 방송통신고등학교 학업에만 성실한 것이 아니었다. 평소 기술 계통에 흥미와 관심이 많았는지라, 방송통신고등학교에 입학함과 동시에 서울 종로에 있는 중앙 TV 학원에서 6개월간 공부하여, 1976년 9월 7일 음향영상기기 기능사보 국가자격증을 취득하였다.

방송통신고등학교 2학년 때 결혼을 하였다. 제주도로 신혼여행을 가면서 교과서와 조그만 라디오를 챙겨 별도 가방에 넣어 가지고 갔다. 신혼방에서 늦은 시간에 방송 강의를 들었다.

직장 업무상 이공계 대학을 꼭 가야 하였기에 3학년이 되어서는 진학 준비에 열중하였다. 대학입시 체력장시험도 보고, 대학입학 예비고사도 치렀다. 1980년 3월 숭실대학교 전자공학과 합격 통지서를 받고서 아내와 함께 기쁨을 나누던 일은 평생 잊을 수 없는 추억이 되었다.

대학교를 졸업하면서 공학사 학위와 중등학교 준교사자격증을 받고 나니, 직장에서도 관리자로 승진할 수 있었다.

강희석 님은 1999년 9월 창립된 전국 방송통신고등학교 총동문회 제2대 부회장(2000년)을 역임하고, 그 이후 2021년 현재까지 총동문회 고문을 맡고 있으면서 총동문회 발전에 중추적 역할을 해 왔다.

한국교육개발원에서 개최하는 학예경연대회를 비롯한 전국 방송통신고등학교 각종 행사, 전국 방송통신고등학교 학생연합회 각종 행사, 각 학교 입학식 및 졸업식 등에 참석하여 후배들을 격려해 왔다. 경복고등학교 부설 방송통신고등학교 총동창회 제19대(2004~2005년) 회장을 맡았다.

한국교육개발원 발행 〈방송통신고등학교 40년사〉(1974-2014) 편찬 자문위원으로 참여하였다. 허만길 문학박사(전국 방송통신고등학교 총동문회 특별고문. 방송통신고등학교 교가 작사. 전 경복고등학교 교사·문교부 편수관)가 2017년 4월 제안하고, 5월 7일 전국 방송통신고등학교 총동문회가 주최한 전국 방송통신고등학교 50년사 편찬 발기인대회 준비위원(간사)을 맡았으며, 발기인대회에서 〈전국 방송통신고등학교 50년사〉(1974~2024년) 편찬위원회위원장으로 선출되었다.

1974년 8월~1985년 2월: 한창전기공업주식회사 근무(검사실 실장. 개발과 계장)

1985년 3월~1995년 6월: 상농기업주식회사 근무(개발과 과장, 양산공장 생산기술부장), 전기용품기술전문위원(공업진흥청), 국제표준화기구(ISO) & 국제전기기술위원회(IEC) 국내기술전문소위원회 위원(공업진흥청)

1995년 9월~2013년 12월:	오디오플러스주식회사 근무(공장장. 기술이사. Audio & video cable 연구소장)
2013년 12월:	정년퇴임
2015년 3월~2018년 11월:	경기도 안양시 동안구청 건축과 기간제 근로자
2019년 7월~:	경기도 안양시 만안구청 교통녹지과 지방임기제공무원

  강희석 님은 한창전기공업주식회사 대표이사 표창(1975년. 1980년. 1982년), 한국수출산업공단이사장 표창(1976년), 한국전자공업협동조합이사장 표창(1983년), 벽산그룹회장 표창(1983년), 경기도지사 표창(독립유공자 후손 모범국가보훈대상. 2018년), 안양시장 표창(2020년)을 수상했다.

〈글쓴이〉 문학박사 허만길

■ 자랑스러운 방송통신고등학교 졸업생
- 힘들게 배움을 찾고 뜻깊게 살아온 삶 -

김상훈
(경복고등학교 부설 방송통신고등학교 제6회. 1979년 입학. 1982년 졸업)

김상훈 님은 1949년 전라북도 완주군 삼례읍 수계리에서 8남매 중 장남으로 태어났다. 삼례중학교를 졸업했다.

어린 시절 한의사였던 고조부 덕분에 남부럽지 않게 살았으나, 초등학교 3학년 때부터 가세가 기울어져 형편이 어려웠다. 열 식구가 좁은 단칸방에서 지내게 되어, 공부에 집중할 수가 없었다. 초등학교 때부터 셈은 곧잘 했으나, 책을 멀리하게 되니 국어 실력이 모자라게 되었다. 하지만 그런 부족함을 느끼면서 잘할 수 있어야 한다는 마음은 컸다.

졸업 후 수의사였던 할아버지의 사촌 동생인 읍장어른 집에서 1년 정도 보조역을 하다가 17살에 서울로 갔다. 광희동 을지전화국 뒤에서 운동복 제조업을 하던 왕고모부(할아버지의 여동생 남편)한테서 운동복 만드는 것을 배우기 시작했다. 일을 시작한 지 6개월 만에 잠바, 바지 등을 직접 만들 수 있을 정도로 솜씨가 뛰어났다. 7년 동안 열심히 일한 결과 최고 기술자라는 평을 들었다.

을지로5가 동사무소에서 방위병 근무를 마친 뒤 마땅한 직장을 구하지 못해 광희동 셋방에서 심한 생활고를 겪었다. 그리고 24살에 결혼을 했다. 결혼 전에 부인이 다니던 직장이 운동복(추리닝) 공장이었는데, 우연히 운동복 제조 원가를 계산해 보니 공장에 다니면서 월급을 받는 것보다 수입이 훨씬 많다는 것을 알았다. 당시 월급이 15,000원이었지만, 운동복 공장을 운영하면 하루 만에 15,000원을 벌 수 있음을 알았다. 그래서 운동복 공장을 운영하기로 결심했다.

25살에 동대문 근처 2층 단독주택을 전세로 빌려 살림집 겸 운동복 공장으로 활용했다. 열심히 저축하여 1년 뒤 이 단독주택을 자신의 소유로 구입했다. 고품질의 원단으로 최선을 다해 운동복을 제작했다. 밤새워 일하면서 납품 기일을 철저히 지키는 신용을 확보했다. 다른 업체와의 경쟁에서 결코 밀리지 않았다.

한편 고등학교 진학에 대한 미련을 버리지 못하고 있을 때, 함께 일하던 친구가 방송통신고등학교에 진학한 것을 알게 되었다. 그래서 늦은 나이이지만, 27살(1979년)에 서울 경복고등학교 부설 방송통신고등학교에 입학하여 30살(1982년)에 방송통신고등학교를 졸업하였다.

이어서 42살(1991년)에는 고려대학교 경영대학원에 진학하여 1992년에 수료하고, 45살(1994년) 동국대학교 행정대학원에 진학하여 1996년에 수료했다. 지도력이 뛰어나 경복고등학교 부설 방송통신고등학교 재학 중에는 학생회 회장을 맡고, 고려대학교 경영대학원 재학 중에는 경영대학원우회 회장을 맡고, 동국대학교 행정대학원 재학 중에는 행정대학원학생회 회장(제55기)을 맡았다.

주변에서 지도력을 크게 인정받은 김상훈 님은 1997년(48살) 즈음에 김대중 대통령의 아들 김홍일 님의 소개로 정치에 인연이 닿았으며, 김대중 대통령 선거 운동에 중요 역할을 한 새시대새정치연합청년회 중앙회부회장을 맡았다. 그때 회장은 정세균 님이었는데, 뒤에 국무총리를 지냈다. 김상훈 님은 국회의원 후보 공천 과정에서 뜻을 이루지 못해 더 이상 정치에는 관심을 두지 않았다.

김상훈 님은 경제적으로 여유가 있게 되자, 고향에 계시는 어머니를 위하여 집을 지어 드리고 농토도 마련해 드렸다. 고향 사람들이 가세를 다시 일으켰다며 칭찬을 했다.

42살에는 서울 신당동 뉴존상가 뒤편에 115평쯤 되는 단독주택을 구입하여 5층 건물을 신축하여 '동훈빌딩'이라 하였다. 58살(2007년)경에는 서울 광희동에 땅 176평에 10층 높이의 건물을 지어, 이것도 '동훈빌딩'이라 하였다. 2021년 현재 2개의 '동훈빌딩' 건물주로서 임대사업을 하고 있다. 이렇게 김상훈 님은 사업 능력 또한 뛰어났다.

김상훈 님은 방송통신고등학교 제도가 있어 고등학교에 진학할 수 있었고, 대학원 수학도 가능했던 것이 고마워, 방송통신고등학교 후배와 동문회에 각별한 애정을 기울였다. 1978년 창립된 방송통신고등학교 서울지구동문회 제8대 회장(1983년)과 제12대 회장(1987년)을 역임했다. 동문들은 회비 납입, 작품 전시회, 일일 찻집 운영 등으로 후배들의 장학금을 마련했으며, 김상훈 님은 방송통신고등학교 서울지구동문회 주최 전국 방송통신고등학교 웅변대회 개최에 크게 기여하였다.

제8대 회장 임기 중에는 삼각지(한강로1가)에 있던 좁은 공간의 방송통신고등학교 서울지구동문회 사무실을 보다 넓은 공간인 을지로6가 금융빌딩 507호로 옮겼다. 제12대 회장 임기 중에는 동문회 사무실을 종암동으로 옮겼다. 이런 과정에서 동문회 운영 경비를 상당히 많이 찬조했다.

제12대 회장 임기 중 1987년 제10회 전국 방송통신고등학교 웅변대회 때(1987년 6월 28일)에는 자신의 집(구의동)에 지도위원 겸 심사위원장 허만길 문교부 국어과 편수관과 많은 웅변대회 집행 요원들이 참석한 가운데 전국에서 모인 연사 16명을 위한 환영회를 개최했다. 지방에서 온 연사들은 자신의 집에서 숙박하게 했다.

경복고등학교 부설 방송통신고등학교 총동창회 제8대(1986년) 회장을 역임했으며, 2021년 현재 전국 방송통신고등학교 총동문회 상임이사를 맡고 있다.

허만길 문학박사(전국 방송통신고등학교 총동문회 특별고문. 방송통신고등학교 교가 작사. 전 경복고등학교 교사·문교부 편수관)가 2017년 4월 제안하고, 5월 7일 전국 방송통신고등학교 총동문회가 주최한 전국 방송통신고등학교 50년사 편찬 발기인대회 발기인으로 참여하였다.

　김상훈 님은 삶의 철학으로서 남에게 피해를 주지 않아야 함과 절약을 내세우고 있다.

〈글쓴이〉 **문학박사 허만길**

■ 자랑스러운 방송통신고등학교 졸업생
- 힘들게 배움을 찾고 뜻깊게 살아온 삶 -

윤완상
(경복고등학교 부설 방송통신고등학교 제6회. 1979년 입학. 1982년 졸업)

윤완상 님은 1946년 충청남도 태안군 소원면 시목리에서 농부의 외아들로 태어났다. 시목초등학교와 태안중학교를 졸업했다.

6.25전쟁 중 5살에 아버지를 잃고 홀어머니 밑에서 외롭고 힘들게 성장했다. 1966년 서울 경동고등학교에 높은 경쟁률을 뚫고 입학하였으나 가정 형편상 중퇴하였다. 1968년 군에 지원 입대하여 11년간 직업군인으로 근무하다가 1978년 육군 중사로 예편하였다.

군 시절 장교 모집 지원 자격에 그렇게도 필요했던 고등학교 졸업장을 생각하며, 1979년 3월 경복고등학교 부설 방송통신고등학교에 입학하고, 36살 1982년 2월에 졸업했다.

윤완상 님은 방송통신고등학교 3학년이 되어 1981년 4월 5일 친목 모임으로서 재학생 10명으로 구성된 경복고등학교 부설 방송통신고등학교 솔회를 조직하고 초대 회장을 맡았다. 이 모임은 1984년부터 모임의 목적을 문학 활동에 중점을 두었다.

솔회 회칙을 보면, 이 모임의 목적은 불우한 역경 속에서 만학을 하는 학교생활의 미비점을 문학 활동을 통하여 보충하고, 회원 간에 유대 강화를 지속하고 진실, 성실, 봉사로 상부상조하는 데 있다고 했다.

회원의 자격은 경복고등학교 부설 방송통신고등학교 재학생 및 졸업생으로 하되, 다른 학교 재학생이나 졸업생도 특별회원이 될 수 있다고 했다. 이 모임은 회보 발행, 백일장 개최, 학습 세미나 개최, 장학기금 운영, 송년 문학의 밤 개최 등의 사업을 해 왔다.

　문학 활동 중심의 솔회는 1981년 창립 때부터 2021년 현재까지 40년 간의 역사를 지니고 있다. 모임의 창립 주역이며 40년 간 모임의 역사를 이끌어 온 윤완상 님은 저서 〈윤완상과 솔회 40년사〉(1981. 4. 5.~2021. 4. 5.)의 발간사에서 의미 깊은 말들을 보이고 있다.

　윤완상 님은 솔회가 전국의 방송통신고등학교 중에서 최고의 역사와 전통을 자랑하는 문학동아리가 되도록 힘써 왔으며, 솔회를 존속 유지하는 데 온 힘을 바쳤다고 했다. 윤완상 님은 어려운 환경을 가진 사람을 보면 모두 가족같이 생각 들고, 그들을 위하여 무엇인가 도움을 주고자 했던 것이 진실된 마음이라고 했다. 솔회는 그의 가정이요, 솔회 회원은 그의 가족이라고도 했다.

　윤완상 님의 확고한 신념과 희생적인 가치관은 그것만으로도 매우 값진 것이 아닐 수 없다. 솔회 역사 40돌이 되는 2021년은 윤완상 님의 나이가 75살이 되는데, 솔회 출신 가족의 수는 매우 많으며, 솔회 출신자로서 문단에 신인, 수필가로 등단한 인원도 많다.

　윤완상 님의 솔회에 관한 깊은 애정의 가치관은 '솔'의 명칭을 정하게 된 까닭에서도 짐작할 수 있다. '솔'이라는 한 음절로 한 것은 하나로 뭉치자는 것이며, 솔은 푸른 사철나무로서 첫 뜻이 변하지 않아야 한다는 것이며, 솔은 집 지을 때 주요 재목이 되므로 사회에 많이 쓰이는 사람이 되자는 것이며, 솔은 세계적으로 널리 분포되어 있으므로 번영하자는 것임을 비롯해 여러 가지 까닭을 내세우고 있다.

　윤완상 님은 솔회 운영의 재정난을 해소하고자 2000년 2월에는 자신의 사비 2천6백여 만 원을 출연하여 솔회주식장학재단이사회를 설립하였으며, 이사장을 맡았다. 솔회 운영의 장학금 및 후원금으로 지출할 수 있는 바탕을 만들었던 것이다.

참고로 2006년 1월 25일 발행한 〈솔회보〉 114호를 살펴보기로 한다. 사륙 배판(188*257mm) 본문 56쪽이다. 행사 화보, 시, 수필 등이 중심을 이루고 있다. 시로서 최명순 님의 '안부', 신상혁 님의 '꽃차 향기', 이남순 님의 '아침', 송윤자 님의 '노을이 지나간 자리', 김정자 님의 '가을', 최병욱 님의 '독도', 윤주민 님의 '후회', 박옥례 님의 '상처' 등 많은 작품이 좋은 서정적 감각을 보이고 있다. 수필로서 이경희 님의 '졸업을 앞두고', 정정희 님의 '동그란 감을 닮은 시험지', 이영실 님의 '한나절의 행복' 등이 있다.

윤완상 님은 방송통신고등학교 재학 시절부터 방송통신고등학교 학생들을 이해하고 학생들이 긍지를 갖도록 하는 데 모범을 보였다.

윤완상 님은 1982년 2월 발행된 경복고등학교 부설 방송통신고등학교 교지 〈양지〉 창간호에 실은 '통고인의 긍지를 갖자'는 글에서 "방통고 학생들의 생리를 3년간 생활을 하면서 보니, 자질은 우수하나 가정환경이 좋지 않아서 발전하지 못한 경우인 사람이 대부분", "꿈과 이상은 높은데 이를 실천하는 데 원동력이 되는 재정적 뒷받침이 없다는 것", "우리 6회는 입학 인원 420명이었으나, 졸업 인원은 180명 정도이니, 많은 인원이 도중 탈락한 점은 한없이 가슴 아픈 일", "명예로운 졸업이니만큼 긍지를 갖고 사회에 힘차게 나갑시다." 등의 말을 했다.

윤완상 님은 솔회 제1대 회장(1981년)을 맡고, 솔회 졸업생으로 구성된 솔회동문회 제2대 회장(1983년), 제11대 회장(1992년), 제12대 회장(1993년), 경복고등학교 부설 방송통신고등학교 총동창회 제6대 회장(1984년)을 역임했다.

윤완상 님은 어려운 환경에서도 스스로 자기 발전에 게을리하지 않았다. 중앙대학교 사회개발대학원을 수료하고, 가톨릭대학교 종교학과와 국사학과를 졸업했다.

윤완상 님은 서울특별시시설관리공단 재직 중 1993년 서울특별시시설관리공단 노동조합 제5대 위원장으로 선출되어 3년간 맡은 일을 수행했다. 서울특별시시설관리공단 재직 중 서울특별시장 표창(1988년, 1993년, 2005년), 노동부장관 표창(1995년), 서울특별시시설관리공단이사장 표창(2002년)을 수상했다.

〈글쓴이〉 **문학박사 허만길**

■ 자랑스러운 방송통신고등학교 졸업생
- 힘들게 배움을 찾고 뜻깊게 살아온 삶 -

김 순(예명 수니킴)

(경복고등학교 부설 방송통신고등학교 제35회. 2008년 입학. 2011년 졸업)

　　김 순(예명 수니킴) 님은 1967년 전라남도 순천에서 태어나고, 순천에서 초등학교와 중학교를 졸업했다. 아버지가 중학교 1학년 때 돌아가시고, 어머니 혼자서 6남매를 키워야 했다. 그래서 형제들은 일찌감치 살 길을 찾아 전국으로 뿔뿔이 흩어졌다.

　　김 순 님은 16살에 고향을 떠나 무작정 서울로 갔다. 먹고살기 위해 닥치는 대로 일을 하다가 나이 20대에 이르러 결혼을 했다. 늘 혼자 지내던 김 순 님은 가정이 생겨서 너무나 기쁘고 행복했다. 그러나 가진 것이 너무 없었기에 아내와 둘이 조그만 중국 음식점을 시작했다.

　　어린 두 아이의 저녁밥을 가지고 집에 돌아오면, 아이들은 울다 지쳐 잠이 들어 있었다. 일을 하느라 아이들에게 어린이날도 챙겨 주지 못했으며, 명절 때조차 아이들과 함께할 수가 없었다.

　　이렇게 살아온 환경으로 말미암아 늘 학업에 목말랐으며, 책 읽기와 글쓰기의 기회를 많이 가질 수 있으면 얼마나 좋을까 하는 생각을 했다. 지하철역에서 지하철을 기다리는 동안에는 승강장에 게시된 시들을 열심히 읽었는데, 그때마다 시인들은 어찌 저리 짧은 글 속에 깊은 감동과 아름다움을 담아 낼 수 있을까 하며 시인들을 부러워하기도 했다.

　　김 순 님은 그렇게 살면서, 아무리 먹고사는 데 힘이 들어도 아이들에게 창피한 아버지가 되지 말자는 생각이 들었다. 그래서 41살 2008년 3월 늦은 나이에 경복고등학교 부설 방송통신고등학교에 입학하여고등학교 학생이 되었다. 김 순 님이 고등학교에 다닐 때 아들도 고등학교 학생이었다.

김 순 님은 딸과 같은 해에 대학수학능력시험을 치르고서, 방송통신고등학교를 졸업하자마자 2011년 대학 문화관광학과에 진학하였다. 그때 시골에 계시던 어머니가 자식들이 준 용돈을 모은 200만 원을 주었다. 어머니는 공부를 못 시켜서 미안하다며 대학 등록금에 보태라고 했다. 김 순 님은 어머니의 그 마음을 생각할 때마다 눈물이 난다고 했다.

중국 음식점을 25년간 운영한 김 순 님은 2017년 가수 활동을 시작하였다. 작사, 작곡을 직접 하면서 싱어송라이터로 활동하였다. 1집 앨범 '달리자, 청춘은 지금부터', 그리고 2집 앨범 '내 뱃살' 등으로 왕성한 가수 활동을 했다.

나아가 KBS1 TV 아침마당 '도전! 꿈의 무대'(2018년) 프로그램에 가수 임영웅 님과 함께 출연하여 2위를 하며 전국에 얼굴을 알렸다. 그 후로도 특집 2편(2019년)에 섭외되어 가수 주현미 님, 배일호 님 등 유명 가수로부터 응원과 찬사를 받았다. KBS2 TV '노래가 좋아'(2020년) 프로그램에 '남편의 끝없는 도전' 팀으로 출연하며 다시 한번 전국에 얼굴을 알리면서 팬들의 사랑을 받았다.

계속해서 아이넷 TV(완주곶감축제. 2019년), 노들가요제(2018년), 동작구 가을낭만 음악회(2019년), 용인 법화산축제(2019년), 송해 열린음악회(2020년), 수원 화서시장 행사(2020년), 장호원 전통시장 한마음축제(2020년) 등에 초청가수로 출연했으며, 여러 라디오 방송 및 유튜브 방송에 출연하였다.

김 순 님은 허만길 문학박사(시인)로터 문학 재능 칭찬과 지도를 받아, 2021년 1월 〈월간 신문예〉 신인문학상 공모에 당선되어 시인으로 등단하였다.

　김 순 님의 시의 바탕에는 자연과 사물을 예사로 보지 않고 그것을 깊게 통찰하면서 인생의 길을 사색하는 특성을 지니고 있다. 이것은 바로 김 순 님이 우여곡절의 삶을 살면서 인생에 대해 많은 생각을 했다는 뜻으로 해석된다.

　또 김 순 님은 시의 주제를 풀어 나가는 기법이 독창적이어서, 앞날이 크게 기대된다. 시인으로서 김 순 님은 인생의 깊은 의미가 담긴 시들을 많이 써서 사람들에게 희망과 감동을 주고 싶다고 했다.

"오르고 올라 나를 던져
실 하나 뽑아 내고
오르고 또 올라 나를 던져
실 하나 늘어뜨려
그물 집을 짓는구나."

"내 몸 던져 무엇을 이루어 내려는
용기와 투지
마음만 먹으면
거미에게서도 배울 수 있다."

- 김 순 시 '거미집'에서

　2021년 8월에는 서울 지하철역 승강장 게시 시 공모에서 김 순 님의 시 '웃는 아침'이 선정되어, 시민들에게 밝은 감동을 줄 수 있게 되었다. 지난날 어렵던 시절 지하철역에서 지하철을 기다리는 동안 승강장에 게시된 시들을 읽으며 시인들을 부러워하던 그 마음을 성취할 수 있게 된 것이다.

김 순 님은 서울특별시장 표창(2016년), 새마을운동중앙회 회장 표창(2005년), 서울특별시 동작구청장 표창(2003년, 2019년) 등을 수상했다.

〈글쓴이〉 **문학박사 허만길**

■ 자랑스러운 방송통신고등학교 졸업생
- 힘들게 배움을 찾고 뜻깊게 살아온 삶 -

안예진
(원주고등학교 부설 방송통신고등학교 제27회. 2002년 입학. 2005년 졸업)

안예진 님의 처음 이름은 안정심이다. 시인 겸 소설가 안예진 님은 1970년 경상북도 상주에서 2남 6녀 8남매 가운데 일곱째로 태어났다. 딸로서는 막내이다. 아버지는 6.25참전유공자(국가유공자)이며, 주로 어머니가 생계를 담당하였다. 안예진 님은 어머니가 85살(2021년)에 돌아가실 때까지 잘 보살펴 드린 효녀이다.

구미에서 상모초등학교 1학년을 마치고, 대구동신초등학교를 졸업하였다. 생활이 어려워 대구 경명여자중학교 2학년을 수료하고 중퇴하였다. 몇 달 뒤 대구의 동국무역방직회사에서 기숙사 생활을 하면서, 하루 3교대로 실을 염색하는 일을 했다.

18살부터 충청북도 청주에서 봉제회사에 근무하다가 결혼을 하고, 1999년(29살) 강원도 원주로 이사하여 2021년 현재 거기서 살고 있다.

두 아이를 기르며 생계와 관련되는 여러 일을 하면서도 배움에 대한 열의를 놓지 않다가, 1997년(27살) 중학교졸업학력검정고시(고등학교 입학자격검정고시)에 합격했다.

어느 날 아침 까치 소리와 함께 담장 너머로 날아든 알림종이 한 장을 보았다. 바로 방송통신고등학교 입학 안내 인쇄물이었다. 라디오 방송 수업과 일요일 학교 수업으로 진행되는 고등학교 교육 제도임을 알고 무척 기뻤다. 그리하여 32살(2002년)에 원주고등학교 부설 방송통신고등학교에 입학하였다. 평일에는 길거리 옷장사(노점상)를 하고, 일요일 학교 출석 수업 날에는 어린 아이들을 데리고서 등교했다. 35살 (2005년 2월)에 고등학교 졸업장을 받았다.

고등학교를 졸업한 뒤에는 붕어빵 새댁으로 불리며 낮에는 길거리에서 붕어빵 장사를 하고, 저녁이면 공인중개사자격증 시험에 응시하기 위해 학원 공부를 하여, 마침내 37살(2007년)에 공인중개사자격증을 취득하였다. 다음 해부터 10여 년간 공인중개사무소(부동산 중개업)를 운영하였다. 2008년 3월 한국방송통신대학교 교육학과에 입학하여, 이듬해 2009년 8월 제2학년 1학기 말까지 수학하였다.

허만길 문학박사(시인)로부터 문학 재능 칭찬과 지도를 받아, 47살에 〈월간 순수문학〉 2017년 12월호 신인문학상 공모에 시가 당선되어, 시인으로 등단하였다.

2018년 5월 첫 시집 〈첫사랑 당신〉을 출판하였는데, 안예진 시인의 시에는 '역경 극복과 향학열과 꿈 추구의 고귀한 가치 미학', '지극하고 애틋한 모성애', '어머니를 향한 애절한 효심', '고귀한 사랑 찬미'가 잘 드러나 있다.

안예진 시인은 시집 〈첫사랑 당신〉으로 2018년 6월 월간 순수문학사가 제정한 '영랑문학상'을 수상했다. 〈주간 한국문학신문〉(2018년 6월 20일)은 "길거리 옷장수, 붕어빵 장수 지낸 천부적 시 재능 안예진 시인, 시집 '첫사랑 당신'으로 영랑문학상 수상"이라는 큰 제목으로 감동적인 내용의 기사를 실었다. 안예진 시인은 먹고살기 위해 일하기에 바쁘고, 살기 위해 숨 쉬는 시간들이었는데, 시인으로 등단하면서 비로소 정신적으로 의미 있게 살아 있음을 느낄 수 있다고 했다.

안예진 시인의 시 '치악산 그리움'은 이종록 전북대학교 음악학과 명예교수(한국작곡가회 상임고문) 작곡, 테너 박진형(서울대학교 성악과·이탈리아 밀라노 베르디 국립음악원 졸업) 성악가 노래로 〈작곡가 이종록 가곡 제37집〉(Composer Lee Jong-rok Songs Vol.37. 제작 C&C. 2019년) 음반에 수록되고, 한국문학방송에서 동영상으로 제작하여 인터넷 유튜브(YouTube)에 올렸다. 시 '치악산 그리움'은 국제PEN한국본부 번역위원회 위원 김인영 문학박사의 영어 번역으로 국제계관시인연합한국본부(United Poets Laureate International Korea Center) 편찬 〈Poetry Korea〉 제9호(2020년)에 'Longing for Love in Chiak Mountain'이라는 제목으로 수록되어 해외에 소개되었다. 안예진 시인의 시 '첫사랑 당신'('The First Love, You')은 김인영 문학박사의 영어 번역으로 〈Poetry Korea〉 제7호(2018년)에, 시 '목련꽃 함께 온 당신'('You Are Coming with Magnolia')은 김인영 문학박사의 영어 번역으로 〈Poetry Korea〉 제8호(2019년)에 수록되어 해외에 소개되었다.

안예진 님은 시인으로 등단한 데 이어 49살에 〈월간 신문예〉 2019년 3월호 신인문학상 공모에 단편소설 '행복한 선물'이 당선되어 소설가로도 등단했다.

문화방송(MBC) TV는 '강원365' 프로그램을 통해 2019년 4월 17일 오후 5시 45분부터 10분간 시인·소설가 안예진 님을 집중 조명 보도하였는데, 안예진 님의 작품은 역경에서 피어난 시와 소설이라고 했다. 공인중개사로서 부동산 경기 침체 속에 부지런히 홍보하는 모습, 시 낭송 전문가로서 시극 출연, 독거노인에게 전화 봉사하기와 라면 전달하며 이야기 꽃피우기, 어려운 환경의 사람 찾아다니며 목욕 돕기, 빨래하기, 도시락 전하기, 식사 돕기, 청소하기 등의 봉사활동도 소개하였다.

안예진 님은 2018년 한국전통문화예술진흥협회 주최 대한민국 전통미술대전 섬유채색 부문에서 특선을 수상했다. 2019년 운곡학회가 주최하는 전국 운곡시조백일장에 참가하여 입상하였다. 원주에서 개최되는 여러 문학 행사에서 시 낭송을 비롯해 유익한 문학 활동을 하여 시민들에게 감동을 주었다.

안예진 님은 공인중개사자격증 외에도 문화복지사자격증, 스트레스코치자격증, 펀 리더십 지도사자격증, 레크리에이션 지도자자격증, 실버운동 지도자자격증, 힐링웃음 지도자격증을 취득하여 활용하고 있다.

원주사랑봉사방 회장으로서 장애인 요양원 '천사들의 집'에서 정기적인 봉사 활동(2015년 감사패 받음)을 하고, 원주소담봉사회 창립 회원 및 총무로서 원주노인복지관에서 점심식사 봉사활동을 하고, 원주노인복지관 주관 희망콜 회원으로서 독거노인들을 위한 안부 전화와 상담 봉사활동을 하고, 법무부 소속 청소년보호연맹 위원으로서 춘천소년원(신촌정보통신고등학교)을 방문하여 소년원생들에게 선도활동을 하고, 원주사랑마루요양원 미용봉사활동을 하는 등 많은 봉사활동을 하였다. 이런 꾸준한 봉사활동의 공적으로 2019년 8월 원주사회복지대축제에서 한국사회복지협의회 회장 표창을 받았으며, 2019년 12월 강원도지사로부터 '봉사활동 1,000시간 이상 인증서 은장'을 수상했다.

안예진 님은 전국 방송통신고등학교 동문들의 친목과 문화의 교류 모임인 '어울마당' 회장과 인터넷 카페지기를 역임했다. 허만길 문학박사(전국 방송통신고등학교 총동문회 특별고문. '방송통신고등학교 교가' 작사. 전 경복고등학교 교사·문교부 편수관)가 2017년 4월 제안하고 5월 7일 전국 방송통신고등학교 총동문회가 주최한 전국 방송통신고등학교 50년사 편찬 발기인대회 발기인으로 참여하였다.

2018년 3월 한국현대문학 100주년 기념탑과 항일민족시인추모단이 있는 충청남도 보령시 '시와 숲길 공원'에 안예진 시인의 시비 '당신의 사랑'이 건립되었다. 시비의 뒷면에는 허만길 문학박사의 글 '안예진 시인의 문학 재능 기림'이 새겨졌다. 허만길 문학박사는 "안예진 시인의 천부적 문학 재능을 특별히 기린다."고 하고서 "안예진 시인은 시의 내용에서 아름다운 마음이 맑게 비치고, 소재를 다루는 감성이 뛰어나고, 형상화하는 기법이 다양하고, 결구법이 매우 재치 있고 함축적이다."라고 했다.

2021년 현재 한국문인협회 회원, 한국소설가협회 회원, 한국순수문학인협회 회원, 한국신문예문학회 회원, 나눔 시 낭송예술원 회원으로서 문단 활동을 활발히 하고 있다. 안예진 님의 역경 극복과 값진 가치 실현의 삶은 많은 사람들에게 큰 감동과 용기를 주고 있다.

〈글쓴이〉 **문학박사 허만길**

부　록

■ 허만길 주요 삶
　　- 교육과 학문과 문학의 길 -

■ 허만길 시 '대한민국 상하이임시정부 자리'
　　- 한국어·일본어·영어 대역 -

■ 〈주간 한국문학신문〉 기사
　- '국어학자 외솔 최현배 박사님과의 만남' 화제

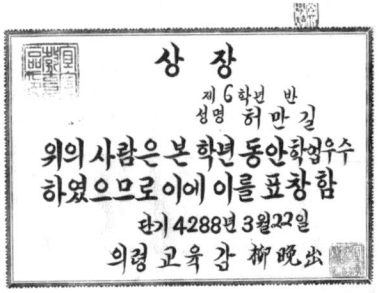

허만길 초등학교 졸업 의령교육감 상장

허만길·최현배(1969. 10. 9.)

최현배·허웅·허만길(1968. 10. 9.)

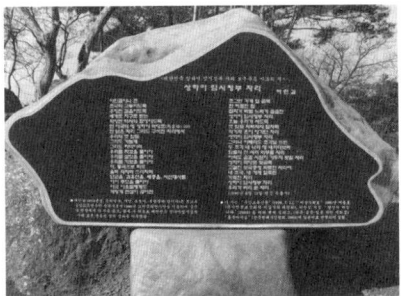

충남 보령시 시와 숲길 공원 허만길 시비

허만길 주요 삶
- 교육과 학문과 문학의 길 -

■ 출생 및 성장

　허만길은 아버지 허찬도(許贊道. 처음 이름 허기룡許己龍. 1909~1968년) 선생이 한국과 일본에서 항일 독립운동을 한 관계로 1943년 3월 일본 교토부(京都府) 구세군(久世郡) 오쿠보무라(大久保村) 오아자(大字) 오쿠보나이(大久保內) 30번지에서 태어나고, 첫돌을 지낸 뒤 1944년 7월부터 대한민국 경남 의령군 칠곡면 도산리 260번지에서 성장하였다.

　허찬도 선생은 10살 때 경남 의령군 칠곡면에서 아버지 허종성(許宗成. 1891~1951년) 선생과 함께 1919년 3.1독립운동에 참가했다가, 허종성 선생은 주재소로 끌려가 경찰서에 구속되고, 허찬도 선생은 경찰에 쫓김을 당하였다. 1936년(27살) 경남 진양군 장재못에 양수기를 설치하여 농민들의 가뭄 걱정을 덜어 주려 했으나, 고의적으로 방해하는 집현면 주재소 구로다(黑田) 부장을 가격하여 진주구치소에서 2개월간 옥고를 치렀다. 1940년(31살) 일본 오사카부의 군수물 공장 아사히철공소(朝日鐵工所)에서 고야마(湖山)로 불리며 일하다가, 아사히철공소 조선인화친회(朝鮮人和親會)를 조직하여 회장직을 맡고서, 공장 가동을 멈추게 하였다. 일본 신문에 보도되고, 한겨울 밤중에 경찰에 체포되어 호송되다가 격투하여 탈출하였다. 1943년(34살) 9월 일본 교토부에서 강제 징병되어, 시가켄 훈련소에서 이질을 앓아 치료받으면서, 군의장(군의관 우두머리)에게 일제의 조선 침략의 부당성을 일깨우고, 군의장의 도움으로 5개월 만에 병역 해제증을 받아 귀가하였다. 나라가 독립될 때까지 일본 거주 조선인들에게 항일 정신을 북돋우었다.

■ **학창 시절**

허만길은 3살부터 서당 허종수(許宗壽) 선생과 할아버지 허종성(許宗成. 1891~1951년) 선생에게서 한문을 배우고, 1955년 3월 의령군 칠곡면 칠곡초등학교를 졸업하면서 학업 성적 우수 의령교육감상을 받았다. 12살 중학교 1학년 여름방학 때에는 유학자인 외할아버지 노준용(盧準容. 족보 이름 노형용 盧馨容) 선생에게서 역학(易學)의 팔괘(八卦)와 택일법(擇日法)을 배우고(뒷날 추명학 및 풍수지리 연구에 큰 도움. 허만길은 대한풍수지리학회 이사 역임), 17살 진주사범학교 재학 중에는 한학자로 이름난 장지형 교장에게서 개별적으로 사서(四書)와 주역(周易)을 배웠다.

허만길은 진주에서 진주중학교(1958년 3월)·진주사범학교(1961년 3월. 초등학교 교원 양성 고등학교)를 졸업했는데, 비봉산 아래서 셋방을 옮겨 가며 살았다. 아버지와 진주봉래초등학교 구내 이발소 일을 하며 생계를 유지했으며, 비가 내리면 밤새도록 하늘이 보이는 구멍 뚫린 양철 지붕을 쳐다보며 물을 받아 내기도 했다.

진주중학교 3학년 때에 학교 도서관이 처음 생기면서 허만길은 초대 도서위원장을 맡아, 많은 독서를 하였다. 중학교 졸업 직전 고등학교 입학 최종 모의고사에서 8학급 약 470명 가운데서 1등을 하여, 졸업식에서는 선생님들의 성금으로 시상하는 영예로운 '학업장려 직원상'을 수상하고, 우등상, 도서위원장으로서의 공로상, 1년 개근상, 3년 개근상을 수상하여 선생님들과 친구들의 극찬을 받았다. 도서관 업무를 담당하는 연구부의 선생님들이 별도로 준 졸업 선물 책에는 "축 졸업. 허만길 군의 성실한 인간성을 이 책자로써 기림"이라는 글이 씌어 있었다. 가족은 물론 온 동네 사람들이 한없이 기뻐했다.

진주사범학교 졸업 성적 최우수자(남자 2명, 여자 1명)로서 1961년

3월 31일(18살) 부산거제초등학교 교사 발령을 받아 교육자로서 첫 걸음을 내디디었다.

　동아대학교 야간대학 국문학과 졸업. 서울대학교 교육학석사(국어교육학과). 홍익대학교 문학박사(국문학과)

■ 17살 1960년 진주사범학교 학생회위원장 겸 학도호국단운영위원장으로서 진주의 4.19혁명 앞장

　허만길은 17살(1960년) 진주사범학교 학생회위원장 겸 학도호국단운영위원장으로서 진주의 4.19혁명을 앞장서서 이끌었다. 그리고 '4.19혁명 60주년 기념 특별기고'로 〈한국국보문학〉 2020년 4월호(서울)에 35쪽 분량의 논문 '진주의 4.19혁명 상황과 허만길의 선언문 회고'를 발표하여, 충절의 도시 진주의 역사 자료로 남게 하였으며, 문단과 진주 시민과 신문과 방송의 큰 관심을 모았다.

　허만길은 논문에서 4.19혁명의 발단과 일반적인 진행 과정을 소개하고서, 진주의 4.19혁명 진행 상황을 날짜별로 상세히 기술했다.

　그동안 잊어진 진주의 4.19혁명 상황이 허만길의 논문으로 말미암아 진주의 중요 역사 자료로 살아나게 되자, '경남도민신문'(2020년 4월 22일), '뉴스경남'(2020년 4월 23일/4월 27일), '경남도민일보'(인터넷판 2020년 4월 21일), '경남매일신문'(2020년 4월 20일), '의령시사신문'(2020년 5월 16일), '의령신문'(2020년 5월 28일), '주간 한국문학신문'(2020년 6월 10일) 등에서 크게 보도하고, 2020년 4월 24일 KBS 진주방송국 라디오 방송은 약 15분간 생방송으로 허만길과 전화 인터뷰를 했다.

　또 허만길(국제PEN한국본부 이사)은 국제PEN한국본부 발행 〈PEN문학〉 2020년 3·4월호에 시 '젊은 날의 4.19혁명'을 실어 문단의 관심을 끌었는데, 국제PEN한국본부 부이사장 김용재 영문학 박사(전 미국 USC 객원교수)가 영어로 번역하여, 국제계관시인연합 한국본부(United Poets Laureate International Korea Center) 편찬 〈Poetry Korea〉 제9호(발행 도서출판 오름. 2020년 여름)에 'April 19 Revolution in the Memories of My Youth'라는 제목으로 수록되어, 해외에 소개되었다.

■ **국가 시행 중학교교원자격검정고시 수석 합격으로 18살(1961년) 국어과 중학교교원자격증 취득 및 고등학교교원자격 검정고시 수석 합격으로 19살(1962년) 국어과 고등학교 교원자격증취득('기네스북'의 '한국편'에 실림)**

허만길은 진주사범학교 3학년 재학 중 1960년(17살) 9월 국가 시행 중학교교원자격검정고시에 응시하여 수석 합격으로 18살(1961년 4월 10일)에 최연소 국어과 중학교교원자격증을 받고, 1962년 국가 시행 고등학교교원자격검정고시에 응시하여 수석 합격으로 19살(1962년 12월 6일)에 최연소 국어과 고등학교교원자격증을 받았다. ('기네스북'의 '한국 편'에 올림)

＊국어학자 최현배 박사는 허만길이 1961년 18살에 국어과 중학교교원자격증을 받았음을 알고서 19살 1962년 4월 허만길을 서울 자택으로 초청하여 서울에서 대학 공부와 미국 유학을 지원하겠다고 하였으나 가정형편상 사양한 후에도 두 사람은 깊은 사제 관계를 유지하였음.

■ **허만길 주요 경력**

1961년(18살)부터 1967년 11월(24살)까지 부산 시내 초등학교 교사(부산거제초등학교. 부산중앙초등학교) 및 중학교 교사(경남중학교. 부산중앙중학교)로 근무하고, 1967년(24살) 11월부터 20년간 서울 영등포여자고등학교 교사, 경복고등학교 교사, 선린상업고등학교 교사로 근무하였다. 1987년부터 문교부 국어과 편수관, 문교부 공보관실(대변인실) 연구사, 중앙교육연수원 장학사, 서울특별시교육연구원 진로교육연구부 연구사, 서울 영원중학교 교장, 당곡고등학교 교장(2005년 8월 정년퇴직)으로 재직하였다.

허만길의 그 밖의 주요 경력은 다음과 같다.

문교부 언어생활 연구위원(1971. 28살). 문교부 주최 전국 학생 글짓기 대회 심사위원(1972). 문교부 '장학자료' 제14호(학생 언어생활 순화 지도 지침) 집필(1972. 2. 15. 발행). 문교부 '장학자료' 제26호(생활 용어 순화 자료) 집필(1977. 8. 발행). 문교부 발행 '일하며 배우며' 제7호(산업체 근로 청소년 교육 홍보용 책) 편집위원(1986. 10. 31. 발행). 교육부 국제교육진흥원 강사(1994~2004). 교육부 교육행정연수원 강사(1997). 국가수준 국어과 교육과정 시안 작성 심의위원(1991). 교육부 저작권 한국교육개발원 국어과 교과서 편찬 연구위원(1987~1996). 교육부 저작권 한국교육과정평가원 국어과 교과서 편찬 연구위원(1998~2000). 고려대학교, 한국교원대학교 공동 개발 중학교 '국어' 교과서 편찬 연구위원(2000). 대한민국 학술원 부설 국어연구소 표준어 사정위원(1987). 교육부 국제교육진흥원 재외동포용 '한국어' 교재 개발 연구위원 및 심의위원(1995~1999. 5.). 한국교육과정평가원 해외 동포용 '한국어' 교재 개발 연구위원(1999. 6.~2002). 서울대학교 국어교육연구소 '국어교육학사전' 집필위원(1999년 발행). 교육부 국제교육진흥원 재외동포 교육과정 심의위원(2000. 2. 1.~2002. 1. 31.). 한국교육개발원 '방송통신고등학교 40년사' 편찬 자문위원(2016). 한글학회 회원(* 24살 최연소 회원. 1967.

5. 13.~). 한국국어교육연구회(한국어교육학회) 회원(1965~). 우리말내용연구회(한국어내용학회) 감사(1993. 1.~1995. 11.). 국제PEN 회원 및 국제PEN한국본부 회원(2004. 8. 30.~). 국제PEN한국본부 이사(제35대 이사 2017. 6. 19.~2021. 3. 31./제36대 이사 2021. 4. 1.~). 국제PEN한국본부 대외교류위원회 위원(2017. 9. 22.~2021년 현재). 한글문학회 부회장(회장 안장현. 1994. 3. 1.~2003. 5.). 한글문학회 이사(회장 안장현. 1995~1998). 한국글짓기지도회 이사(회장 이희승. 1976. 6.~1978. 6.). 한국문인협회 회원(2001~). 한국현대시인협회 회원(2007. 2. 27.~). 한국현대시인협회 중앙위원(2012~2014). 한국현대시인협회 이사(2014~2021 현재). 한국소설가협회 회원(2006. 11.~). 한국소설가협회 중앙위원(2016. 3.~2021년 현재). 한국소설가협회 복지위원(2020~2021년 현재). 한국문예춘추문인협회 고문(2015~). (충남 보령시) 시인의 성지(시와 숲길 공원) 현대시인기념문학관 지도위원(2020~). 월간 한국국보문학 및 한국국보문인협회 자문위원(2018~). 한국신문예문학회 자문위원(2019~). 아태문인협회 자문위원(2019~). 월간 한국국보문학 편집 고문(2021~). 문학신문문인회 부회장(2012~2013). 서울특별시교육청 진로교육추진위원회 위원장(1997~1998). 서울특별시교육청 발행 고등학교 교과서 '진로 상담' 집필(공동 집필. 1999년 1월 초판 발행). 대한교과서주식회사 발행 고등학교 교과서 '진로와 직업' 편찬 연구위원(2003년 3월 초판 발행). 서울진로교육연구회 부회장 및 이사(1993. 3. 1.~2001. 2. 28.). 한국진로교육학회 이사(2000. 1. 1.~2005. 12. 31.). 서울초·중등학교 진로교육연구회 감사(2001. 3. 1.~2005. 2. 28.). 서울특별시교원연수원 중등학교 진로상담교사 자격 연수 교육과정 편성위원(1996). 서울특별시교원연수원 진로상담교사 자격연

수 강사(1996~1998). 서울특별시교육과학연구원 진로정보센터 운영 자문위원(2003). 서울특별시교육연구원 상담자원봉사자 연수 강사(1997). 한국교육신문(한국교원단체총연합회) 신춘문예 '교단 수기' 모집 심사위원(1996, 1997). 제1회 영국기네스본부 주관(한국기네스협회 주최) 한국진기록대회 심판위원(1989. 7. 1.~1989. 7. 2.). 한국기네스협회(코리아기네스협회) 자문위원(1989). 대한풍수지리학회 이사(1991. 4. 13.). 한국스포츠마사지자격협회 회원(2005~). 국무총리실 소속 한국청소년개발원 협력 연구위원(1999). 한국직업능력개발원 전문가협의회 위원(2004). 서울특별시 양천경찰서 폭력대책위원회 자문위원(1996~1997). 한국시민자원봉사회 중앙회 중앙지도 운영위원(2003~2007). 한국방송정보교육단체연합회 이사(2003~2005). 서울대학교 교육행정연수원 중등학교 교장자격연수 현장탐구지도 강사(2003~2005). 서울특별시교육청 청소년 선도방송(마음의 문을 열고) 집필위원(KBS, SBS, EBS 라디오 방송. 1995). 서울특별시교육청 청소년 선도방송 자문위원(라디오 방송. 2003). 서울특별시 공립중등학교 교사 임용시험 논술 출제위원(1994, 1995, 1997). 서울특별시 공립중등학교 교사 임용시험 출제 본부장(2003). 학습자료심사협회 학습자료 심사위원(1987). '부산시민헌장' 공동초안(1962년 8월 15일 선포). 부산직할시 교육발전위원회 창립위원(1963), 부산시교육연구소 현직 연구위원(1963~1967). 한국청소년연맹 단원 활동 각종 상징(구호, 환호, 응원가, 대형) 제정위원(1984). 한국청소년연맹 한별단(고등학생단) 교재 '한별의 생활' 집필위원(1984년 집필, 1885년 발행). 노태우 대통령 취임사 문장 검토(의뢰 기관: 대통령 취임 준비실시단. 1988. 2.)

■ 표창 및 상훈

황조근정훈장(2005). 대통령 표창(1991). 국가인권위원회위원장 표창(정신대 문제 제기 활동 유공. 2004). 상공부장관 표창(산업체 근무 청소년 특별학급 교육 유공. 1987). 교육부장관 표창(1997). 환경부장관 감사글('우리 자연 우리 환경' 노래 작사. * 작곡 정미진. 1995. 9. 9.). 한국교원단체총연합회장 표창(1997). 전국교육자연구발표대회 대한교육연합회장 푸른기장증(중·고등학교 교원부 1등. 1966. 7. 31. * 23살. 대회사상 최연소 '푸른기장증' 수상. 대한교육연합회는 '한국교원단체총연합회'로 바뀜). 한글학회이사장 표창(1988). 서울특별시교육감 표창(새마을 교육 유공. 1974). 서울특별시교육감 표창(고등학교 입학 연합고사 출제 유공. 1976). 서울특별시교육감 표창(서정쇄신 모범공무원. 1978). 한글문학회 한글문학상(신인상)(1991). 문예춘추 청백문학상(작품의 청백 정신 탁월. 2011). 순수문학 작가상(월간 순수문학사 제정. 2014). 코리아기네스협회(한국기네스협회) 감사패(코리아기네스협회 자문위원 유공. 1989). 민주평화통일자문회의 영등포구협의회회장 표창(영등포를 빛낸 모범공무원. 2002). 서울특별시교원연수원장 교육연수상(중등학교 교감·교육전문직 연수 성적 우수. 1996). 서울대학교 교육행정연수원장 표창(중등학교교장 자격연수 성적 우수. 1997). 서울특별시교원단체연합회장 표창(수도교육발전 유공. 1992). 서울특별시립 정신지체인복지관 관장 감사패(2005). 부산시장 표창(교육 논문 우수상. 1963). 부산시교육감 표창(부산시 교육연구대회 우수상. 1등. 1966). 방송통신고등학교 서울지구동문회장 감사패(방송통신고등학교 교육 유공 및 '방송통신고등학교 교가' 작사. 1981). 당곡고등학교 총동창회장 감사패(학교 발전 유공. 2005). 의령군 칠곡면장 감사패('칠곡 사랑' 노래 제작 선사 감사. 2012)

■ 18살(1961년)부터 정년퇴임(2005년) 때까지 교육자로서 교육애에 바탕을 둔 교육, 연구하며 실천하는 교육, 창의적이고 적극적인 교육 정책 수립 및 추진, 민주적·합리적·개방적·창의적 학교 경영 노력

허만길은 진주사범학교 졸업 후 18살 1961년 3월부터 2005년 8월 정년퇴임 때까지 초등학교·중학교·고등학교 교사, 문교부 국어과 편수관, 문교부 공보관실(대변인실) 연구사, 중앙교육연수원 장학사, 서울특별시교육연구원 연구사, 중학교 교감, 서울 영원중학교·당곡고등학교 교장으로 근무하면서 교육자로서 교육애에 바탕을 둔 교육, 연구하며 실천하는 교육, 창의적이고 적극적인 교육 정책 수립 및 추진, 학교 경영의 민주성·투명성·창의성 발휘에 힘썼다.

■ 21살(1964년)에 '참'(Cham, 眞, Truth)을 중심으로 기초적, 핵심적 깨달음에 이름

허만길은 어릴 때부터 인생과 우주의 궁극적인 이치에 몰두해 오다가, 1963년 10월 하순부터 300여 일의 집중적 구도 노력 끝에 1964년 8월 21일(21살) 본질적, 이상적 궁극성으로서 '참'(Cham, 眞, Truth)을 중심으로 기초적, 핵심적 깨달음에 이르렀다.

1980년(37살) 깨달음을 정리한 책 '인류를 위한 참얼음'(발행 시인사, 서울. 1980. 8. 21.)을 출판하였다.

■ '복합문학'(Complex Literature) 창시(1971년)

허만길은 1971년(28살) 세계 문학사상 최초로 '복합문학'(Complex Literature)을 창시(창안)하여 첫 복합문학 '생명의 먼 동을 더듬어'를 월간 〈교육신풍〉 1971년 9월호(발행 교육신풍사, 서

울. 1971. 9. 1.)~11월호에 일부 연재하고, 1980년 4월 26일 교음사(서울)에서 단행본으로 발행하였다. '복합문학'은 〈두산백과사전〉(2001. 9. 1.) 등 여러 문헌에 등재되었다.

* 복합문학(複合文學, Complex Literature): 대한민국의 허만길(許萬吉. Hur Man-gil. 1943~. 시인. 소설가. 문학박사)이 1971년 창안한 문학 형태로서, 한 편의 문학 작품을 완성함에 있어, 시, 소설, 희곡, 시나리오, 수필 등 문학의 여러 하위 장르를 두루 활용하여, 복합장르로 구성한 문학 형태.

■ 시(1989년), 소설(1990년) 두 부문 추천 당선 문학 창작 활동

허만길은 1971년(28살) 세계 문학사상 최초로 '복합문학'(Complex Literature)을 창시(창안)하여 1980년 첫 장편복합문학 '생명의 먼동을 더듬어'를 발간하고, 〈현대문학〉 1973년 9월호에 수필 '말버릇 체험'을 발표한 이후 다양한 영역에 걸쳐 수많은 수필을 창작하였다. 그리고 〈한글문학〉을 통해 시와 소설이 추천 당선되어 시인과 소설가로서도 활발하게 창작 활동을 해 왔다.

허만길은 1989년 〈한글문학〉 제9집(1989. 1. 20.)에 시 '꽃과 가을이 주는 말을', '함께 따스한 가슴을', '가을인 날은'이 추천 당선되어 시인으로 등단하였다. 추천사: 김남석(시인. 문학평론가. 국회민족문화연구소장. 숙명여자대학교 교수)

허만길은 1990년 〈한글문학〉 제12집(1990. 10. 5.)에 단편소설 '원주민촌의 축제'(原住民村의 祝祭, A Feast in the Village of Natives)가 추천 당선되어, 시인 등단에 이어 소설가로도 등단하였다. 추천사: 구인환(소설가, 문학평론가, 서울대학교 교수). 단편소설 '원주민촌의 축제'는 정신대(일본군 위안부) 문제를 본격적으로 다룬 최초의 소설이다. 단편소설 '원주민촌의 축제'에 대한 풀이는 〈두산백과사전〉에 등재되어 있다.

　허만길은 시 창작에서 국어의 아름다움을 살리는 데 힘쓰면서, 시의 기본 정신으로 인생과 진리와 사랑에 대한 추구를 중시하고, 시의 기법으로 서정성과 상징성의 조화를 꾀하고 있다. 문학평론가이며 시인인 김남석(국회민족문화연구소장, 숙명여자대학교 교수 역임) 님은 허만길의 시에 대해 '시상의 건실성과 이미지의 정확성', '수사학의 다양한 구사', '숙달된 문학적인 인생관의 시적 여과' 등이 돋보인다고 평했다(한글문학 제9집 63~64쪽. 1989. 2. 20.). 허만길의 시에는 맑고 깨끗하고 초연한 청백 정신이 탁월하다는 평을 받아, 2011년 12월 23일 문예지 계간 〈문예춘추〉(발행 도서출판 씨알의 소리) 제정 제1회 '청백문학상'(심사위원: 시인 황금찬, 문학평론가 강범우, 시인 이양우)을 받았다. 허만길의 시집 〈아침 강가에서〉(2014)에는 허만길 시인의 민족 작가로서의 면목이 두드러짐과 더불어 맑고 아름다운 시상으로 시적 의미를 인생과 우주와 영혼과 애국 등으로 넓게 확장하고, 장시('방 만드는 사람들'), 산문시('미나의 고독'), 서정시, 서사시('완고와 보람'), 극시('생명 탄생 기원') 등 다양한 형태의 시적 역량이 발휘되어 있다는 평가를 받아, 2014년 11월 '월간 순수문학 작가상'(심사위원장: 서울대학교 명예교수 구인환)을 받았으며, 상패에는 허만길을 '민족 작가'라고 일컬었다.

　허만길의 소설 대표작은 단편소설로서 '원주민촌의 축제', 장편소설로서 '천사 요레나와의 사랑'을 들 수 있다. 소설 '원주민촌의 축제'는 정신대(일본군 위안부) 문제를 다룬 최초의 단편소설이다. 소설 '찬사 요레나와의 사랑'(1999)은 오스트레일리아 블루마운틴 산맥의 깊은 곳과 남태평양의 마나섬과 한국을 배경으로 하고 있으며, 이 세상 가장 신비로운 곳에서 가장 신비로운 사랑을 만나게 되는 이야기를 통해 신과 우주와 인류의 본질적·이상적 궁극성을 해명하면서 인류 개체 및 공동체의 참삶의 길을 제시하고자 하고 있다.

■ **고등학교 교사 재직 중 1968년(25살)부터 전국 규모의 우리말 사랑 운동 전개로 1976년 국가적, 제도적 차원의 국어 순화 운동 승화 기여 및 국어 사랑 이론 정립**

허만길은 서울 영등포여자고등학교 교사 재직 중 1968년(25살)부터 우리말 사랑 운동을 전국 규모로 펼치면서, 1971년(28살) 문교부(교육부) 언어생활 연구위원 활동을 하고, 1974년부터 경복고등학교 우리말사랑하기회(국어계몽반) 운영을 통해 우리말 사랑 운동을 전국 규모로 펼쳤다.

1975년(32살) 대통령 특별보좌관(철학박사 박종홍) 자문 응대 등을 통해 1976년 박정희 대통령이 국어 순화 운동을 국가적, 제도적 차원으로 승화시키는 데 이바지했다. 국어 사랑의 이론 정립에 공헌하는 등 평생토록 국어 사랑에 열의를 기울였다. 이러한 일들은 학술지, 신문, 방송, 잡지 등에 널리 소개되었다. 자세한 내용은 허만길 저서 '우리말 사랑의 길을 열면서'(도서출판 문예촌. 2003. 5. 26.) 참고.

■ **1974년 방송통신고등학교 개설 초기부터 방송통신고등학교 교육 발전 노력 및 1978년 '방송통신고등학교 교가' 작사**

허만길은 1974년 우리나라 방송통신고등학교 개설 초기 서울 경복고등학교 교사 재직 때부터 방송통신고등학교 교육 발전에 힘쓰고, 전국 방송통신고등학교 학생들의 용기와 의지와 희망을 북돋우기 위해 노력하였다.

　1978년 5월 '방송통신고교생' 노래를 작사하여 화성태(서울 무학여자고등학교 음악과 교사) 님에게 작곡을 의뢰하였으며, 1978년 6월 25일 방송통신고등학교 서울지구동문회 주최 '제1회 방송통신고등학교 웅변대회'에서 문교부 관계관, 한국교육개발원장, 재학생, 졸업생, 교사들이 참석한 가운데 이를 '방송통신고등학교 교가'로 채택하여 선포하였다.

　한국교육개발원에서는 1978학년도 2학기(9월 시작)부터 라디오로 교과 수업 방송을 시작할 때 '방송통신고등학교 교가'를 서곡으로 방송하였다. '방송통신고등학교 교가'는 한국교육개발원 인터넷 홈페이지에 실리고, 2016년 12월 한국교육개발원 발행 '방송통신고등학교 40년사'에 허만길의 교가 제정 과정 회고가 실리었다. 허만길은 '방송통신고등학교 교가'를 음원과 동영상으로 제작하여 인터넷 유튜브(YouTube)에 등재하였는데, 가사와 악보도 실었다.

　허만길은 방송통신고등학교 개설 후 최초의 방송통신고등학교 교육 논문 '방송통신고교 교육의 문제점과 개선 방향'(교육평론 1978년 9월호)을 발표하였다. 방송통신고등학교 서울지구동문회 활동을 격려하면서 1978년 제1회 방송통신고등학교 서울지구동문회 주최 방송통신고등학교 웅변대회 때부터 여러 차례 지도위원 및 심사위원장을 맡아 재학생과 졸업생이 화합하면서 모두가 용기와 의지와 희망을 다짐할 수 있도록 애쓰고, 특히 1986년과 1987년 전국 방송통신고등학교 웅변대회에서는 서울특별시교육위원회 교육감상과 교육감 기념품이 수여될 수 있도록 노력하여 결실을 이루었다.

　방송통신고등학교 학생들이 직장 근로자로서 어려움을 겪을 경우 그들을 적극 보살피고, 업체 관리자와 협의하여 근로 학생의 인격과 권익을 보호하려고 애썼다. 허만길은 이러한 공로로 방송통신고등학교 서울지구동문회장 '감사패'를 받았다(1981년 6월 28일).

허만길은 2017년 4월 26일 전국 방송통신고등학교 50년사 편찬 발기인회 창립을 제안하였으며, 이에 전국 방송통신고등학교 총동문회는 2017년 5월 7일 서울 SW컨벤션센터에서 전국방송통신고등학교 50년사 편찬 발기인 대회를 개최하였다. 발기인 대회에서는 전국 방송통신고등학교 총동문회 특별기구로 전국 방송통신고등학교 50년사 편찬위원회를 설치하기로 하고, '학교생활과 동문회 활동 중심'의 〈전국 방송통신고등학교 50년사〉(1974~2024년) 편찬을 준비해 가기로 했다.

자세한 내용은 허만길 수필집 〈방송통신고등학교 학생과 졸업생에게 사랑을 보내며〉(발행 지식과감성, 서울. 2021. 11.) 참고.

■ 1985~1986년 구로공단 근무 영등포여자고등학교 야간 특별학급 학생들의 지도와 인권 보호에 정성을 쏟고, 대우어패럴 노사분규 사태 퇴사 등으로 일자리와 잠자리를 잃은 160여 명의 학생들을 헌신적으로 도와 졸업의 영광으로 이끌었음

허만길은 1985년 3월 1일부터 1987년 2월 28일까지 2년간 서울 영등포여자고등학교 야간 특별학급 교사로 근무하면서, 주로 한국수출산업공단(서울 구로공단)에서 기숙사 생활을 하며 낮에는 산업체에서 일하고 밤에는 야간 특별학급에서 공부하는 학생들을 헌신적으로 보살폈다.

1985년 구로공단 소재 주식회사 대우어패럴의 노사분규 사태로 기숙사와 일자리를 잃은 130여 명의 여학생들과 심한 불경기로 업체들의 폐업과 휴업에 따른 일자리와 잠자리를 잃은 약 30명의 여학생들이 방황할 때, 학업을 계속할 수 있도록 혼신의 노력을 기울여, 이들 모두가 졸업의 영광을 안을 수 있도록 이끌었다. 특히 서울특별시, 노동부 서울관악노동사무소 등의 협조를 받아 실직자 전원의 수업료를 장학금으로 지급하도록 하고, 이들의 식사, 잠자리, 재취업 등에 헌신적인 교육애를 발휘하였다.

특별학급 학생들의 용기를 북돋우기 위해 노래 '일하며 배우며'를 만들고(1985. 5. 15.), 공단과 업체 관계자들이 참관한 가운데 다양한 프로그램의 첫 특별학급 학생 문예 발표회를 개최하여(1986. 5. 12.) 눈물 어린 큰 감동과 자신감을 불러일으키고, 고향의 부모와 멀리 떨어져 지내는 미성년 학생들이 업체에서 어려움을 겪을 경우 업체 관리자와 협의하여 이들의 인격과 권익을 보호하는 데 힘썼다.

이러한 사실들은 서울특별시, 노동부, 한국수출산업공단(구로공단) 등에 미담으로 널리 알려져, 허만길은 1987년 3월 상공부장관 표창을 받았다. 허만길 수필 '특별학급 제자를 회상하며'(월간 교육관리기술 1988년 3월호 125~130쪽. 한국교육출판) 참고

■ 문교부 국어과 편수관으로서 교육과정 개발, 어문 규정 개정, 어문 정책 수립, 초등학교 국어과 교과서 분화 등 추진(1987년)

허만길은 1987년 문교부(교육부) 국어과 편수관으로서 국가 수준의 제5차 국어과 교육과정 개발을 추진하고, 우리나라 국어과 교육 역사상 처음으로 초등학교 국어과 교과서를 단일형 '국어'에서 '말하기·듣기', '읽기', '쓰기' 3책으로 분화하여(1987년 6월 문교부 확정. 1989년 3월부터 연차적 시행), 국어과 교육이 독해 일변도에서 벗어나 실질적이고 조화로운 국어과 교육이 이루어지도록 하는 데 기여하였다.

제5차 초등학교 국어과 교육과정 제정(1987년 6월 문교부 확정)과 관련하여 초등학교 국어과 교과서에 대한 한글 전용론 및 국한 혼용론

의 열띤 논쟁을 극복하고(초등학교에서 1970년부터 16년간 한글 전용 교육을 실시해 온 정책을 계속 유지하기로 함), 제5차 국어과 교육과정 제정에 따른 새로운 국어과 교과서 편찬 연구에 힘을 기울였다.

허만길은 국어심의회를 공정하게 운영하면서 '한글 맞춤법' 개정(1988년 1월 1일 문교부 확정 고시) 및 '표준어 규정' 개정(1988년 1월 1일 문교부 확정 고시)을 추진하고, 국어 순화 정책을 효율적으로 운영하였다.

■ 해외 동포 모국어 교육 연구 및 강사 활동(1995~2004년)

허만길은 교육부 국제교육진흥원 주관 해외 동포용 '한국어' 교재 개발 연구위원(1995~1999. 5.) 및 한국교육과정평가원 주관 해외 동포용 '한국어' 교재 개발 연구위원(1999. 6.~2002), 교육부 국제교육진흥원 강사(1994. 5. 28.~2004)로서 해외 동포 초청 모국어 연수, 재외 한글학교 및 재외 교육 기관 근무교원 초청 국어 연수, 귀국 학생 교육 담당 교사 국어 교육 연수, 해외 파견 교육공무원 국어 교육 사전 연수 등의 강의, 교육부 국제교육진흥원 재외 동포 교육과정 심의위원회 위원(2000. 2. 1.~2002. 1. 31.) 등의 활동을 통해 해외 동포 모국어 교육에 이바지하였다.

■ 대한민국 광복 후 최초로 대한민국 상하이임시정부 자리 보존운동 전개 및 성과(1990년)

허만길은 한국과 중국 사이에 정식 국교가 없던 시기에 문교부(교육부) 중앙교육연수원 장학사로서 교원국외연수단을 인솔하여 중국을 방문하면서, 1990년 6월 13일 대한민국 상하이임시정부 자리(마당로(馬當路))를 찾았으나, 아무 표적 하나 없이 퇴색된 집에 중국 사람이 살고 있음을 보고, 연수단 앞에서 현장 즉흥시 '대한민국 상하이임시정부 자리'를 읊고, 귀국 후 여러 언론의 협조를 받으며 대한민국 광복 후 최초로 대한민국 상하이임시정부 자리 보존운동을 펼쳤다. 중국 상하이 시장에게도 임시정부자리에 어떤 표적을 세워 주고 특별한 관심으로 보전해 주기를 바란다는 편지를 보내는 등의 노력으로 성과를 거두어, 마침내 그곳이 세계적인 명소가 되었다.

허만길은 중국 당국으로부터 대한민국 상하이임시정부 청사는 김구(金九) 선생이 중국을 떠날 때 중국인 친구에게 넘겨주었으며, 그 친구는 '고수희'(顧守熙, 구서우시) 님이라는 사실도 알아냈다.

대한민국 상하이임시정부 자리 보존운동 시초가 되는 시 '대한민국 상하이임시정부 자리'는 〈한국 시 대사전〉(발행 이제이피북, 서울. 2011) 등 여러 문헌에 수록되었다. (한국·중국·일본 시인 시화집) 〈동북아시집〉(편찬 한국현대시인협회. 발행 도서출판 천산, 서울. 2008)에는 한국어 시와 이를 문재구(文在球) 문학박사가 일본어로 번역한 시 '大韓民國の上海臨時政府の遺跡'가 수록되었다. 〈Poetry Korea〉 Volume 7(편찬 국제계관시인연합한국위원회 United Poets Laureate International Korea Committee. 발행 도서출판 오름, 대전. 2018)에는 한국어 시와 한국외국어대학교 정은귀(Chung Eun-gwi) 교수가 영어로 번역한 시 'The Site of the Korean Provisional Government in Shanghai'가 수록되었다. 허만길 시집 〈아침 강가에서〉(발행 도서출판 순수, 서울. 2014)에는 한국어 시와 일본어로 번역된 시가 수록되었으며, 〈월간 한국국보문학〉 2019년 3월호(도서출판 국보, 서울)에는 한국어 시와 영어로 번역된 시와 일본어로 번역된 시가 수록되었다.

시 '대한민국 상하이임시정부 자리'는 충청남도 보령시 '시와 숲길 공원'(처음 이름: 항일 민족시인 추모공원) 제1호 시비로 2010년 4월 23일 건립되었는데, 시비의 앞면에는 시 '대한민국 상하이임시정부 자리'와 이 시를 짓게 된 배경을 새기고, 뒷면에는 '허만길 약력'을 새겼다. 2015년 4월 25일 준공된 충남 보령시 '시와 숲길 공원'의 '한국 문인 인물 자료 100년 보존 타임캡슐'에는 허만길의 약력과 자필 시 '대한민국 상하이임시정부 자리'와 주요 저서들을 보관하여 100년 뒤 2115년 4월 25일에 열어 보게 된다.

　＊ 허만길의 대한민국 상하이임시정부 자리 보존 운동 과정과 성과 회고 주요 글: (1) 허만길 저서 〈정신대 문제 제기 및 대한민국 임시정부 자리 보존운동 회고〉(발행 주식회사 에세이퍼블리싱, 서울. 2010. 12. 21.), (2) 허만길 논문 〈허만길의 시 '대한민국 상하이임시정부 자리'와 대한민국 임시정부 자리 보존운동 성과〉(주간 한국문학신문 제321호 2017년 9월 13일 6쪽. 발행 주간한국문학신문사, 서울.), (3) 허만길 논문 '허만길의 대한민국 임시정부 자리 보존운동'(월간 신문예 2019년 3월호 51~60쪽. 발행 책나라, 서울. 2019. 3.) 등

■ 정신대(일본군 위안부) 문제 제기(18살. 1961년부터) 및 정신대(일본군 위안부) 문제 최초 단편소설 '원주민촌의 축제'(1990년) 발표. '정신대 위령의 날' 제정 및 '국제 사람몸 존중의 날' 제정 제의(1991년 11월 30일)

허만길은 일제의 대한민국 강점기에 한국과 일본에서 애국 항일 운동을 한 아버지 허찬도(1909. 6. 17.~1968. 12. 21.) 선생에게서 어릴 때부터 일제의 정신대(일본군 위안부) 이야기를 들어 온 것에 교훈을 받아, 첫 교직 생활을 한 18살(1961년)부터 정신대 문제를 꾸준히

주장하였다. 1965년 '한일협정'(* '한·일 간 기본 관계에 관한 조약', Treaty on Basic Relations between the Republic of Korea and Japan)에도 언급되지 않았던 일제의 정신대 문제를 그냥 역사의 뒷전에 묻히게 할 수 없다는 양심에서 정신대 문제를 효과적이고 대중적으로 제기하기 위해 정신대 문제를 주제로 한 최초의 단편소설 '원주민촌의 축제'('A Feast in the Village of Natives')를 1990년(47살) 10월 5일 〈한글문학〉 제12집 115~34쪽(편자 한글문학회 회장 안장현. 발행 미래문화사, 서울. 1990. 10. 5.)에 발표하였다. 이 소설은 정신대 문제를 국내외에 역사적 관심사로 불러일으키는 주요 발단을 이루었다. 단편소설 '원주민촌의 축제'는 2007년 〈두산백과사전〉에 등재되었다.

〈단편소설 '원주민촌의 축제'에 대한 평〉

단편소설 '원주민촌의 축제'는 발표 즉시 문인과 언론을 비롯하여 각계로부터 큰 관심을 끌면서, 잊혀 가던 정신대(일본군 위안부) 문제를 일깨우는 촉매 역할을 했다. 서울대학교 구인환(문학평론가, 소설가) 교수는 '원주민촌의 축제'는 "일제의 압정에 항쟁하며 독립의 열매를 키우던 치열한 삶이 해외 동포의 고국 방문이란 연결고리로 외손인 민속학도에 의해 그 신비가 벗겨지는 충격과 감동을 주는 작품이다. 추리적인 호기심을 자극하는 구성으로 치밀하게 서사의 핵을 구조화하는 기법이 좋다."고 했다. (한글문학 제12집 136쪽. 1990. 10. 5.)

구인환 교수는 이 소설이 발표된 지 약 한 달 뒤 1990년 11월 초 제주도에서 개최된 한국 소설가협회 세미나(세미나 종료일: 1990년 11월 6일경)가 있었는데, 소설가들은 허만길의 단편소설 '원주민촌의 축제'야말로 잃어버릴 뻔했던 한국 문학의 한 사명적 영역을 일깨워 준 훌륭한 작품이며 한국 소설가 모두가 관심을 가져야 할 작품이라고 평가했다는 것을 한글문학회 회장 안장현 님과 허만길 작가에게 전해 주었다.

시인 안장현 한글문학회 회장은 기회가 있을 때마다 단편소설 '원주민촌의 축제'는 "문학사에 길이 기록될 수작"이라고 극찬했다(주간교육신문 1991년 11월 18일). 이 작품은 1991년 한글문학회에서 주는 한글문학상 신인상 수상작으로 선정되었으며, 1991년 11월 30일 한글문학상 시상식에서도 안장현 한글문학회 회장은 인사말을 통해 이 작품에 대한 극찬을 되풀이했다.

〈'정신대 위령의 날' 제정 및 '국제 사람몸 존중의 날' 제정 제의. 정신대 문제 제기 성과〉

이 작품이 발표된 이듬해 1991년 11월 30일 한글문학상(신인상) 수상작으로 선정됨을 계기로 허만길은 "'정신대 위령의 날' 제정 및 '국제 사람몸 존중의 날' 제정 제의"(유인물. 1991. 11. 30.)를 각계에 하면서, 계속 일본군 위안부 문제를 역사적 관심사로 환기시킴과 동시에 정신대 희생자의 넋을 위로하자는 운동을 벌였다. 언론에서는 〈주간조선〉(1991. 12. 15.), 〈한국일보〉(1992. 1. 6.), 〈조선일보〉(1992. 1. 18.), 〈동아일보〉(1992. 1. 21.), 〈주간경향〉(1992. 2. 9.), 국가안전보장회의와 비상기획위원회 공동 발행 〈비상기획보〉(1992년 봄호. 1992. 3. 1.) 등이 크게 호응했다.

1992년 1월 언론에서 일제 때 12살 초등학교 어린이들마저 정신대에 끌려간 사실이 뚜렷이 드러났다고 하자, 그동안 허만길이 제기해 온 정신대 문제는 급속도로 국내외의 큰 관심을 끌게 되었다.

〈정신대 문제 제기 활동 공로로 국가인권위원회 위원장 표창 수상 (2004. 12. 10.)〉

 허만길은 정신대(종군 위안부) 문제 제기 활동과 산업체 근무 야간 특별학급 여학생들의 인격과 권익 보호 활동 공로를 인정받아, 2004년 12월 10일 제56주년 세계인권선언기념일에 국가인권위원회 위원장 표창을 받았다.

〈두산백과사전(주식회사 두산)에 단편소설 '원주민촌의 축제' 등재(등재일 2007. 3. 2.)〉

 허만길의 단편소설 '원주민촌의 축제'는 2007년 3월 '두산백과사전'(주식회사 두산)에 등재되어, 설명되었다.
 등재 항목(올림말)은 '원주민촌의 축제'[原住民村의 祝祭, A Feast in the Village of Natives]이다.

〈'한국현대문학 100주년 기념탑'(2008년 건립) 딸린 비에 정신대 문제 소설 이름 '원주민촌의 축제' 조각〉

 사단법인 국제PEN한국본부와 사단법인 한국육필문예보존회(회장 이양우)는 공동으로 충남 보령시의 후원을 받아, 보령시에 2008년 11월 8일 '한국현대문학 100주년 기념탑'을 건립했다. '한국현대문학 100주년 기념탑' 앞의 작은 딸린 비 '빛나는 한국문단의 인물들'에는 허만길의 이름과 허만길의 정신대 문제 단편소설 이름 '원주민촌의 축제'를 새겼다.

> 허만길: 시인, 소설가. 「원주민촌의 축제」

· **단편소설 '원주민촌의 축제' 재수록**: 허만길 저서 〈정신대 문제 제기 및 대한민국 임시정부 자리 보존운동 회고〉 158~186쪽 (발행 주식회사 에세이퍼블리싱, 서울. 2010. 12. 21.)

· **단편소설 '원주민촌의 축제' 3차 수록**: 〈월간 신문예〉 2018년 7·8월호 84~105쪽(발행 도서출판 책나라, 서울. 2018. 7. 10.)

· **허만길의 정신대 문제 제기 과정과 성과 회고 주요 글**: (1) 허만길 저서 〈정신대 문제 제기 및 대한민국 임시정부 자리 보존운동 회고〉(발행 주식회사 에세이퍼블리싱, 서울. 2010. 12. 21.). (2) 허만길 논문 〈정신대 문제 단편소설 '원주민촌의 축제'(1990년) 창작 과정과 성과〉(주간 한국문학신문 제319호 2017년 8월 30일 6쪽. 발행 주간한국문학신문사, 서울). (3) 허만길 논문 〈정신대 문제 첫 단편소설 '원주민촌의 축제' 창작 과정과 성과〉(월간 신문예 제94호 2018년 7·8월호 106~12쪽. 발행 도서출판 책나라, 서울, 2018. 7. 10.)

■ 13년간 현대적 개념의 학교 진로 교육 도입 및 발전 활동(1993~2005년)

허만길은 1993년부터 2005년까지 13년간 우리나라 학교 현장에 현대적 개념의 진로 교육 도입 및 발전을 위해 활약하였다.

서울특별시교육연구원 진로교육연구부 연구사(1993. 3. 1.~1994. 5. 16. * 서울특별시교육연구원 진로교육연구부는 1990년 4월 개설)로서 중등학교 교사용 〈진로 지도의 이론과 실제〉 발간 기획 및 보급, 진로 교육 심포지엄 개최 등의 업무를 시작으로 하여, 한국진로교육학회 창립 활동(1993. 11. 4. 창립), 한국진로교육학회 이사(2000~2005), 서울진로교육연구회 부회장 및 이사(1993. 3. 1.~2001. 2. 28.), 서울초·중등학교진로교육연구회 감사(2001. 3.

1.~2005. 2. 28. * 2001년 3월 1일 '서울진로교육연구회'를 바꾼 이름), 서울특별시교원연수원 진로상담교사 자격연수 교육과정 편성위원(1996), 서울특별시교원연수원 진로상담교사 자격연수 강사(1996~1998), 서울특별시교육연구원 상담자원봉사연수 강사(1997), 서울특별시교육청 진로교육추진위원회 위원장(1997~1998), 서울특별시교육청 주관 중등학교 교원 대상 진로 교육 개선 논문 특별 공모 심사위원장(1998), 고등학교 교과서 〈진로상담〉 집필(공저. 발행 서울특별시교육청. 1999년 1월 초판), 고등학교 교과서 〈진로와 직업〉 편찬 연구위원(발행 대한교과서주식회사. 2003년 3월 초판), 한국직업능력개발원 전문가협의회 위원(2004), 서울특별시교육과학연구원 진로정보센터 운영 자문위원(2003), 한국직업능력개발원 교원 진로교육 직무연수 강사(2005) 등을 지내면서 학교 진로 교육 정책 수립, 학교 진로 교육 체제 확립, 종전의 중등학교 '교도부'를 1994년 10월 '진로상담부'로 변경하기 위한 노력, 중등학교 '진로상담부' 기능 확립, 교육 시책 담당자, 교원, 학부모, 학생의 진로 교육 인식 변화 활동, 교사용·학생용·학부모용 진로 교육 자료 개발, 진로 교육 관련 각종 연수회 기획 및 지도, 진로 교육 연수회 주제 발표, 체계적인 진로 교육 모형 개발, 진로 교육 논문 발표, 중학교 교감 및 중·고등학교 교장으로서 학교 현장 진로 교육의 선도적 역할(1994. 5. 17.~2005. 8. 31.), 우리나라 최초로 중학생용 〈나의 진로 선택 길잡이〉 책 개발(1996), 중학생용 진로 탐색 학습장 개발(2000), 고등학생용 진로 학습장 개발(2004), 서울 당곡고등학교 교장 재직 중 서울특별시교육청 지정 선도학교 운영으로 고등학생의 소질, 적성 계발을 위한 진로 교육 프로그램 개발 및 보급(2004. 3. 1.~2005. 2. 28.) 등을 통해 우리나라 학교 현장에 현대적 개념의 진로 교육 도입 및 발전을 위해 활약하였다.

■ **국어 정책, 언어 이론, 음성 언어 교육 및 국어 교육, 국어 사랑 이론, 진로 교육, 교육 철학 및 교육 일반 등 여러 분야에서 연구 성과**

허만길은 국어 정책, 언어 이론, 음성 언어 교육 및 국어 교육, 국어 사랑 이론, 진로 교육, 교육 철학 및 교육 일반 등 여러 분야에서 연구 성과를 거두었다.

■ **1970년대부터 환경 운동 및 환경 교육 솔선수범**

허만길은 1970년대부터 환경 문제에 대해 많은 관심을 가졌는데, 1974년부터 5년간 경복고등학교 새마을 운동 담당 교사로서 자연 보호 운동을 벌이고, 경복고등학교 부설 방송통신고등학교 학생들과 자연 보호 운동에 앞장서고(1975~1978), 우리나라 쓰레기 종량제 법령 시행 첫해 1995년도에는 서울 강신중학교 교감으로서 서울특별시 청소사업본부 후원으로 서울특별시교육청 지정 자원 재활용 시범학교를 운영하였다. 1995년 노랫말 '우리 자연 우리 환경'을 만들어(작곡 정미진. 서울대학교 대학원 작곡과 졸업) 노래를 보급하였는데, 환경부 장관은 1995년 10월 23일 자 공문으로 허만길에게 '감사의 글'을 보내 주었고, 주간 〈동아환경신문〉(서울)은 1996년 1월 1일 신년 특집으로 첫 면에 '우리 자연 우리 환경' 노래를 싣고 그 속장에 허만길과의 면담 기사를 실었다.

■ **고향 경상남도 의령과 관련한 연구, 문학 창작, 노래 제작**

허만길은 2021년 현재까지 고향 경상남도 의령과 관련한 연구논문과 평론 36편, 문학작품 33편, 노래가사 7편, 비문과 현판시 3편을 발표하였다. 이들에 대한 목록과 수록 문헌과 해설을 실은 논문 '허만길의 의령 관련 논문, 문학작품, 노래 해설'은 의령문화원 발행 〈의령문화〉 제30호 77~107쪽(2021)에 수록되어 있다. 뒷날 허만길과 의령 연구에 소중한 자료로 활용될 전망이다.

■ 저서

- 한국현대국어정책 연구(1994)
- 음성언어교육의 영역설정 연구(1979)
- 우리말 사랑의 길을 열면서(2003)
- 우리말 사랑의 길(1976)
- 정신대 문제 제기 및 대한민국 임시정부자리 보존운동 회고(2010)
- (장편복합문학) 생명의 먼동을 더듬어(* 세계 최초 복합문학. 1980)
- (시집) 당신이 비칩니다(2000)
- (시집) 열다섯 살 푸른 맹세(2004)
- (시집) 아침 강가에서(2014)
- (장편소설) 천사 요레나와의 사랑(1999)
- (깨달음 글) 인류를 위한 참얼음(1980)
- (수필집) 열네 살 푸른 가슴(2007)
- (수필집) 진리를 찾아 이상을 찾아(2007)
- (수필집) 빛이 반짝이는 소리(1975)
- (수필집) 방송통신고등학교 학생과 졸업생에게 사랑을 보내며(2021)
- (고등학교 교과서) 진로 상담(공동 집필, 서울특별시교육청, 1999. 초판)

■ 주요 논문

〈국어학, 언어학, 국어 교육, 언어 교육 분야〉

◈ **"역동언어학 및 역동유형 이론 구상"**(The Conception of Dynamic Linguistics and Dynamic Pattern Theory), 한글 제148호 75~98쪽. 발행 한글학회, 서울. 1971. 12.

◈ **"음성 언어 교육의 원리"**, 난대 이응백 박사 회갑 기념 논문집 671~682쪽. 편집 난대 이응백 박사 회갑기념논문집간행회. 발행 보진재, 서울. 1983. 4. 30.

◈ **"광복 후의 문맹 퇴치 정책 연구"**, 교육한글 제7호 175~197쪽. 발행 한글학회, 서울. 1994. 9. 25.

◈ **"'글쎄'의 품사 범주와 통사적 의미"**, 남천 박갑수 선생 화갑기념논문집 243~262쪽. 엮음 한국어연구회. 발행 태학사, 서울. 1994. 10. 10.

◈ **"국어 정책"**, 국어교육학사전. 발행 서울대학교 국어교육연구소 엮음. 발행 대교출판. 1999. 3. 15.

◈ **"유잠자(類潛自: '유형화, 잠재화, 자동화'의 준말) 언어 교육론"**(연재), 교육평론 1969년 7월호(통권 제129호)~1969년 10월호(통권 제132호), 1970년 2월호(통권 제136호), 1970년 4월호(통권 제138호). 발행 교육평론사, 서울.

◈ **"1950년대 한국 군대의 문맹 퇴치 활동"**, 비상기획보 제28호 1994년 여름호 34~37쪽. 발행 국가안전보장회의/비상기획위원회. 1994. 6. 1.

◆ "광복 직후의 우리말 도로 찾기 정책", 교육개발 1994년 9월호 통권 제91호 69~72쪽. 발행 한국교육개발원, 서울. 1994. 8. 30.

◆ "독서 교육의 영역별 내용과 실천 계획", 교육평론 1978년 5월호 통권 제235호 60~65쪽. 발행 교육평론사, 서울. 1978. 5. 1.

◆ "청소년들의 저속 가사에 비친 사회", 주부생활 1978년 8월호 164~167쪽. 발행 주부생활사, 서울. 1978. 8. 1.

◆ "국어 교육의 문제점과 그 해결 방향", 말과 글 제4호 6~11쪽. 발행 한국교열기자회, 서울. 1978. 12. 15.

◆ "이름말로 본 국어 순화 실태", 수도교육 1981년 9월호 통권 제66호 29~32쪽. 발행 서울특별시교육연구원. 1981. 9. 1.

◆ "예절로서의 곱고 아름다운 말씨", 국어생활 1987년 가을호 통권 제10호 30~40쪽. 발행 대한민국 학술원 부설 국어연구소, 서울. 1987. 9. 25.

◆ "역대 국민학교 1학년 말하기 교육 요소 분석 연구", 남사 이근수 박사 환력기념논총 443~457쪽. 엮음 남사 화갑기념논총간행위원회. 발행 반도출판사, 서울. 1992. 4. 15.

◆ "공무원 연수와 국어", 교육연수 제1호 176~183쪽. 발행 교육부 중앙교육연수원, 서울. 1992. 12. 31.

◆ "공무원 우리말 잘 쓰기 규범", 교육평론 1993년 6월호 71~75쪽. 발행 주간교육신문사, 서울. 1993. 6. 1.

◆ "공무원 국어 생활의 반성 및 향상 방안", 국어교육 81·82합병호 279~297쪽. 발행 한국국어교육연구회, 서울. 1993. 8. 31.

◆ "말글 정책은 국민 정신 가짐에 영향 미침을 알아야", 세종성왕 육백 돌 438~440쪽. 발행 세종대왕기념사업회, 서울. 1999. 5. 15.

◆ **"겨레말의 중요성과 어문 규정"**, 2002년 해외 파견 교육 공무원 직무 교육 교재 211~229쪽. 발행 교육부 국제교육진흥원. 2001. 12.

◆ **"중등학교 국어과 교육의 실제 - 제7차 국어과 교육과정 시행과 관련하여"**, 서울교육 2002년 봄호 통권 제166호 78~83쪽. 발행 서울특별시교육과학연구원. 2002. 3. 15.

◆ **"재외 국민의 모국어 사랑 교육"**, 2004년 해외 파견 교육 공무원 직무 연수 교재 335~362쪽. 발행 교육인적자원부 국제교육진흥원. 2003. 11. 28.

◆ **"체계적이고 다양한 국어 정책 수립 및 구현을"**, 말과 글 2004년 가을호 통권 제100호 154~158쪽. 발행 한국어문교열기자협회, 서울. 2004. 9. 30.

〈문학 분야〉

◆ **"복합문학의 유래와 개념"**, 허만길 저서 〈정신대 문제 제기 및 대한민국 임시정부 자리 보존운동 회고〉 129~157쪽. 발행 주식회사 에세이퍼블리싱, 서울. 2010. 12. 21.

◆ **"Origin and Concept of Complex Literature"**, 허만길 저서 〈정신대 문제 제기 및 대한민국 임시정부 자리 보존운동 회고〉 190~199쪽. 발행 주식회사 에세이퍼블리싱, 서울. 2010. 12. 21.

◆ **"Interpretation of the Short Novel 'A Feast in the Village of Natives'"**, 허만길 저서 〈정신대 문제 제기 및 대한민국 임시정부 자리 보존운동 회고〉 00~208쪽. 발행 주식회사 에세이퍼블리싱, 서울. 2010. 12. 21.

◆ **"정신대(일본군 위안부) 문제 제기 회고"**, 허만길 저서 〈정신대 문제 제기 및 대한민국 임시정부 자리 보존운동 회고〉 11~80쪽. 발행 주식회사 에세이퍼블리싱, 서울. 2010. 12. 21.

◆ **"대한민국 상하이임시정부 자리 보존운동 회고"**, 허만길 저서 〈정신대 문제 제기 및 대한민국 임시정부 자리 보존운동 회고〉 81~128쪽. 발행 주식회사 에세이퍼블리싱, 서울. 2010. 12. 21.

◆ **"허만길의 시 '대한민국 상하이임시정부 자리'와 대한민국 임시정부 자리 보존운동 성과"**, 주간한국문학신문 제321호 2017년 9월 13일 6쪽. 발행 주간한국문학신문사, 서울.

◆ **"한범수 시인 시의 시간과 선문답과 인간미의 미학"**, 한범수 시집 〈헤어질 때 잡은 당신 손이 따뜻했어요〉 155~171쪽. 발행 순수문학사, 서울. 2018. 5. 5.

◆ **"안예진 시인의 시 재능과 시의 특성"**, 안예진 시집 〈첫사랑 당신〉 118~147쪽. 발행 순수문학사, 서울. 2018. 5. 11.

◆ **"정신대 문제 첫 단편소설 '원주민촌의 축제' 창작 과정과 성과"**, 월간 신문예 제94호 2018년 7·8월호 106~112쪽. 발행 도서출판 책나라, 서울. 2018. 7. 10.

◆ **"복합문학의 개념과 기대"**, 월간 한국국보문학 2018년 9월호 118~125쪽. 발행 도서출판 국보, 서울. 2018. 9. 1.

◆ **"문학비에 나타난 허만길 문학 세계 이해"**, 월간 한국국보문학 2019년 1월호 102~121쪽. 발행 도서출판 국보, 서울. 2019. 1. 1.

◆ **"허만길의 대한민국 임시정부 자리 보존운동"**, 월간 신문예 2019년 3월호 51~60쪽. 발행 책나라, 서울. 2019. 3. 8.

◆ **"채선엽 시인의 시의 세계 - 아름다운 마음씨의 감정 이입과 성실한 삶의 미학-"**, 채선엽 시집 〈연둣빛 보석〉 103~123쪽. 발행 순

수문학사, 서울. 2019. 11. 1.
- ◆ "이근우 시인의 시의 세계 - 형이상학적 사색과 애국과 청렴한 삶의 미학-", 이근우 시집 〈구름과 경계 없이〉 128~148쪽. 발행 인천대학교 출판부, 서울. 2020. 3. 13.
- ◆ "이기봉 시인의 시의 세계 - 고국과 부모 생각, 이민 생활 정서, 자연 찬미-", 이기봉 시집 〈시애틀의 봄비〉 85~109쪽, 발행 순수문학사, 서울. 2020. 11. 1.
- ◆ "석미애 시인의 시의 세계 - 소중한 추억 되새김, 끊임없이 새로운 꿈 추구, 광안대교 애정-", 석미애 시집 〈아네모네는 속삭입니다〉 107~130쪽, 발행 순수문학사, 서울. 2021. 6. 1.

〈진로 교육 분야〉

- ◆ "중학교 진로 교육 강화 방향", 진로교육연구 제3집 13~24쪽. 발행 서울진로교육연구회. 1995. 12. 1.
- ◆ "고등학교 진로 교육 활성화를 위한 지원 체제 방안", 1996년 진로 교육 세미나 자료집 '교육 개혁안에 따른 고등학교 진로 교육' 77~92쪽. 발행 서울특별시교육연구원. 1996. 6. 14.
- ◆ "학교 진로 교육 계획의 주요 영역", 교과서 연구 제27호 58~60쪽. 발행 한국2종교과서협회(* 2종교과서: 검인정교과서), 서울. 1997. 4. 1.
- ◆ "열린 학습 사회의 진로 지도 실제", 중등학교 교감 자격 연수 교재 311~322쪽. 발행 서울특별시교원연수원. 1997. 5.
- ◆ "중학교 진로 교육 기회의 확보와 운용", 서울교육 1997년 여름호 48~51쪽. 발행 서울특별시교육연구원. 1997. 6. 10.

◆ **"학교 진로 교육 계획 수립 방향"**, 1997학년도 중등학교 진로상담교사 자격 연수 교재 393~408쪽. 발행 서울특별시교원연수원. 1997. 12.

◆ **"미래 사회의 전망"**, 고등학교 과정 직업 학교 교과서 '진로 상담' 59~84쪽. 발행 서울특별시교육청. 1999. 1.

◆ **"국가 인적 자원 개발과 중등학교 진로 교육"**, 진로 교육 연구 제13호 39~60쪽. 발행 한국진로교육학회. 2001. 6. 1.

◆ **"고등학교의 체계적 진로 교육 방향"**, 교육 마당 21. 2005년 2월호 110~112쪽. 발행 교육인적자원부. 2005. 2. 1.

◆ **"고등학교의 체계적 진로 교육 프로그램 개발 활용 – 당곡고등학교 선도학교 운영 사례 중심으로-"**, 중등 교원 진로 지도의 실제 직무 연수 교재 174~197쪽. 발행 한국직업능력개발원. 2005. 1. 25.

〈교육 일반 분야〉

◆ **"개선돼야 할 대학 입시 출제 경향"**, 교육평론 1975년 2월호 84~87쪽. 발행 교육평론사. 서울. 1975. 2. 1.

◆ **"대학 입시 출제 경향과 개선점"**, 교육평론 1975년 6월호 62~65쪽. 발행 교육평론사, 서울. 1975. 6. 1.

◆ **"대학 입시 출제 경향 개선에 부침"**, 교육평론 1975년 11월호 28~31쪽. 발행 교육평론사, 서울. 1975. 11. 1.

◆ **"고등학교 평준화 보완 방안"**, 교육평론 1977년 7월호 통권 225호 80~83쪽. 발행 교육평론사, 서울. 1977. 7. 1.

◆ **"카운츠(George S. Counts)의 진보적 교육 사상"**, 교육연구

1978년 8월호 61~66쪽. 발행 한국교육생산성연구소 교육연구사, 서울. 1978. 8. 1.

◆ "**방송통신고등학교 교육의 문제점과 개선 방향**", 교육평론 1978년 9월호 통권 제239호 38~43쪽. 발행 교육평론사, 서울. 1978. 9. 1.

◆ "**이질 학급 학습 지도 및 과열 과외 해소 방안**", 교육평론 1980년 4월호 65~72쪽. 발행 교육평론사, 서울. 1980. 4. 1.

◆ "**인간 교육의 정착 방안**", 교육평론 1994년 12월호 100~104쪽. 발행 주간교육신문사, 서울. 1994. 12. 1.

◆ "**학교 폭력의 실상과 그 예방 교육 방안**", 교장학 토론회 보고서 165~185쪽. 발행 서울대학교 교육행정연수원. 1997. 8. 23.

◆ "**21세기 대비 단위 중학교 운영 모형 연구**", 교육평론 1998년 1월호 85~92쪽. 발행 주간교육신문사, 서울. 1998. 1. 1.

〈그 밖의 분야〉

◆ "**자기 수양**", 한국청소년연맹 한별단(고등학생단) 교재 〈한별의 생활〉 16~19쪽. 한국청소년연맹. 1985. 5. 1.

◆ "**정신 수련**", 한국청소년연맹 한별단(고등학생단) 교재 〈한별의 생활〉 20~32쪽. 한국청소년연맹. 1985. 5. 1.

◆ "**김해 허씨(許氏)의 의령 정착 과정**", 의령신문 2012년 3월 23일 2쪽. 의령신문사, 경남 의령군

◆ "**의령군 가례를 몹시 사랑한 허원보의 삶**", 의령신문 2012년 7월 13일 3쪽. 의령신문사, 경남 의령군

◆ "**의령군 가례를 사랑한 허원보의 자녀와 인척**", 의령신문 2012년 9월 28일 3쪽. 의령신문사, 경남 의령군

◆ "조선 전기 허원보의 의령군 가례 이주에 따른 지명 형성", 의령신문 2012년 12월 27일 3쪽. 의령신문사, 경남 의령군
◆ "의령군 가례면의 역사적 명소를 표적 있게 하자", 의령신문 2013년 7월 12일 4쪽. 의령신문사, 경남 의령군
◆ "의령군 칠곡면의 일곱 골짜기를 설정하면서", 의령신문 2013년 9월 13일 3쪽. 의령신문사, 경남 의령군
◆ "조선 전기 허원보의 의령 이주에 따른 나라 사랑 기여와 지명 형성 연구", 의령문화 제23호 12~19쪽. 의령문화원, 경남 의령군. 2014. 1.
◆ "우리 고유 음악에 큰 빛 남긴 악성 우륵 - 우륵의 시와 춤의 재능도 조명되어야-", 월간 순수문학 2014년 3월호 147~149쪽. 월간 순수문학사, 서울. 2014. 3. 1.
◆ "의령군 가례면 백암정(白巖亭)의 유래와 가치", 의령신문 2014년 12월 26일 4쪽. 의령신문사, 경남 의령군
◆ "시인 허만길의 의령 사랑 시와 악보 모음", 의령문화 제24호 116~123쪽. 의령문화원, 경남 의령군. 2015. 1. 25.
◆ "허찬도(許贊道) 선생의 항일 독립운동과 선각적 계몽활동", 령신문 제371호 2015년 2월 27일 4쪽. 의령신문사, 경남 의령군
◆ "곽재우 아버지 곽월의 혼인과 강응두에 관한 연구", 의령신문 제374호 2015년 3월 20일 6쪽. 의령신문사, 경남 의령군
◆ "의령의 우륵 기념사업 과제와 방안", 2015년 학술 세미나 의령의 인물 악성 우륵에 대한 연구 75~93쪽. 발행 우륵문화발전연구회, 경남 의령군. 2015. 5. 29.
◆ "의령읍 만천리 노재성 님 부인 강윤희 여사 열녀, 효부 행실", 의령신문 제392호 2015년 8월 7일 3쪽. 발행 의령신문사, 경남 의령군

◆ **"의병장 곽재우와 의령의 관계-"**, 재경 의령군향우회 60년사 416~419쪽. 발행 재경의령군향우회, 서울. 2015. 9. 1.

◆ **"허찬도 - 항일 애국독립운동가, 선각적 계몽 활동가-"**, 재경 의령군향우회 60년사 164~165쪽. 발행 재경의령군향우회, 서울. 2015. 9. 1.

◆ **"〈재경 의령군향우회 60년사〉 서평"**, 의령신문 제402호 2015년 10월 30일 4쪽. 발행 의령신문사, 경남 의령군

◆ **"허만길 인물자료 100년 타임캡슐에 보존"**, 의령신문 제404호 2015년 11월 13일 3쪽. 발행 의령신문사, 경남 의령군

◆ **"의령 자굴산의 부르는 말과 한자 표기음의 일치성 및 어원 연구"**, 의령문화 제25호 16~34쪽. 발행 의령문화원, 경남 의령군. 2016. 1. 31.

◆ **"의령의 우륵 기념사업 방향과 개선점"**, 2017년 제6회 의령 우륵 학술 세미나 자료집 의령인 악성 우륵 147~168쪽. 발행 우륵문화발전연구회, 경남 의령군. 2017. 9. 16.

◆ **"우륵의 이해와 의령의 우륵 기념사업 방향"**, 2019년 제8회 의령 우륵 탄신기념 학술세미나 논문집 12~25쪽. 발행 우륵문화발전연구회, 경남 의령군. 2019. 5. 25.

◆ **"허원보 선생 후손으로서 백암정(白巖亭) 복원을 고마워하며"**, 의령신문 2019년 12월 26일 6쪽. 발행 의령신문사, 경남 의령군

◆ **"진주의 4.19혁명 상황과 허만길의 선언문 회고"**, 월간 한국국보문학 2020년 4월호 63~97쪽. 발행 도서출판 국보, 서울. 2020. 4. 1.

◆ **"허만길의 의령 관련 논문, 문학작품, 노래 해설"**, 의령문화 제30호 77~107쪽. 발행 의령문화원. 2021. 2. 1.

■ **단편소설**

◈ '원주민촌의 축제', 한글문학 제12집 115~134쪽. 편자 한글문학회. 발행 미래문화사. 서울. 1990. 10. 5.

◈ (* 2차 발표) '원주민촌의 축제', 허만길 저서 〈정신대 문제 제기 및 대한민국 임시정부자리 보존운동 회고〉 158~186쪽. 발행 에세이퍼블리싱(북랩), 서울. 2010. 12.

◈ (* 3차 발표) '원주민촌의 축제', 〈월간 신문예〉 제94호 2018년 7·8월호 84~105쪽. 발행 도서출판 책나라, 서울. 2018. 7.

◈ '꽃망울', 월간 '유아교육자료' 1991년 3월호 100~103쪽. 발행 한국교육출판, 서울.

◈ '채색된 사람들', 한글문학 제13집 165~184쪽. 엮은이 한글문학회, 발행 도서출판 한누리, 서울. 1991. 4.

◈ '충격', 한글문학 제15집 239~253쪽. 엮은이 한글문학회. 발행 도서출판 한누리, 서울. 1992. 5.

◈ '진아 자매의 자굴산 축제', 한국소설(The Korea Novel) 166호 2013년 5월호 84~96쪽. 발행 한국소설가협회. 2013. 5. 1.

◈ '선생님의 사랑', 한국소설 206호 2016년 9월호 63~82쪽. 발행 한국소설가협회, 서울. 2016. 9.

■ **주요 수필**

◈ "일제 강점기 애국 항일 활동을 한 아버지 허찬도 선생의 교훈", 허만길 저서 〈정신대 문제 제기 및 대한민국 임시정부 자리 보존운동 회고〉 11~25쪽. 발행 주식회사 에세이퍼블리싱, 서울. 2010. 12. 21.

◆ "어머니의 마음자락", (1) 한글문학 제11집 121~125쪽. 편자 한글문학회 회장 안장현. 발행 도서출판 한누리, 서울. 1990. 5. 20. (2) (* 재수록) 청다문학 사화집 제2호 199~205쪽. 발행 청다문학회, 서울. 2009. 1. 10.

◆ "과로로 휴직했던(1980년) 이야기", 허만길 저서 〈우리말 사랑의 길을 열면서〉 318~347쪽. 발행 문예촌, 서울. 2003. 5. 26.

◆ "(산업체 근무 학생) 특별학급 제자를 회상하며", 교육관리기술 1988년 3월호 125~130쪽. 발행 한국교육출판사, 서울. 1988. 3. 1.

◆ "정신대 희생자 넋을 생각하며", 비상기획보 1992년 봄호 통권 제19호 56~59쪽. 발행 국가안전보장회의/비상기획위원회. 1992. 3. 1.

◆ "오는 봄, 맞이하는 봄 속에 소녀 정신대 생각", 교육신보 1992년 1월 27일 3쪽. 발행 교육신문사, 서울.

◆ "방송통신고등학교 학생들의 향학열을 돕던 생각", 나라사랑 제103집 180~185쪽. 발행 외솔회(외솔 최현배 박사 기념 모임), 서울. 2002. 3. 23.

◆ "외솔 최현배 박사와의 만남 회고", (1) 허만길 저서 〈우리말 사랑의 길을 열면서〉 34~51쪽. 발행 문예촌, 서울. 2003. 5. 26. (2) 나라사랑 제108집 226~243쪽. 발행 외솔회(외솔 최현배 박사 기념 모임), 서울. 2004. 9. 23.

◆ "국어학자 외솔 최현배 박사님과의 만남", 월간 신문예 2021년 7·8월호 22~38쪽. 발행 도서출판 책나라, 서울. 2021. 7. 1.

◆ "서울 영원중학교, 세계적 청소년 문제 작가 존 마스든 초청 강연 회고", 교육평론 2000년 7월호 48~51쪽. 발행 주간교육신문사,

서울. 2000. 7. 1.

◈ "2000년 사하 공화국 교육부 장관의 학교(서울 영원중학교) 방문 회고", 청다문학 사화집 제4호 171~176쪽. 발행 청다문학회, 서울. 2011. 1. 31.

◈ "2001년 전후 서울 영원중학교 교장 재직 시절", 문화 영등포 제8호 35~39쪽. 발행 영등포문화원, 서울. 2013. 7. 20.

◈ "서울 당곡고등학교 교직원들과 새해 떡국을 먹던 날", 서울 교육의정 회보 제2호 22~25쪽. 발행 서울특별시교육의정회. 2004. 4. 1.

◈ "문예춘추 제1회 청백문학상 수상(2011년) 소감", 문예춘추 2012년 봄호 49~53쪽. 발행 씨알의 소리, 서울. 2012. 3. 16.

◈ "의령군 칠곡면 애향비 생각", 의령신문 제340호 2013년 12월 25일 3쪽. 발행 의령신문사, 경남 의령군

◈ "1950년대 칠곡초등학교 학창 시절 돌아봄", 의령신문 제353호 2014년 7월 11일 7쪽. 발행 의령신문사, 경남 의령군

◈ "한국 문단 경영의 거장 이양우 시인님", 이양우 회고록 '황혼연설' 7~9쪽. 발행 문예춘추, 서울. 2015. 3. 23.

◈ "의령예술단의 노고를 생각하며", 의령신문 제381호 2015년 5월 15일 3쪽. 발행 의령신문사, 경남 의령군

◈ "허만길 작사 방송통신고등학교 교가 제정 과정"(허만길 구술 녹취), 방송통신고등학교 40년사 35~36쪽. 발행 한국교육개발원, 서울. 2016. 12.

◈ "1950년대 초등학교 학창 시절 기억", (전자책) 한국문학방송 앤솔러지 제65집 2017년 11월호 82~88쪽. 발행 한국문학방송, 서울. 2017. 1. 15.

◆ "방송통신고등학교 교가를 작사한 마음", 월간 순수문학 통권 284호 2017년 7월호 83~87쪽. 발행 월간순수문학사, 서울. 2017. 7. 1.

◆ "한국가곡연구소의 의령군민문화회관 공연의 경이로움", 의령시사신문 제55호 2017년 7월 16일 8쪽. 발행 의령시사신문사, 경남 의령군

◆ "푸른 삶과 문학 활동 48년", 한국소설 2019년 4월호 157~174쪽. 발행 한국소설가협회, 서울. 2019. 4. 1.

◆ "아기 외손녀와 외할아버지의 일기", 월간 한국국보문학 2021년 2월호 194~220쪽. 발행 도서출판 국보, 서울. 2021. 2. 1.

◆ "젊은 교육자의 휴직", 월간 한국국보문학 2021년 11월호 26~42쪽. 발행 도서출판 국보, 서울. 2021. 11. 1.

■ **번역된 작품 · 외국어로 된 글**

◆ 허만길 시 '대한민국 상하이임시정부 자리'

* 1990년 6월 13일 대한민국 상하이임시정부 자리 방문 현장 즉흥시. 허만길의 대한민국 상하이임시정부자리 보존운동 시초의 시

* 일본어로 번역되어, 한국·일본·중국 시인 사화집 〈동북아 시집〉(東北亞詩集, ANTHOLOGY OF CONTEMPORARY KOREAN CHINESE JAPANESE POETS) 633~634쪽(편찬 한국현대시인협회 Korean Modern Poets Association. 발행 도서출판 천산, 서울. 2008. 10. 29.)에 실림.

번역 제목: '大韓民國の上海臨時政府の遺跡'(大韓民國人 許萬吉 詩/ 文在球 譯)

번역 문재구(文在球): 문학박사. 시인

* 허만길 시집 〈아침 강가에서〉 104~105쪽(발행 도서출판 순수, 서울. 2014. 9. 1.)에 일본어로 번역된 시 '大韓民國の上海臨時政府の遺跡'(大韓民國人 許萬吉 詩/文在球 譯) 실림.
* 영어로 번역된 시 'The Site of the Korean Provisional Government in Shanghai' (Hur Man-gil/Trans. Chung Eun-Gwi) 〈Poetry Korea〉 Volume 7. 193~195쪽(United Poets Laureate International Korea Committee, Daejeon, Republic of Korea. 2018. 12. 1.)에 실림.
번역 Chung Eun-Gwi(정은귀): Ph.D. State University of New York, USA (Literature). Professor, Hankuk University of Foreign Studies(한국외국어대학교 교수)
* 〈3.1운동 및 대한민국임시정부 수립 100주년 기념 특별초대 시〉 (한국어·일어·영어 대역 시) '대한민국 상하이임시정부 자리/大韓民國の上海臨時政府の遺跡/The Site of the Korean Provisional Government in Shanghai'가 〈한국국보문학〉 2019년 3월호 112~120쪽(발행 도서출판 국보, 서울. 2019. 3. 1.)에 실림.

◆ 허만길 시 '아침 강가에서'
* 허만길 시집 〈당신이 비칩니다〉 44쪽(발행 도서출판 영하, 서울. 2000. 12. 23.) 실린 시
* 영어로 번역되어, 〈제3회 세계한글작가대회 기념 한영대역 대표작 선집(시집)〉 668쪽(한국어), 669쪽(영어)(발행 국제PEN한국본부, 서울. 2017. 9. 1.)에 실림.
〈The Collection of Poems in Korean/English to Celebrate the 3rd International Congress of Writers Writing in Korean〉 669쪽(The Korean Centre of PEN

International, Seoul, Republic of Korea. September 1, 2017)

번역 시 제목: 'At the Morning Riverside' (Hur Man-gil/Trans. Chung, Eun-Gwi)

번역 Chung, Eun-Gwi(정은귀): Ph.D. State University of New York, USA (Literature). Professor, Hankuk University of Foreign Studies(한국외국어대학교 교수)

* 영어로 번역된 시 'At the Morning Riverside' (Hur Man-gil/Trans. Chung Eun-Gwi) 〈Poetry Korea〉 Volume 6. 213쪽(Edited by Poets Laureate International Korea Committee. Published by Orum Publisher, Daejeon, Republic of Korea. * 2017. 12. 1.)에 실림.

* 〈문예춘추 Munyechunchu Literature〉 2018년 봄호 247쪽에 한국어 시 '아침 강가에서', 248쪽에 영어로 번역 된 시 'At the Morning Riverside' (Hur Man-gil/Trans. Chung, Eun-Gwi) 실림(발행 씨알의 소리, 서울. 2018. 3. 5.)

◆ 허만길 시 '남태평양에서'

영어로 번역되어 〈Poetry Korea〉 Volume 7. 198~199쪽(Edited by Poets Laureate International Korea Committee, 국제계관시인연합 한국위원회. Published by Orum Publisher, Daejeon, Republic of Korea. * December 1, 2018)에 실림

번역 시 제목: 'Looking for Mana in the South Pacific' (Hur Man-gil/Trans. Kim Yong-jae)

번역 Kim Yong-jae(김용재): Board Member of Korea PEN & The Korea Modern Poets Association. The Chairman of United Poets Laureate International Korea Committee Chairman. 영문학 박사. 국제PEN한국본부 이사장. 전 대전대학 영문학과 교수. 전 미국 USC(University of Southern California. 남가주 대학교) 객원교수

◆ 허만길 시 '겨울 사랑'

* 영어로 번역되어, 〈참여문학〉 2015년 여름호 48~49쪽(발행 문예촌, 서울. 2015. 6. 25.)에 실림.
'The Participant Literature', the Summer Issue, 2015. 48~49쪽(Munyechon Publishers, Seoul, Korea. June 25, 2015)
번역 시 제목: 'Love in Winter' (Hur Man-gil/Trans. Hur Man-gil)
번역 Hur Man-gil(허만길): The Author(시 지은이)

◆ 허만길 시 '본다이 아침 해변'

* 영어로 번역되어 〈제4회 세계한글작가대회 기념 영문 대표작 선집, The Collection of Poetry & Prose in English to Celebrate the 4th International Congress of Writers Writing in Korean〉 77쪽(Published by The Korean, International PEN. Published in November 30, 2018)에 실림.
번역 시 제목: 'Bondi Beach in the Morning' (Hur Man-gil/Trans. Chung Eun-Gwi)
번역 Chung Eun-Gwi(정은귀): Ph.D. State University of

New York, USA(Literature). Professor, Hankuk University of Foreign Studies. 한국외국어대학교 교수

◆ 허만길 시 '초겨울의 미션 베이'

* 영어로 번역되어 〈Poetry Korea〉 Volume 8. 130~131쪽(Edited by Poets Laureate International Korea Center, 국제계관시인연합 한국본부. Published by Orum Publisher, Daejeon, Republic of Korea. * December 30, 2019)에 실림.

번역 시 제목: 'Mission Bay in Early Winter'(Hur Man-gil/ Trans. Kim Yong-jae)

번역 Kim Yong-jae(김용재): Board Member of Korea PEN & The Korea Modern Poets Association. The Chairman of United Poets Laureate International Korea Center. 영문학 박사. 국제PEN한국본부 이사장. 전 대전대학 영문학과 교수. 전 미국 USC(University of Southern California. 남가주 대학교) 객원교수

◆ 허만길 시 '함박눈'

* 영어로 번역되어 〈Poetry Korea〉 Volume 8. 133쪽(Edited by Poets Laureate International Korea Center, 국제계관시인연합 한국본부. Published by Orum Publisher, Daejeon, Republic of Korea. * December 30, 2019)에 실림.

번역 시 제목: 'Snowflakes'(Hur Man-gil/Trans. Kim In-Young)

번역 Kim In-Young(김인영): Colorado University. BA. USA. Pittsburg University. MA. USA. 서강대학교 문학박사 Ph.D.

in Literature. 국제PEN한국본부 번역위원회 위원(Translation committee member of P.E.N.). 국제계관시인엽회 한국본부 사무총장(Korea Secretary-general of UPLI Korea Center)

◆ 허만길 시 '젊은 날의 4.19혁명'

* 영어로 번역되어 〈Poetry Korea〉 Volume 9. 59~61쪽(Edited by Poets Laureate International Korea Center, 국제계관시인연합 한국본부. Published by Orum Publisher, Daejeon, Republic of Korea. * June 30, 2020)에 실림.

번역 시 제목: 'April 19 Revolution in the Memories of My Youth'(Hur Man-gil/Trans. Kim Yong-jae)

번역 Kim Yong-jae(김용재): Board Member of Korea PEN & The Korea Modern Poets Association. The Chairman of United Poets Laureate International Korea Center. 영문학 박사. 국제PEN한국본부 이사장. 전 대전대학 영문학과 교수. 전 미국 USC(University of Southern California. 남가주 대학교) 객원교수

◆ 허만길 시 '악성 우륵 찬가'

* 영어로 번역되어 〈Poetry Korea〉 Volume 10. 2020. 129쪽 (Edited by Poets Laureate International Korea Center, 국제계관시인연합 한국본부. Published by Orum Publisher, Daejeon, Republic of Korea. * December 22, 2020)에 실림.

번역 시 제목: 'A Hymn to Ureuk, the Great Musician of Korean Antiquity' (Hur Man-gil/Trans. Kim In-Young)

번역 Kim In-Young(김인영): Colorado University. BA. USA.

Pittsburg University. MA. USA. 서강대학교 문학박사 Ph.D. in Literature. 국제PEN한국본부 번역위원회 위원 (Translation committee member of P.E.N.). 국제계관시인엽회 한국본부 사무총장(Korea Secretary-general of UPLI Korea Center)

◆ 허만길 시 '의령 아리랑'

* 영어로 번역되어 〈Poetry Korea〉 Volume 10. 2020. 132~133쪽(Edited by Poets Laureate International Korea Center, 국제계관시인연합 한국본부. Published by Orum Publisher, Daejeon, Republic of Korea. * December 22, 2020)에 실림.

번역 시 제목: 'Uiryeong Arirang'(Hur Man-gil/Trans. Kim Yong-jae)

번역 Kim Yong-jae(김용재): Board Member of Korea PEN & The Korea Modern Poets Association. The Chairman of United Poets Laureate International Korea Center. 영문학박사. 국제PEN한국본부 이사장. 전 대전대학 영문학과 교수. 전 미국 USC(University of Southern California. 남가주 대학교) 객원교수

◆ 허만길 시 '백두산 바라보며'

영어로 번역되어 〈Poetry Korea〉 Volume 12. 2021(Edited by Poets Laureate International Korea Center, 국제계관시인연합 한국본부. Published by Orum Publisher, Daejeon, Republic of Korea)에 실림.

번역 시 제목: 'Looking at Baekdusan Mountain'(Hur Man-gil/Trans. Kim Yong-jae)

번역 Kim Yong-jae(김용재)

◆ 허만길 시 '내 아내여서 행복이네'

영어로 번역되어 〈Poetry Korea〉 Volume 12. 2021(Edited by Poets Laureate International Korea Center, 국제계관시인연합 한국본부. Published by Orum Publisher, Daejeon, Republic of Korea)에 실림.

번역 시 제목: 'My Wife Makes Me Happy' (Hur Man-gil/ Trans. Kim In-Young)

번역 Kim In-Young(김인영)

◆ 허만길 논문 'Origin and Concept of Complex Literature', 허만길 저서 〈정신대 문제 제기 및 대한민국 임시정부 자리 보존 운동 회고〉 190~199쪽(발행 에세이퍼블리싱, 서울. 2010. 12. 21.)

◆ 허만길 논문 'Interpretation of the Short Novel 〈A Feast in the Village of Natives〉', 허만길 저서 〈정신대 문제 제기 및 대한민국 임시정부 자리 보존 운동 회고〉 200~208쪽(발행 에세이퍼블리싱, 서울. 2010. 12. 21.)

■ 허만길 관련 문헌 등재

◆ 〈기네스북〉(*한국어 번역판. 발행처 신아사, 서울. 1991. 2. 25.) 의 '한국 편'(302쪽)에 '허만길(1943년 3월 21일생) 최연소 중학교 교원 자격증 취득(18살. 1961년 4월 10일) 및 최연소 고등학교 교원 자격증 취득(19살. 1962년 12월 6일)' 등재 풀이(*영국 기네스본부Guinness PLC 발행 '기네스북 The Guinness

Book of Records' 번역본에 '한국 편' 첨가)

◆ 〈대한민국 5,000년사〉 제7권 '한국 인물사' 1009쪽(엮은이 역사편찬회. 펴낸곳 역사편찬회 출판부, 서울. 1991. 4. 10.)에 '허만길' 등재 풀이

◆ 〈대한민국 현대 인물선〉 1401쪽(발행 대한민국현대인물편찬회, 서울. 1991. 7. 1.)에 '허만길' 등재 풀이

◆ 〈한국을 움직이는 인물들〉(Who's Who in Korea) 2527쪽(발행 중앙일보사, 서울. 1997. 12. 20.)에 '허만길' 등재 풀이

◆ 〈두산세계대백과사전〉(CD-ROM판. 발행 두산동아출판사, 서울. 2001. 9.)에 허만길 창시 '복합문학(複合文學, Complex Literature)' 등재 풀이

◆ 〈두산백과사전〉(발행 주식회사 두산, 서울. 2001. 9.)에 허만길 창시 '복합문학(複合文學, Complex Literature)' 등재 풀이

◆ 〈한국 시 대사전〉 3293~3295쪽(발행 을지출판공사, 서울. 2004. 12. 1.)에 '허만길' 등재. 허만길 소개 및 대표 시 9편 실음.

◆ 〈국가 상훈 인물 대전〉 제5권 '현대사의 주역들' 1525쪽(발행 국가상훈편찬위원회, 서울. 2005. 6. 20.)에 '허만길' 등재 풀이

◆ 〈두산백과사전〉(발행 주식회사 두산, 서울. 2007. 3. 2.)에 허만길의 정신대(종군 위안부) 문제 단편소설 '원주민촌의 축제[原住民村의 祝祭, A Feast in the Village of Natives]' 등재 풀이

◆ 〈한국 시 대사전〉(The Encyclopedia of Korean Poetry) 3295~3296쪽(발행 이제이피북 Ejpbook, 서울. 2011. 3. 31.)에 '허만길' 등재. 허만길 소개 및 대표 시 5편 수록

◆ 〈대한민국 문인방목(文人榜目)〉 69쪽(발행 한국문학방송, 서울.

2016. 8. 15.)에 허만길 문인 등단 사항 등재
◆ 〈방송통신고등학교 40년사〉 35~36쪽(발행 한국교육개발원, 서울. 2016. 12.)에 허만길 작사 '방송통신고등학교 교가'(작곡 화성태)와 허만길 회고 '방송통신고등학교 교가 제정 과정' 등재

■ 허만길 시비, 비문, 현판시

◆ 개화예술공원(충남 보령시)에 허만길 시비 '당신이 비칩니다' 건립(2009. 11. 30.)
◆ 시와 숲길 공원(처음 이름: 항일 민족시인 추모 공원. 충남 보령시) 애국동산에 허만길 시비 '대한민국 상하이임시정부 자리' 건립(2010. 4. 23.): 뒷면에 허만길 약력
◆ 시와 숲길 공원(충남 보령시) '한국문인 인물상 시비'에 허만길 인물상, 시 '아침 강가에서', 약력 조각(2012. 5. 12.)
◆ 경남 의령군 칠곡면 '애향비'(2001. 8. 15. 건립)에 허만길 시 '내 고향 칠곡' 조각
◆ 충남 보령시 '시와 숲길 공원'의 '한국현대문학 100주년 기념탑'(2008. 11. 건립) 딸린 비 '빛나는 한국문단의 인물들'에 '허만길'과 정신대(종군 위안부) 문제 단편소설 제목 '원주민촌의 축제' 등재(건립자: 사단법인 국제펜클럽한국본부/사단법인 한국육필문예보존회. 2008. 11.)
◆ 시와 숲길 공원(충남 보령시) '한국 육필문학의 숨결 큰비석'에 허만길의 육필로 성명 "허만길", 생년월일. 출생지 "일본 교토 오쿠보", 성장지 "경남 의령군", 등단지 〈한글문학〉(1989년 2월 20일), 장르 "시인, 소설가, 복합문학 창시자", 대표작 "복합문학 '생

명의 먼동을 더듬어", 주요 시 제목과 시구 "시 제목: 대한민국 상하이임시정부 자리. 시구: 내 조국, 내 겨레 얼룩진/거룩한 자리" 조각(2011. 6. 18.) 기록

◈ **시와 숲길 공원(충남 보령시) '한국 현대문학 등단 연대표 비석'**에 허만길 대표작 기록(2011. 11.)

허만길: 시인. 1989년 〈한글문학〉 등단. 저서 (복합문학) 〈생명의 먼동을 더듬어〉, 시집 〈열다섯 살 푸른 맹세〉 외 다수

◈ **시와 숲길 공원(충남 보령시)**에 안예진 시인 시비 '당신의 사랑' 뒷면 허만길 문학박사 비문 '안예진 시인 문학 재능 기림' 조각 (2018. 2. 21. 건립)

◈ **경상남도 의령군 칠곡면 산남리 121번지 청죽묘원(靑竹墓園) 묘비**에 허만길 시 '허흔도 선생을 기림' 조각(2017. 11.)

◈ **경상남도 의령군 칠곡면 '존저암'(存箸庵. 조선 전기 참봉 허수許琇 재실)**에 허만길 현판시 '칠곡 존저암' 부착(2016. 1. 7.)

■ 서울특별시 공모 서울 지하철 역 승강장 게시 허만길 시

◈ 허만길 시 '그리운 목소리': 2009년 12월부터 3년간

◈ 허만길 시 '서울의 새 아침': 2012년 12월부터 3년간

◈ 허만길 시 '함박눈': 2015년 12월부터 3년간

◈ 허만길 시 '여름 밤하늘': 2021년 12월부터 3년간

■ 작곡된 허만길 시

◈ **'우리 자연 우리 환경'**(시 허만길. 작곡 정미진. 1995년 작곡)

* 1995년 10월 12일부터 '우리 자연 우리 환경' 카세트 음악녹음테

이프 및 악보로 노래 보급
* 1995년 10월 23일 환경부장관의 '감사드림' 공문 받음(문서번호: 환교67030-409, 1995. 10. 23.)
* 악보 수록: (1) 〈주간교육신문〉 1995년 11월 13일(발행 주간교육신문사, 서울). (2) 허만길 시집 〈열다섯 살 푸른 맹세〉(발행 푸른사상사, 서울. 2004. 11.)
* 2021년 7월 성악가 송승연(숙명여자대학교 대학원 성악과 졸업. 플라워싱어즈 중창단원) 노래로 음원 제작
* 인터넷 유튜브(YouTube) 등재(박성진. 2021. 9. 23.)

◆ **'악성 우륵 찬가'**(시 허만길. 작곡 이종록. 2016년 작곡)
* 악보 수록: 이종록 작곡집 〈꽃들의 이야기〉(발행 도서출판 문학공원, 서울. 2016. 7.)
* 〈가곡동인 15집〉 CD 음반 수록(제작 C&C, 서울. 2016. 8.)에 소프라노 김순영 노래로 실림.
* 〈연합뉴스〉, 〈중앙일보〉, 〈충주교차로신문〉, 〈뉴시스〉, 〈영등포투데이신문〉 등 40여 언론에 보도되고, 충청북도 충주시청 문화예술 담당부서에서 시와 악보와 음반을 보관하여 활용함.
* 인터넷 유튜브(YouTube) 등재(채선엽. 2020. 7. 20.)

◆ **'의령 아리랑'**(시 허만길. 작곡 정미진. 2013년 작곡)
* 〈허만길 작사 의령 사랑 노래 4곡집〉 CD 음반(제작 허만길. 2014. 4.), 〈허만길 작사 의령 노래 6곡집〉 CD 음반(제작 허만길. 2016. 4.)에 테너 이재욱, 소프라노 이승옥 노래로 실림.
* 의령문화원, 의령예술촌, 의령예술단 등에 〈허만길 작사 의령 노래 6곡집〉 CD 음반 및 악보 보관

* 악보 수록: (1) 〈의령군보〉 제253호 2014년 2월 26일(경남 의령군 공보담당 발행). (2) 허만길 시집 〈아침 강가에서〉(발행 도서출판 순수, 서울. 2014. 9.). (3) 〈의령문화〉 제24호(발행 의령문화원, 경남 의령군. 2015. 1.)
* 인터넷 유튜브(YouTube) 등재(채선엽. 2020. 6. 23.)

◈ '백두산 바라보며'(시 허만길. 작곡 이종록. 2020년 작곡)

* 악보 수록: 이종록 작곡집 〈나 억새로 태어나도 좋으리〉 93~95쪽(발행 문학공원, 서울. 2020. 1. 15.)
* 〈Composer Lee Jong-Rok Songs. Vol. 38〉(작곡가 이종록 가곡 제38집) 음반(제작 C&C, 서울. 2020. 2. 5.)에 소프라노 최윤정 노래로 실림.
* 인터넷 유튜브(YouTube) 등재(채선엽. 2020. 2. 8.)

◈ '내 아내여서 행복이네'(시 허만길. 작곡 이종록. 2021년 작곡)

* 악보 수록: 이종록 작곡집 〈그곳에 가면〉 52~55쪽(발행 씨엔씨미디어, 서울, 2021. 8. 31.)
* 〈Composer Lee Jong-Rok Songs. Vol. 47〉(작곡가 이종록 가곡 제47집) 음반(제작 C&C, 서울. 녹음 장충레코딩스튜디오, 서울. 2021. 8. 19.)에 바리톤 박승혁 노래로 실림.
* 인터넷 유튜브(YouTube) 등재(박성진. 2021. 9. 3.)

◈ '진주 비봉산'(시 허만길. 작곡 이종록. 2020년 작곡)

* 악보 수록: 이종록 작곡집 〈나 억새로 태어나도 좋으리〉 221~224쪽(발행 문학공원, 서울, 2020. 1. 15.)
* 〈Composer Lee Jong-Rok Songs. Vol. 39〉(작곡가 이종록 가곡 제39집) 음반(제작 C&C, 서울. 녹음 장충레코딩스튜디오, 서

울. 2020. 2. 5.)에 소프라노 최윤정 노래로 실림.

* 바리톤 유지훈(국립합창단 단원) 노래로 음원(음악파일) 제작 (2020. 2. 27.)
* (1) 최윤정 노래 인터넷 유튜브(YouTube) 등재(채선엽. 2020. 3. 2.). (2) 유지훈 노래 인터넷 유튜브(YouTube) 등재(채선엽. 2020. 3. 2.)

◆ '**해운대 달밤**'(시 허만길. 작곡 이종록. 2017년 작곡)

* 악보 수록: 이종록 작곡집 〈그대 가슴에 들국화〉(발행 문학공원, 서울, 2017. 3. 20.)
* 〈Composer Lee Jong-Rok Songs. Vol. 33〉(작곡가 이종록 가곡 제33집) 음반(제작 C&C, 서울. 2017. 3. 20.)에 테너 박진형 노래로 실림.
* 인터넷 유튜브(YouTube) 등재(세계로부천방송. 2019. 6. 25.)

◆ '**우정의 자리**'(시 허만길. 작곡 신동민. 2013년 작곡)

* 악보 수록: (1) 〈한겨레 가곡집〉 제7집(발행 한겨레작곡가협회, 서울. 2013. 12.). (2) 허만길 시집 〈아침 강가에서〉(발행 도서출판 순수, 서울. 2014. 9.)
* 〈한겨레 가곡집 제7집〉 CD 음반(제작 한겨레작곡가협회, 서울. 2013. 12.)에 바리톤 유훈석 노래로 실림.
* 인터넷 유튜브(YouTube) 등재(임병주. 2019. 5. 17.)

◆ '**여의도 꽃길**'(시 허만길. 작곡 이일구. 2014년 작곡)

* 〈가곡동인 제10집〉 가곡음반(제작 C&C, 서울. 2014. 10. 10.)에 소프라노 이현민 노래로 실림
* 인터넷 유튜브(YouTube) 등재(채선엽. 2020. 6. 5.)

◆ '**한강 샛강다리**'(시 허만길. 작곡 이종록. 2015년 작곡)

* 악보 수록: 이종록 작곡집 〈잃어버린 조가비〉(발행 문학공원, 서울. 2015. 7.)
* 〈Composer Lee Jong-Rok Songs. Vol. 28〉(작곡가 이종록 가곡 제28집) 음반(제작 C&C, 서울. 2015. 7.)에 소프라노 이미성 노래로 실림.
* 인터넷 유튜브(YouTube) 등재(채선엽. 2020. 2. 5.)

◈ **'서울 메낙골공원'**(시 허만길. 작곡 김성봉. 2015년 작곡)
* 허만길 시인이 〈한국문학방송〉(DSB) 지원으로 2015년 10월 김성봉 작곡 및 김성봉 노래(대중가요)로 음원 제작.
* 인터넷 유튜브(YouTube) 등재(한국문학방송DSB. 2015. 10. 7.)

◈ **'자굴산'**(시 허만길. 작곡 오혜란. 2012년 작곡)
* 자굴산은 경남 의령군 위치
* 악보 수록: (1) 전국자굴산모임연합회 2012년 정기총회 회의자료. (2) 허만길 시집 〈아침 강가에서〉(발행 도서출판 순수, 서울. 2014. 9.). (3) 〈의령문화〉 제24호(발행 의령문화원, 경남 의령군. 2015. 1.)
* 허만길 시인이 2012년 7월 소프라노 이승옥 노래로 〈자굴산〉 CD 음반과 카세트 음악녹음테이프를 제작하였으며, 〈허만길 작사 의령 사랑 노래 4곡집〉 CD 음반(제작 허만길 2014. 4.)과 〈허만길 작사 의령 노래 6곡집〉 CD 음반(제작 허만길. 2016. 4.)에 실림.
* 인터넷 유튜브(YouTube) 등재(채선엽. 2020. 6. 28.)

◈ **'금지샘 사랑'**(시 허만길. 작곡 오혜란. 2013년 작곡)
* 금지샘은 경남 의령군 자굴산에 위치
* 악보 수록: (1) 허만길 시집 〈아침 강가에서〉(발행 도서출판 순수, 서울. 2014. 9.). (2) 〈의령문화〉 제24호(발행 의령문화원, 경남 의

령군. 2015. 1.)
* 허만길 시인이 2013년 8월 1일 대중가요 가수 이장호 노래로 〈금지샘 사랑〉 CD 음반을 제작하였으며, 〈허만길 작사 의령 사랑 노래 4곡집〉 CD 음반(제작 허만길. 2014. 4.)과 〈허만길 작사 의령 노래 6곡집〉 CD 음반(제작 허만길. 2016. 4.)에 실림.
* 인터넷 유튜브(YouTube) 등재(채선엽. 2020. 7. 11.)

◆ **'칠곡 사랑'**(시 허만길. 작곡 정미진. 2011년 작곡)
* 칠곡은 허만길 시인의 고향 경상남도 의령군 칠곡면을 가리킴.
* 악보 수록: (1) 허만길 시집 〈아침 강가에서〉(발행 도서출판 순수, 서울. 2014. 9.). (2) 〈의령문화〉 제24호(발행 의령문화원, 경남 의령군. 2015. 1.)
* 허만길 시인이 2011년 7월 소프라노 송승연 노래로 〈칠곡 사랑〉 CD 음반과 카세트 음악녹음테이프를 제작하였으며, 〈허만길 작사 의령 사랑 노래 4곡집〉 CD 음반(제작 허만길. 2014. 4.)과 〈허만길 작사 의령 노래 6곡집〉 CD 음반(제작 허만길. 2016. 4.)에 실림.
* 인터넷 유튜브(YouTube) 등재(채선엽. 2020. 3. 11.)

◆ **'의령을 위하여'**(시 허만길. 작곡 진형운. 2014년 작곡)
* 악보 수록: 〈의령문화〉 제24호(발행 의령문화원, 경남 의령군. 2015. 1.)
* 〈허만길 작사 의령 노래 6곡집〉 CD 음반(제작 허만길. 2016. 4.)에 테너 이재욱 노래로 실림.
* 인터넷 유튜브(YouTube) 등재(채선엽. 2020. 6. 29.)

◆ **'한우산 철쭉꽃'**(시 허만길. 작곡 오혜란. 2014년 작곡)
* 한우산은 경남 의령군에 위치

* 악보 수록: (1) 〈의령문화〉 제24호(발행 의령문화원, 경남 의령군. 2015. 1.). (2) 〈의령시사신문〉 2015년 1월 15일(의령군 의령읍)
* 〈허만길 작사 의령 노래 6곡집〉 CD 음반(제작 허만길. 2016. 4.) 에 테너 이재욱 노래로 실림.
* 인터넷 유튜브(YouTube) 등재(채선엽. 2020. 7. 2.)

◆ **'방송통신고등학교 교가'**(시 허만길. 작곡 화성태. 1978년 작곡)

* 허만길 시인이 서울 경복고등학교 교사 재직 중 1974년부터 한국교육개발원에서 총괄 운영하고 전국의 많은 공립고등학교 부설로 교육하는 방송통신고등학교 학생들의 용기와 의지와 희망을 북돋우기 위해 1978년 5월 '방송통신고교생'이라는 제목으로 작사하여 화성태 무학여자고등학교 음악과 교사에게 작곡을 의뢰한 것이 1978년 6월 25일 방송통신고등학교 서울지구동문회 주최 제1회 방송통신고등학교 웅변대회에서 많은 관계자들이 참석한 가운데 '방송통신고등학교 교가'로 채택됨.
* 한국교육개발원 인터넷 홈페이지에 〈방송통신고등학교 교가〉가 올려 있으며, 한국교육개발원 발행 〈방송통신고등학교 40년사〉(2016년)에 그 악보와 허만길 시인(문학박사)의 '방송통신고등학교 교가 제정 과정 회고'가 실려 있음.
* 악보 수록: (1) '방송통신고교생'이라는 제목으로 생2부 합창 악보가 〈교육평론〉 제239호 1978년 9월호 43쪽(발행 교육평론사, 서울. * 서울대학교중앙도서관 보관)에 수록됨. (2) 한국교육개발원 인터넷 홈페이지. (3) 허만길 시집 〈열다섯 살 푸른 맹세〉(발행 푸른사상사, 서울. 2004. 11. 27.). (4) 〈방송통신고등학교 40년사〉 35~36쪽(발행 한국교육개발원. 2016. 12.)
* 2017년 11월 29일 교가 작사자 허만길 문학박사가 개인 경비로

음반 제작 회사에 의뢰하여 〈방송통신고등학교 교가〉를 유지훈 성악가(국립합창단 단원) 노래로 음원(음악파일)을 제작함.

* 인터넷 유튜브(YouTube) 등재(신경희. 2017. 1. 7./채선엽. 2020. 2. 22.)

◆ '**칠곡초등학교동문 기림**'(시 허만길. 작곡 허흔도. 2012년 작곡)

* 허만길의 모교 칠곡초등학교는 1922년 개교하였으며, 경남 의령군 칠곡면에 위치

* 악보 수록: (1) (의령군 칠곡면) 칠곡초등학교 총동문회 2013년 정기총회 회의자료. (2) 허만길 시집 〈아침 강가에서〉(발행 도서출판 순수, 서울. 2014. 9. 1.). (3) 〈의령문화〉 제24호(발행 의령문화원, 경남 의령군. 2015. 1.)

* 2021년 7월 성악가 송승연(숙명여자대학교 대학원 성악과 졸업. 플라워싱어즈 중창단원) 노래로 음원 제작

* 인터넷 유튜브(YouTube) 등재(채선엽. 2021. 7. 13.)

◆ '**꽃송이 어린이**'(시 허만길. 작곡 박임전. 1978년 작곡): 동요

◆ '**일하며 배우며**'(시 허만길. 작곡 화성태. 1985년 작곡)

* 허만길 시인이 영등포여자고등학교 특별학급(산업체 근무자를 위한 야간 교육 학급) 교사로 근무하면서 특별학급 학생들을 격려하기 위해 1985년 5월 15일 '스승의 날'에 제자들에게 선사한 노래

* 악보 수록: 허만길 시집 〈열다섯 살 푸른 맹세〉(발행 푸른사상사, 서울. 2004. 11.)

◆ '**오경인 선생 송축가**'(시 허만길. 작곡 박판길. 1977년 작곡)

* 허만길 시인이 서울 경복고등학교 교사 재직 중 1977년 8월 경복고등학교 오경인(전 서울특별시교육감) 교장 정년퇴임기념 송축가로 지은 시

* 악보 수록: 〈오경인 교장 정년퇴임기념문집 교단 반세기〉(1977. 8.)
◆ '곱여섯둘덟의 노래'(서울 경복고등학교 1976년도 제2학년 8반 학급 노래. 시 허만길. 작곡 남상훈. 1976년 작곡)
* '곱여섯둘덟'은 '1976년(일곱여섯) 제2학년(둘) 8반(여덟)'에서 따온 말임.
* '곱여섯둘덟의 노래'가 작곡되었던 때로부터 39년째 되는 2014년 3월 11일 그때의 학급 동창 모임 '곱여섯둘덟모임'이 테너 이재욱 노래로 〈곱여섯둘덟의 노래〉 CD 음반을 제작함.
* 악보 수록: 허만길 시집 〈열다섯 살 푸른 맹세〉(발행 푸른사상사, 서울. 2004. 11. 27.)
* 인터넷 유튜브(YouTube) 등재(채선엽. 2020. 4. 29.)

■ 허만길 저술 보관 타임캡슐

◆ 시와 숲길 공원(충남 보령시) '한국문인인물자료 100년 보존 타임캡슐'에 허만길 인물자료 보관. 2015년 4월 25일 봉인. 2115년 4월 25일 개봉 예정
* 허만길 인물 사진, 자필 시 '대한민국 상하이임시정부 자리', 허만길 약력, 허만길 저서, 서울대학교 석사 학위 논문 인쇄 지형, 월간 순수문학 작가상 상패 사진 등

허만길 시 '대한민국 상하이임시정부 자리'
— 한국어 · 일본어 · 영어 대역 —

〈창작 배경과 성과〉

허만길 시인은 한국과 중국 사이에 정식 국교가 없던 시기에 교육부 중앙교육연수원 장학사로서 한국 교원국외연수단을 인솔하여, 1990년 6월 13일 중국 상하이 마당로(馬當路) 306롱(弄)에 아무 표적 없이 중국인이 살고 있는 대한민국 상하이임시정부 자리를 둘러보고, 현장에서 시 '대한민국 상하이임시정부 자리'를 읊었다. 귀국 즉시 '대한민국 임시정부 자리 보존운동'을 펼쳐 성과를 거두었다.

이 시는 〈한국 시 대사전〉, 허만길 시집 〈아침 강가에서〉 등 많은 문헌에 전해지고, 문재구 문학박사(시인)가 일본어로 번역하여 한국현대시인협회 편찬 〈동북아 시집〉(발행 천산. 2008년)에 실리고, 한국외국어대학교 정은귀 교수가 영어로 번역하여 〈Poetry Korea Vol.7. 2018〉(발행 United Poets Laureate International Korea Committee. 2018년)에 실리고, 2010년 한국현대문학 100주년 기념탑이 있는 충청남도 보령시 〈시와 숲길 공원〉에 시비로 건립되었다.

〈대한민국 상하이임시정부 자리 보존운동 시초의 시〉

대한민국 상하이임시정부 자리

문학박사 · 시인 허만길

이만큼이나 큰
조국의 고동이도록
우렁찬 걸음이도록
세계로 지구로 뻗는
희망찬 역사의 함성이도록

먼 이국의 땅 상하이 마당로(馬當路) 306롱(弄)
한 낡은 자리 그리도 구석진 자리에서
우리의 옛 임들
그리도 가늘게
그리도 허덕이며
우리를 지켰을 줄이야
우리를 살았을 줄이야
우리를 키웠을 줄이야.

아, 통곡으로 피로
울며 외치며 쓰러지며
단군을, 김유신을, 세종을, 서산 대사를
이어 주었을 줄이야.

이곳 이웃들에게도
까맣게 전설이 끊어진
조그만 가게 옆 골목
한 허름한 집
집지기 백발 노파가 쓸쓸한
대한민국 상하이임시정부 자리.

오늘 우리가 서도록
옛 임들 자빠지지 말자며
의기와 혼이 엉기던 자리
대한민국 상하이임시정부 자리.

그러나 이제라도 조각달 뜨면
두 조각 내 나라 땅 내려다보며
임들의 한 서려 머무를 자리
아직도 숨결 시원히 거두지 못할 자리
상하이 마당로 뒷골목
고결한 보국충정 피맺힌 자리여.

내 조국, 내 겨레 얼룩진
거룩한 자리
대한민국 상하이임시정부 자리.
우리가 버려 둔 자리.
〈1990년 6월 13일〉

大韓民國の上海臨時政府の遺跡

大韓民國 詩人・文學博士 許萬吉 詩
大韓民國 詩人・文學博士 文在球 譯

これ程の大きさで
祖國の鼓動になるように
勇ましい歩きになるように
世界にひろがる
希望があふれる歴史の叫びになるように

遠い異國の土地上海馬當路306弄
古ぼけたところすみの奥に
我等の先輩達は
甚だしくも細く
甚だしくも苦勞しながら
我等を守って下さったのか
我等を生かしたのか
我等を育てたのか

あ! 痛哭の血で
泣き叫びたおれつつ
檀君を, 金庾信を, 世宗大王を, 西山大師を
繋がってくださったのか

ここのとなりにも
全然傳說が斷れた
小さい店屋の横路
ふるぼけた一軒屋
ちびしく老婆一人で家屋を守っていゐ
大韓民國の上海臨時政府廳舍跡

今日の我等がここに立つように
昔の先輩達たおれるなと
意氣と魂が固まった
大韓民國の上海臨時政府廳舍跡

しかし今でも上弦の月が登ったら
二っに分かれた我國土見下ろしながら
先輩のかなしみがかたまっていゐというところ
上海馬當路の裏路
高潔な報國忠誠心が血で結とばれたところよ

我が祖國 我が民族魂がとまっていゐ
偉大なところ
大韓民國の上海臨時政府廳舍跡よ
我等が捨てていたところよ
〈1990. 6. 13.〉

* 수록 문헌: 한국현대시인협회 편찬 〈동북아 시집〉(발행 천산, 서울. 2008년)

The Site of the Korean Provisional Government in Shanghai

Hur Man-gil
Trans. Chung Eun-gwi
(한국외국어대학교 교수)

To be the pulse of a mother country
as large as this,
to be a resonant stride,
to be a hope-filled roar of history
stretching out to the world, to the earth,

in 306 lung, Madang-lu, Shanghai, a far-off foreign land,
in such an old place, such a sequestered place,
our old beloved forbears
guarded us so,
kept us alive so,
raised us so,
in such a restricted state,
struggling so hard.

Ah, crying, yelling, falling down,
with cries, with blood
they united us with
Dangun, Kim Yu-shin, King Sejong, and Seosan Daesa.

A shabby house
in an alley next to a little shop,
its legend totally isolated
from the neighbors here,
kept by a lone white-haired housekeeper,
 the site of the Korean Provisional Government in Shanghai.

The place where the wills and spirits
of our old beloved forbears combined
to enable us to stand today,
 the site of the Korean Provisional Government in Shanghai.

When a crescent moon rises now
it looks down on a divided country,
a place where our ancestors' sorrow lingers
a place unable to breathe freely,
ah, back alley off Madang-ro in Shanghai,
the place where noble patriotic fidelity was bruised

The sacred place
where my people, my country were stained,
 the site of the Korean Provisional Government in Shanghai,

the place we abandoned.

⟨Written on June 13, 1990⟩

 * 수록 문헌: ⟨Poetry Korea Vol.7. 2018⟩(발행 세계계관시인연합 한국위원회. United Poets Laureate International Korea Committee. 2018년)

허만길 문학박사 〈월간 신문예〉 초대수필

'국어학자 외솔 최현배 박사님과의 만남' 화제

**18살 국어과 중학교교원자격증, 19살 국어과 고등학교교원자격증 취득
미국 유학지원 제의에 가정형편상 사양 후에도 깊은 사제관계**

　허만길 문학박사(시인, 소설가)가 〈월간 신문예〉 2021년 7·8월호(서울)에 초대수필로 실은 '국어학자 외솔 최현배 박사님과의 만남'이 큰 화제를 낳고 있다. 17쪽에 걸친 회고 형식의 수필인데, 주요 내용을 소개한다.

　허만길 박사는 1960년 진주사범학교 3학년 재학 중 17살에 국가시행 중학교교원자격검정고시에 응시하여 수석합격으로 18살에 국어과 중학교교원자격증을 받았다. 그리고 1962년 19살에 국가시행 고등학교교원자격검정고시에 응시하여 수석합격으로 국어과 고등학교교원자격증을 받았다.

　중학교교원자격검정고시 및 고등학교교원자격검정고시는 1차 전공과목 학력고사(필기시험)에 합격하면 2차 구술시험을 치르게 되는데, 학력고사 출제위원이 구술시험도 담당하였다. 허만길 박사는 중학교교원자격검정고시 응시 때는 중학교 졸업장밖에 없었으므로, 학력고사에서 전공과목 국어과뿐만 아니라 공통과목으로서 교육학과 사회과목(정치, 경제, 법률, 사회, 문화, 교양 등 종합) 시험도 치르고, 서울대학교 사범대학 부속중학교에서 실지수업 시험도 치러야 했다. 중학교교원자격검정고시의 학력고사 및 구술시험 출제위원은 김형규 서울대학교 교

수와 홍웅선 문교부 학무국장이었으며, 고등학교교원자격검정고시 학력고사 및 구술시험 출제위원은 최현배 한글학회 이사장과 김형규 서울대학교 교수였다.

　최현배 박사가 허만길 박사에 대하여 알게 된 계기는 허만길 박사가 1962년 3월 최현배 박사에게 학회 활동에 관한 문의를 서신으로 하게 되면서부터였다. 허만길 박사는 최현배 박사로부터 1962년 3월 26일자로 쓴 편지를 3월 28일에 받았다. 허만길 박사를 서울 자택으로 초대하는 내용이었다. 그때 허만길 박사는 19살이었으며, 부산중앙초등학교 교사였다.

　허만길은 4월 7일 아침 7시 30분 부산역에서 무궁화호 기차를 탔다. 서울에는 비가 많이 내렸다. 신촌행 합승을 타고 대흥동에서 내렸다. 집 뒤편 현관 벨을 누르니, 한복을 입은 예순여섯 살의 최현배 박사가 허만길을 맞이했다.

　허만길은 낮은 책상에 원고가 많이 놓인 방으로 들어가 최현배 박사에게 큰절을 올렸다. 허만길이 서울에 와서 대학 공부를 하겠다면 힘껏 도와주겠다고 했다. 허만길은 연세 많은 부모님의 외아들로서 직장을 그만두고 부모님 곁을 멀리 떠나올 수 없다고 했다. 큰집에는 할머니, 그리고 슬하에 아무도 없는 큰아버지, 큰어머니가 계시는데, 자신마저 직장도 없이 멀리 떠나 있게 된다면, 여간 걱정스러운 일이 아닐 수 없다고 했다. 열두 살 진주중학교 시절부터 고학을 하다시피 자립적으로 살아왔는데, 다른 사람들에게 큰 폐를 끼치고 싶지 않다고 했다.

　우선 부산에서 야간대학을 마치고서 그다음 일을 생각하는 것이 현실이겠다고 했다. 최 박사는 한글 연구에 어울리는 뛰어난 재능을 가진 자를 찾기 어려운데 허만길이 한글 연구의 뒤를 크게 이어 주었으면 한다고 했다. 허만길은 "박사님의 격려만으로도 고맙고 영광스럽기 그지없다."고 했다.

　최 박사는 허만길이 정녕 남의 도움 받기가 싫다면, 최 박사의 집에 묵으면서 원고 정리를 한 대가로 학비에 사용하면 될 것이 아니냐고 했다. 원하기만 하면 미국 유학까지도 보내 주겠다고 했다. 그러나 허만길은 부딪쳐 있는 환경으로는 안정된 직장을 유지하면서 앞날을 열어 나가는 것이 떳떳한 일이 되겠다며 한사코 사양했다.

　허만길은 과일과 차를 들고 난 뒤, 최 박사와 함께 사모님 방으로 갔다. 최 박사는 사모님에게 "나는 열일곱 살에 국어 공부를 시작했는데, 허 군은 열일곱 살에 국어과 중학교교원자격고시에 합격했으니, 참으로 기특한 재주지요? 가정 형편만 된다면 서울에 와서 공부하면 좋을 텐데."라고 했다.

　저녁식사가 일찍 들어왔다. 쇠고기 불고기가 상에 올려 있었다. 허만길은 어렵게 살아온 부모님과 가족들이 생각났다. 허만길은 부모님보다 더 좋은 밥과 반찬을 어찌 삼킬 수 있겠는가 하는 생각이 들면서 눈물이 앞을 가려, 고기반찬에는 젓가락을 대지 않고 밥과 나물과 간장으로만 식사를 조금 했다. 최 박사는 고기도 먹지 않고 식사를 그렇게 적게 해서 되느냐고 하며 걱정스러워했다.

　이튿날(4월 8일, 일요일) 아침이었다. 비는 그쳤고 날씨가 맑게 갤 것 같았다.

　"허 군, 바람 쐬러 나오오."

　최 박사는 일찍 일어나, 뜰에서 어린 나무들을 정리하고 있었다. 허만길은 어린 버드나무를 한 아름 안고 최 박사와 함께 큰길로 나갔다. 대흥극장과 철길이 있는 곳이었다. 길가에 버드나무들을 심었다. 초등학교에 다니는 동네 아이들이 여기저기서 나왔다. 일요일인지라 그냥 놀러 나온 아이들이었다. 최 박사는 아이들에게 이제 심은 버드나무들을 몇 그루씩 배당해 주었다.

"이 나무는 너의 것이야. 네가 주인이다."라고 했다. 그리고는 각자에게 맡겨진 나무들을 잘 자라게 하라고 했다.

집으로 돌아와 달리아와 홍초 뿌리를 나무상자에 가득 담아 이웃 가게에 주면서 이를 팔든지 나누어 주든지 하라고 했다.

아침 식사 후 허만길은 사모님의 안내로 서울 구경을 하기 위해 자가용에 탔다.

"허 군, 서울에 와서 공부하는 걸 다시 한번 생각해 보게."

최 박사의 간곡한 말에 허만길은 가슴이 미어지는 듯했다.

창경원 구경을 하고, 혜화동에 있는 맏아드님 집에서 점심을 먹고, 덕수궁 구경을 한 뒤 오후 4시 부산행 무궁화호 기차를 탔다.

이 뒤로 허만길은 최 박사뿐만 아니라, 최 박사의 가족과도 가깝게 지냈다.

그해(1962년) 여름 최 박사의 엽서를 받은 허만길은 8월 3일 부산 근처 일광해수욕장에서 최 박사, 최 박사의 친손자와 외손자, 안호상 철학박사, 최 박사의 제자인 부산고등학교 추월영 교장과 함께 만났다. 최 박사는 허만길에게 부산에서 야간 대학을 마치고 나면 대학원은 서울에서 하기를 바란다고 했다.

1963년 10월 29일에는 최 박사의 내외분이 부산을 거쳐 고향 울산으로 가는 길에 최 박사는 허만길이 근무하는 부산중앙초등학교를 방문했다. 최 박사는 부산 동아대학교에서 가끔 특강을 하였는데, 그때마다 허만길을 찾았다. 허만길이 불면증을 겪고 있을 때 최 박사는 1964년 4월 9일 국제시장에 허만길을 데리고 나가 지아민과 핵사비타민을 사 주면서, 광복동 거리의 약방을 다니면서 불면증에 듣는 약을 알아보아 주기도 했다.

허만길이 1966년 7월 16일 한글학회부산지회 주최로 부산여자고등학교에서 연구 발표를 할 때 최 박사는 찬조 강연을 하였다. 1967년 최 박사는 허만길의 결혼 살림을 보기 위해 부산고등학교 추월영 교장과 함께 부산 초량동 셋방에서 허만길의 장모님이 장만한 생선국을 들면서 매우 맛나다고 했다.

허만길은 부산에서 초등학교와 중학교 교사로 재직한 뒤, 교원채용순위고사를 거쳐, 1967년 11월 23일(24살) 서울 영등포여자고등학교 교사로 발령받고서는 최 박사를 자주 뵙게 되었다.

그런데 1970년 3월 23일, 허만길은 출근하기 위해 옷을 갈아입으면서 '동양방송'(TBC) 라디오에서 나오는 아침 8시 뉴스를 듣다가 크게 놀랐다.

"외솔 최현배 선생이 세브란스병원 별관 524호실에서 오늘 새벽 3시 35분경 별세했습니다."

최 박사는 1894년 10월 19일에 태어났으니, 76살 되는 해에 돌아가신 것이다.

허만길은 9시 50분경 세브란스 병원 별관 524호실에 들어섰다.

"선생님…." 하고, 허만길은 그만 목이 메었다.

국어학자 허웅, 정인승, 김선기, 권승욱 님들이 먼저 와 있었고, 신문기자들이 들이닥쳤다.

국무회의에서는 최 박사의 장례를 사회장으로 치르기로 가결하였다. 산소는 최 박사가 생전에 원한 대로 주시경 선생의 묘소와 가까운 곳으로 정하였, 경기도 양주군 진접면 장현리 양지바른 곳이었다. 3월 27일 연세대학교 대강당에서 영결식이 있었다. 허만길은 장례지도위원석에 앉았다. 최 박사의 영정(초상화)이 생전처럼 허만길을 따뜻하게 바라보았다.

허만길은 새해 첫날 세배를 드렸을 때, 최 박사가 날씨가 풀리면 허만길의 집에 와 보겠다면서 약도까지 물었던 일이 생각났다. 허만길은 몇 사람과 함께 최 박사의 널을 영구차로 모신 뒤, 한글학회 직원 2명과 함께 정부의 문화공보부에서 내준 차를 타고 행렬의 맨 앞장을 섰다. 영구차는 오후 3시경 장지에 도착했다. 장지에까지 조문객 700여 명이 따랐다.

하관이 끝나고 상주들은 먼저 서울로 가고, 허만길은 뒷일의 진행을 보고서 오후 6시경 서울로 출발하였다. 승용차가 기다리고 있는 곳까지 걸어오면서 최 박사가 손 저으며 전송해 주는 모습을 상상했다. 그리고는 자꾸만 되돌아보았다.

"스승님, 편안히 쉬십시오."라고 되풀이하면서, 고마웠던 일들을 곰곰 되돌아보았다.